KB065145

파워블로거가 선정한 고전영화 301

박영철

네이버 파워블로거, 영화 칼럼니스트, 독립영화감독. KBS-FM 〈영화음악실〉 방송작가 생활을 했다. 지은 책으로는 영화 칼럼집 〈클래식무비 365〉가 있으며, 제작 연출한 단편영화 〈다카포〉를 제4회 부천 국제 판타스틱영화제에 출품했다.
그에게는 고전영화의 교양적 이해도에 대한 접근, 고전영화의 발견을 배면에 깐 탐구적 낭만주의의 한국관, 남녀노소가 혼재된 세대를 초월한 영화보기의 실천을 보여준다는 평이 따른다. 현재 네이버 고전영화 카페 〈더 필름클래식〉을 운영하고 있다.

파워블로그 : blog.naver.com/filmclassic
영화동호회 : cafe.naver.com/filmclassic

파워블로거가 선정한 고전영화 301

초판 인쇄 2010년 9월 27일
초판 발행 2010년 10월 5일

지은이 | 박영철
펴낸이 | 정영석
펴낸곳 | 황금소나무
주소 | 135-712 서울특별시 강남구 대치동 889-5 샹제리제센터 A동 1601호
대표전화 | 02-6414-5995 팩스 | 02-6280-9390
출판등록 | 제2009-000367호 등록일자 | 2009년 12월 24일
블로그 | http://blog.naver.com/mindbooks_
디자인 | 김승일

ISBN 978-89-963839-0-1 03680

• 황금소나무는 마인드북스의 출판브랜드입니다.
• 잘못 만들어진 책은 구입하신 서점에서 교환해 드립니다.

파워블로거가 선정한 고전영화 301

박영철 지음

황금소나무

추천사

『파워블로거가 선정한 고전영화 301』이라는 테마에서부터 이미 이 책의 방향성이 고스란히 감지된다. '파워블로거'는 도도한 인터넷 시대에서 예의 영화평론가가 하던 기능을 한층 더 효과적으로 수행하고 있지 않은가. 더욱 인상적인 점은 영화 관련 파워블로거들이 대거 이 책을 추천했다는 사실이다. 흔히 전문가들의 영역으로 간주되곤 하는 인터넷 블로그 세계에서 저자의 맹활약은 가히 주목감이다.

'고전영화'라는 범주는 또 어떤가. 어느 모로는 지독히 고루하지만 여전히 유효한, 치명적 매혹의 세계! 그 세계 속 영화들 중 무려 301편을 장르별로 모아 놓았다. '로맨스'에서 서스펜스, 공포, 컬트 등의 '미스터리 & 스릴러'에 이르는 9개 장르로.

책은 깊이보다는 넓이를 지향한다. 그렇기에 심층적 통찰보다는 정보나 관점 등을 제시하는 데 주력한다. 저자의 이전 책 『클래식 무비 365』가 그랬던 것처럼. 결국 두 책은 '이란성 쌍둥이'인 셈이다. 빈말이 아니라, 이러저런 영화의 정보들을 확인한 다음 간결한 '감상 포인트'를 읽는 맛이 여간 짙은 게 아니다. 짧지만 굵은 진국 맛이랄까.

『클래식 무비 365』보다 이 책이 한결 더 반가운 까닭은 적잖은 한국 영화들이 포함돼 있어서다. 한국 최후의 무성 영화인 〈검사와 여선생〉을 비롯해 〈사랑방 손님과 어머니〉, 〈맨발의 청춘〉, 〈삼포 가는 길〉 등, 제목만 들어도 가슴 설레는 주옥같은 국산 고전 영화들이다. 나같이 게으른 이는 도저히 넘볼 수 없는, 저자의 꼼꼼함과 부지런함에 새삼 경의를 표한다.

전찬일 (영화평론가 | 부산영화제 프로그래머)

서문

이 책은 6·25전쟁이 끝난 직후 1950년대 중반부터 1970년대 후반까지 국내에서 개봉된 외국영화와 한국영화에 관한 정보를 엮은 것이다. '고전(古典)' 이라는 말의 사전적 정의는 "대가의 저술, 거장의 작품 등 후인의 모범 전형이 될 만한 것의 일컬음. classics"이다. 따라서 '고전영화' 란 오랫동안 많은 사람에게 널리 보이고 모범이 될 만한 거장의 작품을 의미하겠지만 이 책에 실린 아홉 장르로 나눈 챕터의 내용은 우리의 지나간 영화 문화, 당시 개봉작의 환경, 시대적인 영화 현상을 고려한 국내 개봉작들에 관한 보고서이며 자료집으로서 읽힐 수 있을 것이다. '고전영화', 즉 '클래식무비'의 제목으로 블로그를 운영하거나 카페(동호회)를 처음 개설했을 때의 의도는 옛날 영화에 대한 관심만큼이나 다양한 영화 애호가들의 궁금증을 풀어주고자 하는 데 있었다. 이제 301편을 모아 한 권의 책으로 엮고 보니 그런 알고자 하는 점들을 어느 정도 풀 수 있을 만큼의 '폭' 은 갖추었다고 자부한다. 그렇다면 다음 문제는 영화를 찾아보고, 즐기는 '방법' 일 텐데, 그것은 순전히 이 책을 읽는 독자들의 몫이 아닌가 생각한다.

지금까지 소개된 옛날 영화 개봉작들의 자료는 당시 홍보용으로 사용된 포스터나 전단지, 리플릿, 영화 캘린더만 존재할 뿐, 정작 그 개봉작에 관한 작품 소개를 함께 담은 자료집은 거의 전무하다. 여기에 실린 글들을 살펴보면 우선 짤막한 단평의 감상포인트와 함께 원제목과 개봉제목, 제작국과 러닝타임, 컬러, 감독과 주연배우, 음악가를 포함하여 DVD로 찾아볼 수 있게 출시제목도 언급하였다. 또한 고전영화 보기에 쉽게 입문할 수 있도록 청소년을 비롯하여 20대와 30대 같은 젊은 세대들의 눈높이에 맞추기 위해 오래되어 낡은 디자인의 포스터들을 심플한 흑백 디자인으로 재작업하였다. '창조적'으로 이 책의 내용을 활용해 달라는 필자의 당부이기도 하다. 그래서 우리의 삶 속에서 큰 자리를 차지하며 새로운 모습으로 다가오는 고전영화 보기에 특별한 체험이 되기를 바란다.

늘 따뜻한 격려를 아끼지 않는 고전영화동호회 '더 필름클래식' 카페 회원들과 나의 다정한 블로그 이웃들, 나를 아는 지인들, 사랑하는 나의 가족들, 특히 이 책을 세상에 빛을 보게 해준 출판사 황금소나무의 정영석 대표님께 감사드리며, 이 땅에서 고전영화를 사랑하는 수많은 애호가들에게 이 책을 바친다.

2010년 여름

박영철

차례

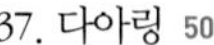

2부 — 웨스턴

3부 — 드라마(가족, 사회, 휴먼)

4부 — 전쟁(에픽)

5부 — 액션(시대, 무협, 모험, 다찌마와리, 첩보)

6부 — 종교

7부 — 크라임(갱스터, 누아르, 범죄물)

8부 — 음악(전기, 뮤지컬, 다큐멘터리)

9부 — 미스터리 & 스릴러
(서스펜스, 공포, 컬트)

| 1부 | 로맨스

- ★ — 원제목 | City Lights
- ★ — 개봉제목 | **시티 라이트, 마음의 등불**
- ★ — DVD 출시제목 | **시티 라이트**
- ★ — 제작연도 | **1931년**
- ★ — 개봉연도 | **1989년**
- ★ — 제작국 | **미국**
- ★ — 컬러 | **흑백**
- ★ — 러닝타임 | **87분**
- ★ — 주연 | Charles Chaplin, Virginia Cherrill
- ★ — 감독 | Charles Chaplin
- ★ — 음악 | Charles Chaplin

| 감상포인트 |

1931년 찰리 채플린이 감독 · 주연한 이 영화는 거리를 떠도는 부랑자(찰리 채플린)와 꽃을 파는 어느 눈이 먼 소녀(버지니아 셰릴)의 아름다운 사랑 이야기를 그리고 있다.

소녀를 좋아하게 된 부랑자는 소녀의 눈을 뜨게 해주기 위해서 부자 행세를 하며 소녀를 돕기로 작정을 한다. 찰리 채플린은 소녀의 궁핍한 삶과 자살 충동에 빠진 백만장자의 풍요로운 삶을 대비시키며 당시 대공황 시대를 살아가는 사람들의 모습을 매우 따스한 시선으로 그려낸다.

이 영화는 유성영화가 도래하기 시작하던 시기에 무성영화의 고집으로 만든, 인간에 대한 행복한 결말을 안겨주는 휴머니즘이 강한 로맨스 영화의 고전이다.

1950년대에 〈마음의 등불〉이란 제목으로 개봉되기도 했지만 1989년 5월 27일 씨네하우스2와 서대문에 있는 푸른극장에서 〈시티라이트〉로 재개봉되었다.

★ — 원제목 | Casablanca
★ — 개봉제목 | 카사블랑카
★ — DVD 출시제목 | 카사블랑카
★ — 제작연도 | 1942년
★ — 개봉연도 | 1959년
★ — 제작국 | 미국
★ — 컬러 | 흑백
★ — 러닝타임 | 102분
★ — 주연 | Humphrey Bogart, Ingrid Bergman
★ — 감독 | Michael Curtiz
★ — 음악 | Max Steiner

| 감상포인트 |

1942년 마이클 커티즈 감독이 연출한 이 영화에서 타이틀롤인 험프리 보가트는 파리를 탈출하기 전에는 레지스탕스의 주역이었으나 현재의 모로코에서는 정치적인 중립을 지키는 모호한 성격의 카페 주인 릭 블레인 역을, 잉그리드 버그먼은 그가 사랑하지 않을 수 없는 영원한 연인 일자 역을 맡아 매우 낭만적이면서도 그윽한 러브 스토리를 선보인다.

맨 처음 릭 역으로 거론된 로널드 레이건의 도중하차로 인해 험프리 보가트에게 그 배역이 돌아갔지만 그건 오히려 전화위복이 되었다. 극 중에서 샘이 연주하는 피아노곡 〈As Time Goes By〉는 아직도 이 영화를 기억하는 팬들에게는 영화음악의 마스터피스가 되어 애청되고 있다. 머레이 버넷과 조앤 앨리슨이 쓴 희곡 〈Everybody Comes To Rick's〉의 원작을 각색했다.

- ★ — 원제목 | Random Harvest
- ★ — 개봉제목 | **마음의 행로**
- ★ — DVD 출시제목 | **마음의 행로**
- ★ — 제작연도 | **1942년**
- ★ — 개봉연도 | **1953년, 1965년**(재개봉)
- ★ — 제작국 | **미국**
- ★ — 컬러 | **흑백**
- ★ — 러닝타임 | **125분**
- ★ — 주연 | Ronald Colman, Greer Garson
- ★ — 감독 | Mervyn LeRoy
- ★ — 음악 | Herbert Stothart

| 감상포인트 |

〈애수〉의 머빈 르로이 감독이 연출한 이 멜로드라마는 한 남자가 잃어버린 기억을 더듬으며 사랑을 찾아가는 로맨스 영화의 고전으로 제임스 힐튼의 소설을 각색했다. 영화의 배경은 1918년 영국 북부지방의 도시 멜브리지. 이곳 정신병원에서 탈출한 스미스(로널드 콜맨)가 우연히 거리에서 만난 폴라(그리어 가슨)라는 여인과 결혼해서 살던 집의 열쇠로 자신의 기억을 찾기까지의 인생 역정이 참으로 안타깝기만 하다.

이 영화는 그리어 가슨과 로널드 콜맨의 노련한 연기가 볼만한데, 한국전쟁 직후 국내에 개봉되어 전쟁으로 황폐한 영화팬들의 가슴에 사랑과 행복에 대한 환상을 심어준 추억의 명작이다. 특히 그리어 가슨이 로널드 콜맨의 개인비서가 되어 자신을 알아보지 못하는 그를 곁에서 지켜보는 연기는 정말 오랫동안 가슴을 저미게 한다.

★ — 원제목 | Gaslight

★ — 개봉제목 | **가스등**

★ — DVD 출시제목 | **가스등**

★ — 제작연도 | **1944년**

★ — 개봉연도 | **1960년**

★ — 제작국 | **미국**

★ — 컬러 | **흑백**

★ — 러닝타임 | **114분**

★ — 주연 | Charles Boyer, Ingrid Bergman, Joseph Cotten

★ — 감독 | George Cukor

| 감상포인트 |

1944년 조지 쿠커 감독이 연출한 서스펜스 심리 스릴러로 끝까지 긴장감을 늦출 수 없는 영화다.

보석을 차지하기 위해 계획적으로 폴라 엘퀴스트(잉그리드 버그먼)에게 접근하여 결혼한 뒤 그녀를 정신병자로 몰아가는 남편 그레고리 안톤 역을 샤를르 보와이에가 맡았다.

밤마다 대저택 안의 가스등은 희미해지고 남편은 폴라를 세뇌시켜 환각 상태로 몰아가는데, 잉그리드 버그먼은 무의식중에 남편에게 조종당하는 신들린 연기로 아카데미 여우주연상을 수상했다.

이 영화 이후로 타인으로부터 심리적인 조종을 당하는 현상을 '가스등 이펙트' 라고 부른다.

- ★ — 원제목 | September Affair
- ★ — 개봉제목 | **여수**
- ★ — 제작연도 | **1950년**
- ★ — 개봉연도 | **1954년**
- ★ — 제작국 | **미국**
- ★ — 컬러 | **흑백**
- ★ — 러닝타임 | **104분**
- ★ — 주연 | Joan Fontaine, Joseph Cotten
- ★ — 감독 | William Dieterle
- ★ — 음악 | Victor Young

| 감상포인트 |

조셉 코튼(데이비드)과 조앤 폰테인(마니나)이 연기하는 이 영화는 올드팬들의 기억 속에 자리잡은 1950년대 로맨스 영화의 고전이다.

우연히 로마발 파리행 비행기 안에서 만난 두 남녀가 중간 착륙지인 나폴리에서 잠시 시내 관광을 하면서 서로 호감을 갖고 사랑에 빠지는데, 그들은 비행기를 놓치고 이미 떠나버린 비행기는 추락하여 승객 전원이 사망한다. 꿈같은 둘만의 행복한 시간, 남편을 찾으러 로마로 오는 데이비드의 아내, 마니나의 피아노 콘서트에서 데이비드와 서로 사랑을 교감하는 마지막 장면들이 오랫동안 기억되는 추억의 명장면들이다.

주제가 〈September Song〉은 극 중에서 월터 휴스턴— 존 휴스턴 감독의 생부 — 이 부르고, 작곡가 빅터 영은 1952년 골든 글로브 영화제에서 음악상을 수상했다.

★ — 원제목 | Ruby Gentry
★ — 개봉제목 | 비애
★ — DVD 출시제목 | 루비 젠트리
★ — 제작연도 | 1952년
★ — 개봉연도 | 1957년
★ — 제작국 | 미국
★ — 컬러 | 흑백
★ — 러닝타임 | 82분
★ — 주연 | Jennifer Jones, Charlton Heston, Karl Malden
★ — 감독 | King Vidor

| 감상포인트 |

1952년 킹 비더 감독이 제작·연출한 이 영화는 가난하고 억세지만 관능적 자태를 지닌 시골 처녀 루비(제니퍼 존스)와 두 남자 사이에서 일어나는 비극적인 운명을 그린 로맨스 드라마이다.

루비의 애인 보크 태크먼(찰턴 헤스턴)은 가난한 루비를 사랑하지만 집안의 뜻에 따라 다른 여자와 결혼하고, 그 틈을 이용하여 평소 루비를 흠모하던 돈 많은 남자 짐 젠트리(칼 말덴)는 그녀와 결혼을 한다.

킹 비더 감독은 주인공 루비가 상류사회의 여인으로 거듭나지만 결혼 전의 연인 보크를 잊지 못하고 다시 만나면서 일어나는 비극을 설득력 있는 화면으로 구성하고 있다.

전혀 어울릴 것 같지 않은 제니퍼 존스와 찰턴 헤스턴은 오랫동안 기억에 남는 러브신을 연기하고, 남편으로 등장하는 칼 말덴의 연기 또한 정말 돋보인다.

- ★ — 원제목 | The World in His Arms
- ★ — 개봉제목 | **세계를 그대 품 안에**
- ★ — DVD 출시제목 | **세계를 그대 품 안에**
- ★ — 제작연도 | **1952년**
- ★ — 개봉연도 | **1954년, 1965년**(재개봉)
- ★ — 제작국 | **미국**
- ★ — 컬러 | **컬러**
- ★ — 러닝타임 | **104분**
- ★ — 주연 | Gregory Peck, Ann Blyth, Anthony Quinn
- ★ — 감독 | Raoul Walsh
- ★ — 음악 | Frank Skinner

| 감상포인트 |

1952년 라울 월시 감독이 연출한 이 해양 로맨스 어드벤처는 신분을 극복하고 사랑의 힘으로 해피엔딩을 맞이하는 유쾌하고 상큼한 멜로드라마이다. 사실 공주와 평민과의 러브 스토리는 오드리 헵번의 〈로마의 휴일〉이 만들어지기 바로 1년 전에 이 영화가 먼저 발표 소개되었다. 정략결혼이 싫어서 샌프란시스코에 도망쳐 와 있는 러시아의 공주 마리나 셀라노바는 무역 일을 하는 조나단 클락 선장을 우연히 만나 사랑에 빠진다.

마리나 공주 역을 맡은 앤 블라이스는 오드리 헵번의 우아한 고전미와는 다른 톡톡 튀는 신세대풍의 고전미를 자랑하며 오늘날 위노나 라이더의 이미지를 엿보게 한다. 또한 그레고리 펙은 조나단 선장 역을 연기하며 위기에서 벗어나 결혼 직전에 있던 신부 마리나 공주를 빼앗아 달아나는 클라이맥스 장면을 연출하는데, 마치 마이크 니콜스의 〈졸업〉의 마지막 장면을 보는 것 같아 묘한 감흥마저 일으키게 한다. 앤소니 퀸은 시종일관 그레고리 펙과 맞서다가 그와 친구가 되는 해적 포르투기 역을 맡아 열연하고 있다. 저 위의 마지막 스틸 컷에 담긴 라스트신은 제임스 카메론이 〈타이타닉〉에서 또다시 패러디하여 세계적인 화제가 되었다.

★ — 원제목 | The Story of Three Loves

★ — 개봉제목 | **사랑의 삼곡선**

★ — 제작연도 | **1953년**

★ — 개봉연도 | **1956년**

★ — 제작국 | **미국**

★ — 컬러 | **컬러**

★ — 러닝타임 | **122분**

★ — 주연 | Pier Angeli, Kirk Douglas, Leslie Caron, James Mason

★ — 감독 | Vincente Minnelli, Gottfried Reinhardt

★ — 음악 | Miklos Rozsa

| 감상포인트 |

낭만적인 세 가지 형태의 사랑 이야기가 에피소드 형식으로 만들어진 이 영화는 빈센트 미넬리 감독과 고트프리드 라인하르트 감독이 공동으로 참여한 로맨스 드라마의 고전이다.

제임스 메이슨이 안무감독 찰스 코트레이 역을 맡아 발레리나 폴라 우드워드(모린 시어러)와 사랑을 나누는 제1화는 고트프리드 라인하르트 감독이 연출했고, 레슬리 캐론이 프랑스 출신의 가정교사 마드무아젤로 등장해서 열한 살짜리 소년 토미(리키 넬슨)와 사랑을 나누는 제2화는 빈센트 미넬리 감독이 메가폰을 잡았다.

마지막으로 피어 안젤리(니나)와 커크 더글러스(피에르)가 출연하여 곡예사들의 러브 스토리를 그린 제3화는 고트프리드 라인하르트 감독이 연출하여 예술적으로 매우 아름답고 즐거운 연애담을 카메라에 담고 있다.

제1화에 흐르는 라흐마니노프 작곡의 〈Rhapsody On a Theme of Paganini〉는 피아니스트 자콥 김펠이 연주했다.

- 원제목 | Roman Holiday
- 개봉제목 | **로마의 휴일**
- DVD 출시제목 | **로마의 휴일**
- 제작연도 | **1953년**
- 개봉연도 | **1955년**
- 제작국 | **미국**
- 컬러 | **흑백**
- 러닝타임 | **118분**
- 주연 | Gregory Peck, Audrey Hepburn
- 감독 | William Wyler
- 음악 | Georges Auric

| 감상포인트 |

신분을 초월하여 공주가 민간인과 사랑에 빠진다는 이 환상적인 왕실 로맨스는 개봉 당시 관객들에게 현실 도피에 대한 심리가 작용하여 많은 인파가 영화관으로 몰려들었다.

윌리엄 와일러 감독은 이 영화를 답답한 할리우드 스튜디오를 벗어나 이탈리아 로마에서 올 로케로 촬영했다. 이후 오드리 헵번이 아이스크림을 먹었던 스페인광장과 카페 그레코, 콜로세움 주변의 거리와 첩보원을 따돌리기 위해 오드리 헵번과 그레고리 펙이 뛰어들었던 게벨 강은 지금도 관광객들이 자주 찾는 명소가 되었다. 특히 오드리 헵번의 짧은 헤어스타일은 '헵번스타일'을 유행시키는 등 영화의 인기를 실감하게 했다.

그녀가 연기한 앤 공주의 캐릭터는 당시 타운센트 대령과 비련의 스캔들을 일으킨 영국 왕실의 마가렛 공주를 모델로 하고 있다.

★ — 원제목 | Senso
★ — 개봉제목 | 쎈소
★ — DVD 출시제목 | 애증
★ — 제작연도 | 1954년
★ — 개봉연도 | 1961년
★ — 제작국 | 이탈리아
★ — 컬러 | 컬러
★ — 러닝타임 | 118분
★ — 주연 | Alida Valli, Farley Granger
★ — 감독 | Luchino Visconti

| 감상포인트 |

1954년 루키노 비스콘티 감독이 연출한 이 영화는 사랑의 열병을 앓다가 한 젊은 장교로부터 사랑의 배신을 당하는 어느 백작부인의 이야기를 그린 로맨스 영화의 걸작이다.

시대적인 배경은 오스트리아에 점령당한 1866년 이탈리아의 베네치아. 전쟁으로 어수선한 가운데 이탈리아의 셀피에리 백작부인 리디아(알리다 밸리)는 베르디의 오페라가 흐르는 극장 안에서 주둔군 오스트리아 장교인 프란츠 말러 중위(팔리 그랜저)를 만나 금방 사랑에 빠져든다. 리디아 역을 맡은 알리다 밸리는 거대한 해일처럼 밀려드는 프란츠의 사랑 앞에 사랑의 열병을 앓는 중년 백작부인의 심리를 열정적인 연기로 보여주며 이 영화를 빛내주고 있다. 한편 화면 가득 흐르는 안톤 브루크너의 협주곡은 비극적인 사랑을 암시해 주는 듯하다. 영문으로 'Sense'를 일컫는 이 영화의 타이틀롤인 알리다 밸리는 캐롤 리드 감독의 〈제3의 사나이〉에서 안나 슈미트 역을 연기한 바로 그 이태리 출신의 여배우다.

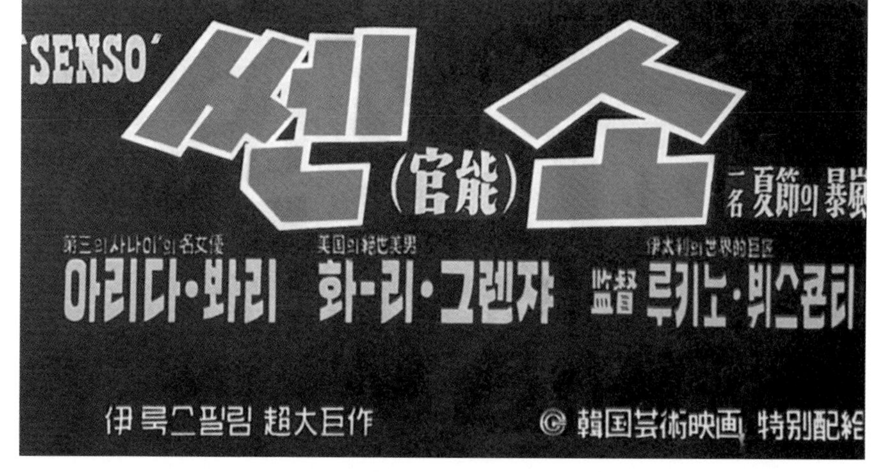

- ★ — 원제목 | Marianne De Ma Jeunesse
- ★ — 개봉제목 | **나의 청춘 마리안느**
- ★ — DVD 출시제목 | **나의 청춘 마리안느**
- ★ — 제작연도 | **1955년**
- ★ — 개봉연도 | **1956년, 1964년**(재개봉)
- ★ — 제작국 | **서독, 프랑스**
- ★ — 컬러 | **흑백**
- ★ — 러닝타임 | **105분**
- ★ — 주연 | Marianne Hold, Pierre Vaneck, Isabelle Pia
- ★ — 감독 | Julien Duvivier

| 감상포인트 |

〈망향〉이나 〈무도회의 수첩〉으로 잘 알려진 줄리앙 듀비비에 감독의 이 매력적인 멜로드라마는 이른바 환상적 리얼리즘 영화의 고전이다.

소년 뱅상(삐에르 바네끄)은 단 한번 본 신비로운 여자 마리안느(마리안느 홀트)에게 반해 사랑에 빠져버리고, 안개 자욱한 호수 저 멀리 고성을 찾아가서 유령 같은 미친 늙은이로부터 마리안느를 구하려고 한다.

이 영화는 한없이 방황하는 젊은 시절의 사랑과 공허하면서 환상적이며 현실적인 꿈을 가져다주는 추억 속의 로맨스 영화이다. 오묘한 회화적인 세트와 우화적인 성격의 캐릭터, 특히 몽환적인 줄리앙 듀비비에 감독의 뛰어난 미장센은 매우 전설적이며 그림처럼 아름답다.

사슴과 대화하는 소년 뱅상이 모든 동물들과 소통하면서 마리안느를 그리워하다가 깊은 호수로 뛰어드는 장면은 당시 사랑의 열병을 앓는 모든 연인들의 자화상이라고 볼 수 있다.

- 원제목 | Love is a Many-Splendored Thing
- 개봉제목 | **모정**
- DVD 출시제목 | **모정**
- 제작연도 | **1955년**
- 개봉연도 | **1956년 | 1966년, 1972년(재개봉)**
- 제작국 | **미국**
- 컬러 | **컬러**
- 러닝타임 | **102분**
- 주연 | William Holden, Jennifer Jones
- 감독 | Henry King
- 음악 | Alfred Newman

| 감상포인트 |

1955년 헨리 킹 감독이 연출한 이 영화는 아름다운 홍콩을 배경으로 어느 미망인과 미국 종군기자의 아름답고 낭만적인 사랑을 그린 작품이다.

영국인과 중국인 사이에서 태어난 혼혈 여성인 한 슈인(제니퍼 존스)은 남편을 여의고 병원에서 헌신적으로 일을 하다가 우연히 미국인 신문기자 마크 엘리오트(윌리엄 홀덴)와 만나 사랑에 빠진다. 한 슈인과 마크가 사랑을 나누며 수영을 하던 팔루스 베이, 두 커플의 영원한 사랑을 다짐하던 추억의 언덕, 특히 라스트신에서 마크의 죽음을 듣고 오열하던 빅토리아 피크라고 불리는 이 나무 언덕은 지금도 홍콩을 방문하는 관광객들에게 진한 노스탤지어를 갖게 한다. 또한 이 영화에서 차분한 연기를 보여준 윌리엄 홀덴의 신사적인 용모와 동양적인 미모를 자랑한 제니퍼 존스의 신비로운 이미지 연기는 작품을 빛내주는 하이라이트이며, 찰스 르 마이레가 연출한 의상 디자인—제니퍼 존스가 극 중에서 입고 나온—은 그 아름다움을 인정받아 1956년 아카데미 의상상을 수상했다. 제니퍼 존스는 2009년 12월 17일 아흔 살의 고령으로 세상을 떠났다.

- ★ — 개봉제목 | **춘향전**
- ★ — 제작연도 | **1955년**
- ★ — 개봉연도 | **1955년**
- ★ — 제작국 | **한국**
- ★ — 컬러 | **흑백**
- ★ — 러닝타임 | **미상**
- ★ — 주연 | **이민, 조미령, 노경희, 전택이**
- ★ — 감독 | **이규환**

| **감상포인트** |

1955년 1월 6일 국도극장에서 개봉하여 2개월간의 장기 흥행으로 18만 명의 관객을 동원한 한국 멜로드라마의 고전이다.

남원 기생 월매의 딸 성춘향 역은 조미령이 맡고 이도령 역은 이민이 맡아서 연기 호흡을 맞추고, 노경희와 전택이는 각각 향단과 방자 역을 맡아 연기한다.

특히 이몽룡을 연기한 이민은 후반녹음 작업 때 자신의 목소리 대신에 성우로 대신했는데, 당시 이민의 목소리를 주로 맡아서 하던 성우는 박영민과 이춘사였다.

이규환 감독의 이 영화는 현재 그 필름이 남아 있지 않으며, 유현목 감독은 이 작품에 조연출로 참여했다.

★ ― 원제목 | The Shrike

★ ― 개봉제목 | **애정의 진리**

★ ― 제작연도 | **1955년**

★ ― 개봉연도 | **미상**

★ ― 제작국 | **미국**

★ ― 컬러 | **흑백**

★ ― 러닝타임 | **88분**

★ ― 주연 | Jose Ferrer, June Allyson, Joy Page

★ ― 감독 | Jose Ferrer

★ ― 음악 | Frank Skinner

| 감상포인트 |

1952년 조셉 A. 크램의 퓰리처상 수상작을 각색한 이 드라마는 시립 정신병원을 배경으로 펼쳐지는 짐과 앤 도운즈 부부의 애증을 다룬 드라마의 고전이다.

타이틀롤을 맡은 준 앨리슨은 명성을 얻기 위해 짐 도운즈와 결혼을 했다가 매우 초조해하는 감정적인 여인으로 등장하여 좋은 연기를 보여줬고, 남편 짐 도운즈 역은 물론 연출까지 맡은 호세 페레르는 아내의 음모에 대처하는 남편의 심리를 잘 그려내고 있다.

준 앨리슨은 뮤지컬 배우이며 감독인 딕 포웰의 실제 부인이다.

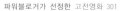

- — 원제목 | Miracle in the Rain
- — 개봉제목 | **비 내리는 밤의 기적**
- — 제작연도 | **1956년**
- — 개봉연도 | **1957년**
- — 제작국 | **미국**
- — 컬러 | **흑백**
- — 러닝타임 | **108분**
- — 주연 | Jane Wyman. Van Johnson
- — 감독 | Rudolph Mate
- — 음악 | Franz Waxman

| 감상포인트 |

1956년 루돌프 마테 감독이 연출한 이 소품용 여성 영화는 전장에서 죽은 줄 알았던 연인을 다시 만난다는 설정에서 기적 같은 종교적인 색채가 강하지만 잔잔한 감동과 함께 지나간 시대의 진한 낭만을 전해 준다.

1942년 5월의 뉴욕이 배경이다. 어느 비 내리는 날 거리에서 우연히 만난 루스 우드(제인 와이먼)와 군복을 입은 아서 허그논(반 존슨)은 첫눈에 서로 사랑을 하게 된다. 아서가 전선으로 떠나가자 루스는 성당 안 성 앤드류 석상 앞에서 촛불을 밝히고 무사 귀환을 빈다.

이 영화의 제목처럼 비 내리는 밤 제인 와이먼과 반 존슨이 로마동전 목걸이를 건네주며 만나는 라스트신은 멜로드라마의 올드팬들에게 오랫동안 가슴을 적시게 한 명장면이다.

★ — 원제목 | Tea and Sympathy

★ — 개봉제목 | 차와 동정

★ — 제작연도 | 1956년

★ — 개봉연도 | 1958년

★ — 제작국 | 미국

★ — 컬러 | 컬러

★ — 러닝타임 | 122분

★ — 주연 | Deborah Kerr, John Kerr

★ — 감독 | Vincente Minnelli

★ — 음악 | Adolph Deutsch

| 감상포인트 |

존 커가 연기하는 열여덟 살의 톰은 음악을 좋아하고 바느질도 할 줄 알며, 혼자 공상하기를 좋아하여 친구들에게 '시스터 보이' 라고 놀림을 받는 매우 여성적인 성향의 소년이다. 이런 외로운 톰에게 관심을 갖고 자상한 사랑을 주는 하숙집 여주인 로라는 전성기 시절의 데보라 커가 연기한다.

빈센트 미넬리 감독은 치명적인 불륜보다는 서로의 허전함을 채우는 순수한 사랑에 관한 동정과 연민을 연출한다. 또한 사랑하는 여자를 대하는 일반적인 남성관을 언급하는 두 배우들의 매우 순정적인 대사는 지금 세대들이 보기엔 매우 착하고 섬세하다.

나나 무스쿠리의 노래로 잘 알려진 주제가인 〈사랑의 기쁨〉(The Joys of Love)은 극중에서 존 커가 직접 기타를 치면서 부른다.

- 원제목 | Bus Stop
- 개봉제목 | **뻐스 정류장**
- DVD 출시제목 | **버스 정류장**
- 제작연도 | **1956년**
- 개봉연도 | **1960년 | 1964년**(재개봉)
- 제작국 | **미국**
- 컬러 | **컬러**
- 러닝타임 | **96분**
- 주연 | Marilyn Monroe
- 감독 | Joshua Logan
- 음악 | Cyril J. Mockridge, Alfred Newman

| 감상포인트 |

1950년대에 마릴린 먼로가 주연하여 만들어진 대표적인 로맨틱 코미디로, 폭설 때문에 갇힌 어느 모텔에서 일어나는 사랑의 해프닝을 그렸다.

순진한 카우보이 보(돈 머레이)가 관능적인 클럽의 여가수 체리(마릴린 먼로)에게 한눈에 반하면서 그들의 로맨스는 시작되는데, 연애 경험이 없는 보에게 상처를 주지 않기 위해 전전긍긍하는 마릴린 먼로의 진지한 연기가 돋보인다.

이 영화는 〈피크닉〉과 〈남태평양〉으로 잘 알려진 조슈아 로건 감독이 연출했으며 마릴린 먼로가 설립한 프로덕션에서 제작한 그녀의 첫 번째 작품이기도 하다. 극 중에서 그녀가 부르는 〈That Old Black Magic〉은 올드팬들에게 많은 사랑을 받았던 영화음악의 애청곡이다.

★ — 원제목 | Funny Face
★ — 개봉제목 | **파리의 연인**
★ — DVD 출시제목 | **화니 페이스**
★ — 제작연도 | **1957년**
★ — 개봉연도 | **1958년**
★ — 제작국 | **미국**
★ — 컬러 | **컬러**
★ — 러닝타임 | **103분**
★ — 주연 | Audrey Hepburn, Fred Astaire
★ — 감독 | Stanley Donen
★ — 음악 | George Gershwin

| **감상포인트** |

1950년대를 대표하는 이 뮤지컬 영화는 당시 쉰여덟 살의 프레드 아스테어가 스물여덟 살의 오드리 헵번과 연인으로 등장하여 아름다운 파리를 배경으로 춤과 노래와 사랑을 펼쳐낸 로맨스 영화의 고전이다.

여기서 오드리 헵번은 서점 직원으로 근무하다가 유명 패션잡지 '퀼리티'의 새로운 모델로 발탁이 되는 조 스탁턴으로 등장하는데, 그녀를 도우다가 사랑에 빠지게 되는 사진작가 딕 애버리 역에는 탭댄스의 황제 프레드 아스테어가 연기한다.

또한 화려한 패션 화보집 같은 이 영화에서 빼놓을 수 없는 건 조지 거쉬인 작곡의 주옥같은 재즈 넘버들로, 주제가인 〈Funny Face〉를 비롯하여 〈Bonjour, Paris〉와 〈He Loves and She Loves〉 등 열 곡의 발라드들을 프레드 아스테어와 오드리 헵번이 직접 부른다.

- 원제목 | Raintree Country
- 개봉제목 | **애정이 꽃피는 나무**
- 제작연도 | **1957년**
- 개봉연도 | **1960년 | 1964년**(재개봉)
- 제작국 | **미국**
- 컬러 | **컬러**
- 러닝타임 | **168분**
- 주연 | Montgomery Clift
- 감독 | Edward Dmytryk
- 음악 | Johnny Green

| 감상포인트 |

몽고메리 클리프트가 1953년 〈지상에서 영원으로〉 이후 4년 만에 출연한 이 영화는 러닝타임 2시간 48분의 비교적 긴 로맨스 드라마이다. 19세기 중엽, 미국 동북부에 있는 인디애나 주 '레인트리(Raintree)' 마을을 배경으로 한 남자와 두 여자의 이야기를 그리고 있다.

몽고메리 클리프트가 연기하는 존 쇼네시는 사랑하는 넬 가이더(에바 마리 세인트)와 정신 질환이 있는 여인 수잔나 드레이크(엘리자베스 테일러) 사이에서 갈등하는 진보적인 성격의 노예 해방주의자로 등장하는데, 전설의 황금나무 '레인트리'를 찾아서 정신없이 헤매는 맑고 순수한 젊은 남자의 초상이기도 하다.

여기서 젊은 날의 리 마빈은 몽고메리 클리프트와 전장에서 우정을 나누는 호탕한 성격의 청년 오르빌 퍼킨스로 등장하고 있으며 이 영화의 동명의 주제가는 냇 킹 콜(Nat King Cole)이 불렀다.

★ — 원제목 | A Farewell to Arms

★ — 개봉제목 | **무기여 잘 있거라**

★ — DVD 출시제목 | **무기여 잘 있거라**

★ — 제작연도 | **1957년**

★ — 개봉연도 | **1960년 | 1973년**(재개봉)

★ — 제작국 | **미국**

★ — 컬러 | **컬러**

★ — 러닝타임 | **152분**

★ — 주연 | Rock Hudson, Jennifer Jones, Vittorio De Sica

★ — 감독 | Charles Vidor

★ — 음악 | Mario Nascembene

| 감상포인트 |

어네스트 헤밍웨이 원작의 이 영화는 제니퍼 존스의 눈물 연기에 힘입어 올드팬들에게 잘 알려진 찰스 비도 감독의 로맨스 영화의 고전으로, 1932년 프랭크 보제즈 감독이 연출한 흑백영화에 이어서 국내에 소개되었다.

제1차세계대전을 배경으로 이탈리아 전선에서 만난 미국 군의관 프레드릭 헨리 중위와 영국의 지원 간호사 캐서린 버클리의 순수하고 아름다운 사랑 이야기로, 언제 봐도 늘 뭉클한 감동을 준다.

프레드릭 헨리 중위는 잘 생긴 록 허드슨이 맡고 있으며, 정신이상으로 자책감에 빠지는 리날디 소령 역에는 비토리오 데시카 감독이 직접 연기한다.

- ★ — 원제목 | Rose Bernd
- ★ — 개봉제목 | 고엽
- ★ — 제작연도 | 1957년
- ★ — 개봉연도 | 1957년
- ★ — 제작국 | 서독
- ★ — 컬러 | 컬러
- ★ — 러닝타임 | 98분
- ★ — 주연 | Maria Shell, Raf Vallone
- ★ — 감독 | Wolfgang Staudte
- ★ — 음악 | Herbert Windt

| 감상포인트 |

마리아 셸의 명연기가 돋보이는 볼프강 슈타우테 감독의 이 독일 영화는 독일 자연주의 문학의 대표적인 작가인 겔하르트 하푸트만의 소설을 각색한 1950년대 멜로드라마의 고전이다.

로제 베른트(마리아 셸)라는 순진한 동독 여자가 서독으로 건너와 플람 가문의 장애인 주인과 관계를 맺으면서 어둡고 냉혹한 사회에서 희생당하는 과정을 그리고 있는데, 라프 발로네는 불행한 하녀 로제 베른트를 유혹하는 불량한 청년 아서 스트레크만으로 등장한다.

볼프강 슈타우테 감독은 1955년 베니스 국제영화제에서 은사자상을 수상한 독일 출신의 명장이다.

★ — 원제목 | Monpti

★ — 개봉제목 | **파리의 비련**

★ — 제작연도 | **1957년**

★ — 개봉연도 | **1958년**

★ — 제작국 | **서독**

★ — 컬러 | **컬러**

★ — 러닝타임 | **96분**

★ — 주연 | Romy Schneider, Horst Buchholz

★ — 감독 | Helmut Kautner

★ — 음악 | Bernhard Eichhorn

| 감상포인트 |

로미 슈나이더가 프랑스로 진출하기 전 자국인 서독에서 출연한 로맨스 영화로, 젊은 헝가리의 예술가 몽뿌띠(호르스트 부크홀츠)를 사랑하는 독일 소녀 앤 클레어(로미 슈나이더)의 낭만적인 사랑 이야기를 담고 있다.

그리 뛰어난 작품성은 없으나 앳된 모습의 로미 슈나이더가 잘 생긴 호르스트 부크홀츠와 벌이는 좌충우돌의 비극적인 연애담을 헬무트 카우트너 감독이 잘 그려내고 있다.

젊은 날의 몽뿌띠 역을 호르스트 부크홀츠가 맡고 있지만 나이든 몽뿌띠 역은 보이 고벨트가 연기하고 있다. 국내 개봉 당시 〈파리의 비련〉으로 상영되었지만 〈몽뿌띠〉라는 제목으로도 잘 알려져 있다.

- ★ — 원제목 | Boy On A Dolphin
- ★ — 개봉제목 | **해녀**
- ★ — 제작연도 | **1957년**
- ★ — 개봉연도 | **1957년**
- ★ — 제작국 | **미국**
- ★ — 컬러 | **컬러**
- ★ — 러닝타임 | **111분**
- ★ — 주연 | Alan Ladd, Clifton Webb, Sophia Loren
- ★ — 감독 | Jean Negulesco
- ★ — 음악 | Hugo Friedhofer

| 감상포인트 |

소피아 로렌의 할리우드 데뷔작인 이 영화는 그녀의 야성적인 섹시한 멋이 유감없이 발휘된 로맨스 어드벤처 영화의 고전이다.

영화는 그리스 에게해의 어느 가난한 섬에 사는 처녀 패드라(소피아 로렌)가 바닷속에서 '돌고래를 탄 소년'의 형상을 한 놋쇠조각을 발견하는데, 이 해저 유물을 둘러싼 각축전을 그렸다.

진 네글레스코 감독은 그리스 정부와 일하는 미국인 제임스 캘더 박사 역의 알랜 라드와 소피아 로렌과의 이국적인 로맨스에 포커스를 맞춘다.

처음엔 제임스 캘더 박사 역에 로버트 미첨이 내정되었었으나 도중에 하차를 하고 알랜 라드가 대신 새로이 기용되어 멋진 연기를 선사한다.

★ — 원제목 | An Affair to Remember
★ — 개봉제목 | **잊지 못할 사랑**
★ — DVD 출시제목 | **잊지 못할 사랑**
★ — 제작연도 | **1957년**
★ — 개봉연도 | **1958년 4월 대한극장 | 1966년**(재개봉)
★ — 제작국 | **미국**
★ — 컬러 | **컬러**
★ — 러닝타임 | **119분**
★ — 주연 | Cary Grant, Deborah Kerr
★ — 감독 | Leo McCarey
★ — 음악 | Hugo Friedhofer

| **감상포인트** |

국제적인 바람둥이 니키 페란테(캐리 그랜트)와 클럽 여가수 테리 맥케이(데보라 카)의 낭만적인 사랑을 그린 레오 맥캐리 감독의 로맨스 영화의 고전이다.

유람선에서 우연히 만나 사랑을 꽃 피우고 서로에게 사정은 있지만 6개월 후 엠파이어스테이트 빌딩 전망대에서 재회하는 라스트신은 지금 봐도 매우 로맨틱하다.

이 영화는 1939년 샤를르 보와이에 주연으로 연출한 레오 맥캐리 감독 자신의 작품 〈러브 어페어 Love Affair〉를 리메이크했으며, 1994년에는 워렌 비티와 아네트 베닝 주연으로 다시 한번 리메이크되었고, 동명의 주제가는 빅 다몬이 불러서 지금도 애청되는 영화음악의 스탠더드넘버이다.

- ★ — 원제목 | Designing Woman
- ★ — 개봉제목 | **아름다운 질투**
- ★ — DVD 출시제목 | **디자이닝 우먼**
- ★ — 제작연도 | **1957년**
- ★ — 개봉연도 | **미상**
- ★ — 제작국 | **미국**
- ★ — 컬러 | **컬러**
- ★ — 러닝타임 | **118분**
- ★ — 주연 | Gregory Peck, Lauren Bacall, Dolores Gray
- ★ — 감독 | Vincente Minnelli
- ★ — 음악 | Andre Previn

| 감상포인트 |

이 영화에 등장하는 로렌 바콜은 패션디자이너 마릴라 브라운을 연기한다. 그녀가 우연히 한눈에 반해 결혼하는 스포츠 기자 마이크 헤이겐은 그레고리 펙이 맡고 있는데, 바로 이 두 커플이 벌이는 좌충우돌 사랑싸움이 이 영화의 전체적인 줄거리이다.

급작스럽게 뜨거워진 두 사람 사이에 끼어든 마이크의 옛 애인 로리 섀넌(돌로레스 그레이)과의 삼각관계가 마치 오래된 TV 시트콤처럼 낭만적인 재미를 준다. 특히 이 영화에서 로렌 바콜이 입고 등장하는 복고풍의 의상들은 당시 MGM 영화사의 전속 의상감독 헬렌 로즈의 디자인으로 눈길을 끌고 있으며, 사운드 트랙 음악은 앙드레 프레빈이 직접 맡았다. 작가 조지 웰즈 또한 사랑에 충만한 짜임새 있는 시나리오로 1958년 오스카 각본상을 수상했다. 빈센트 미넬리 감독이 1957년에 연출한 이 추억의 로맨틱 코미디는 국내 개봉 당시 〈아름다운 질투〉라는 제목으로 상영되었다.

★ — 원제목 | The Prince and the Showgirl

★ — 개봉제목 | **왕자와 무희**

★ — DVD 출시제목 | **왕자와 무희**

★ — 제작연도 | **1957년**

★ — 개봉연도 | **1958년**

★ — 제작국 | **미국, 영국**

★ — 컬러 | **컬러**

★ — 러닝타임 | **115분**

★ — 주연 | Marilyn Monroe, Laurence Olivier

★ — 감독 | Laurence Olivier

★ — 음악 | Richard Addinsell

| 감상포인트 |

1957년 영국의 저명한 극작가 테렌스 래티건의 희곡 〈The Sleeping Prince〉를 각색한 이 영화는 당시 영국의 거장 로렌스 올리비에와 미국의 톱스타 마릴린 먼로의 프로덕션이 합작하여 제작한 로맨틱 코미디의 고전이다. 한편 올리비에의 부인인 비비앤 리는 직접 촬영장까지 나와 남편의 연출을 세심하게 챙겨주기도 하였다.

직접 메가폰을 잡은 로렌스 올리비에는 영국왕 조지 5세의 대관식에 참석하기 위해서 온 어느 나라의 섭정관 찰스 왕자로 등장하고, 마릴린 먼로는 우연히 대사관에 들러 찰스 왕자와 로맨스를 펼치는 미국인 쇼걸 엘시 마리나 역을 연기한다. 올리비에와 먼로 커플은 비교적 자연스러운 연기의 조화를 이루었으며 시빌 손다이크 같은 조연진들의 연기 호흡 또한 예상 외로 관객들의 반응이 좋았다.

마이클 파웰의 영화에서 수려한 영상을 보여준 잭 카디프 촬영감독이 카메라를 잡은 이 영화는 영국 런던에서 올 로케로 촬영하였고, 영국 아카데미상에서도 5개 부문에 노미네이트되었다. 상류사회의 위선을 풍자한 신데렐라 스토리를 가진 현대영화에 많은 영향을 주었고 평단의 평가도 비교적 좋았지만 세계적인 흥행 성적은 그리 좋지 않았다.

- 원제목 | The Little Hut
- 개봉제목 | **오두막집**
- 제작연도 | **1957년**
- 개봉연도 | **1959년**
- 제작국 | **영국**
- 컬러 | **컬러**
- 러닝타임 | **90분**
- 주연 | Ava Gardner, Stewart Granger, David Niven
- 감독 | Mark Robson
- 음악 | Robert Farnon

| 감상포인트 |

1950년대와 1960년대의 흥행감독 마크 로브슨 감독이 연출한 이 영화는 1959년 국내 개봉 당시 수많은 남성 관객들에게 인기를 얻은 로맨틱 코미디의 고전이다.

바로 그 흥행 성적에 일조를 한 것은 영화 포스터에 그려진 수영복 차림의 에바 가드너의 모습이었는데, 에바 가드너는 러닝타임 절반을 거의 수영복 패션으로 등장한다.

결혼생활에 문제가 있는 수잔(에바 가드너)과 필립(스튜어트 그랜저) 부부가 오래전부터 절친한 친구인 헨리(데이비드 니븐)와 함께 셋이서 유람선을 타고 파티를 즐기다가 태풍을 만나 조난을 당하는 이야기가 작품의 줄거리이다. 노총각으로 나오는 데이비드 니븐보다 매우 유머가 있는 스튜어트 그랜저의 코미디 연기가 가히 일품으로, 이 영화는 1966년 리바이벌 상영되었다.

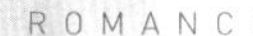

★ — 원제목 | A Time to Love and a Time to Die
★ — 개봉제목 | 사랑할 때와 죽을 때
★ — DVD 출시제목 | 사랑할 때와 죽을 때
★ — 제작연도 | 1958년
★ — 개봉연도 | 1959년 | 1967년(재개봉)
★ — 제작국 | 미국
★ — 컬러 | 컬러
★ — 러닝타임 | 132분
★ — 주연 | John Gavin, Liselotte Pulver
★ — 감독 | Douglas Sirk
★ — 음악 | Miklos Rozsa

| 감상포인트 |

전쟁 로맨스 영화의 결정판이라고 할 수 있는 더글러스 서크 감독의 이 영화는 1959년에 처음 개봉된 이후에 1967년에도 재개봉된 멜로드라마의 고전이다.

패색이 짙어가던 1944년 겨울 러시아 전선, 독일군 병사 에른스트 그라버가 유태인 여자 엘리자베스를 만나 사랑하고 결혼하는 단 일주일이라는 짧은 시간 속에서 그 행복은 그리 오래가지 못하는데, 아내가 임신했다는 편지를 읽고 기뻐하는 그라버의 등 뒤로 러시아 농민이 방아쇠를 당기는 라스트신은 매우 허무하고 비극적이다.

베토벤의 〈열정 소나타〉와 함께 대형 화면에 펼쳐진 이 시네마스코프 영화는 에리히 마리아 레마르크의 동명소설이 원작이며, 작가 레마르크가 폴만 교수로 직접 특별출연한다.

總天然色
CINEMASCOPE
A TIME TO LOVE AND A TIME TO DIE
쫀·카빈 / 리제롯데·빠르바
에릿히·레마르크 原作(兼特別出演)
監督 다그라스·서-크
사랑할 때와 죽을 때
유니버샬 超特作

- 원제목 | Auferstehung
- 개봉제목 | 부활
- 제작연도 | 1958년
- 개봉연도 | 1959년 | 1965년(재개봉)
- 제작국 | 서독, 이탈리아, 프랑스
- 컬러 | 컬러
- 러닝타임 | 106분
- 주연 | Horst Buchholz, Myriam Bru
- 감독 | Rolf Hansen
- 음악 | Mark Lothar

| 감상포인트 |

러시아의 문호 톨스토이의 원작을 각색한 롤프 한센 감독의 이 영화는 당시 고전 문학의 인기에 힘입어 많은 영화 팬들의 가슴을 울린 멜로드라마의 고전이다.

홀스트 브크홀츠가 연기하는 귀족 청년 네흘류도프가 불행한 창녀 카투사를 사랑하여 시베리아 유형지까지 따라나서는 장면은 잊지 못할 명장면이다. 특히 카투사 역을 연기한 프랑스 출신의 미리암 브루는 당시 이 영화를 본 국내 팬들에게 많은 사랑을 받은 추억의 여배우로 이 영화를 통해 홀스트 브크홀츠와 실제로 사랑에 빠져 그와 결혼을 하였다.

세계적인 평가를 받지 못한 이 영화는 개봉 당시 유독 국내에서만 호응이 좋았는데, 일명 〈카츄사〉라는 제목으로 잘 알려진 이 대하드라마는 지금도 다시 보고 싶은 명화 중의 한 편이기도 하다. 이 영화의 시나리오는 1965년 홀스트 브크홀츠를 기용하여 영화 〈츄바스코〉를 연출한 레나토 카스텔라리가 각본을 썼다.

* — 원제목 | Christine
* — 개봉제목 | **사랑은 오직 한 길**
* — 제작연도 | **1958년**
* — 개봉연도 | **1960년**
* — 제작국 | **프랑스, 이탈리아**
* — 컬러 | **컬러**
* — 러닝타임 | **100분**
* — 주연 | Romy Schneider, Alain Delon
* — 감독 | Pierre Gaspard-Huit
* — 음악 | Georges Auric

| 감상포인트 |

1950년대 판 〈로미오와 줄리엣 스토리〉라고 평가한 이 상큼한 멜로드라마는 타이틀롤인 로미 슈나이더와 알랭 들롱 커플이 촬영을 하다가 실제로 사랑에 빠진 화제작이다.

1906년 비엔나를 배경으로 한 이 영화에서 로미 슈나이더는 유부녀인 에겔스도르프 남작부인과 위험한 관계를 맺은 젊은 관리 청년 프란쯔를 사랑하는 음악가 귀족의 딸 크리스틴으로 출연한다.

연출자인 피엘 가스파르 후이 감독은 시종일관 로미 슈나이더의 동선을 따라 그녀의 아름다움을 최대한 카메라에 담고 있으며, 슈나이더와 들롱 커플은 이 영화 이후에 1960년대를 대표하는 세기의 커플로 등장한다.

이 영화는 1960년 단성사에서 개봉되었다.

- ★ — 원제목 | Faibles femmes
- ★ — 개봉제목 | 아가씨! 손길을 부드럽게
- ★ — 제작연도 | 1959년
- ★ — 개봉연도 | 1960년
- ★ — 제작국 | 프랑스, 이탈리아
- ★ — 컬러 | 컬러
- ★ — 러닝타임 | 75분
- ★ — 주연 | Alain Delon, Mylene Demongeot, Pascale Petit
- ★ — 감독 | Michel Boisrond
- ★ — 음악 | Paul Misraki

| 감상포인트 |

중앙극장에서 개봉할 당시 프랑스의 제임스 딘이란 애칭을 가졌던 알랭 들롱과 여배우 밀렌느 드몽조가 출연한 이 영화는 미셸 보이스롱 감독이 연출한 로맨틱 코미디의 고전이다.

귀엽고 잘 생긴 커플 줄리앙 페날(알랭 들롱)과 사빈느(밀렌느 드몽조)의 애정 이야기에 약간의 에로티시즘을 강조한 이 영화는 1960년 3월 1일 중앙극장에서 개봉되어 국내 흥행에도 성공했으며, 알랭 들롱을 한국에 처음 소개한 멜로드라마이기도 하다.

★ — 원제목 | A Summer Place
★ — 개봉제목 | **피서지에서 생긴 일**
★ — DVD 출시제목 | **피서지에서 생긴 일**
★ — 제작연도 | **1959년**
★ — 개봉연도 | **1961년 3월 중앙극장** | **1972년**(재개봉)
★ — 제작국 | **미국**
★ — 컬러 | **컬러**
★ — 러닝타임 | **130분**
★ — 주연 | Richard Egan, Dorothy McGuire, Sandra Dee, Troy Donahue
★ — 감독 | Delmer Daves
★ — 음악 | Max Steiner

| 감상포인트 |

1960년대의 청춘 심벌인 트로이 도나휴와 산드라 리의 출세작이며 퍼시 페이스 악단의 주제곡으로도 유명한 이 멜로드라마의 고전은 여름 시즌만 되면 늘 생각나는 작품 중의 하나이다.

미국의 북동부에 위치한 아름다운 피서지 메인 만이 배경인 이 영화는 예전에 사랑했던 두 연인 켄(리처드 이건)과 실비아(도로시 맥과이어)의 재결합과 그들의 자식들이 나누는 사랑에 따뜻한 배려와 이해심으로 행복한 해피엔딩을 맞이한다.

트로이 도나휴는 실비아의 아들 조니로 등장하고 산드라 디는 켄의 딸인 몰리 역을 연기하며, 음악 작곡은 맥스 스타이너가 맡았다.

- 원제목 | Never on Sunday | Pote tin Kyriaki
- 개봉제목 | **일요일은 참으세요**
- 제작연도 | **1960년**
- 개봉연도 | **1962년**
- 제작국 | **그리스, 미국**
- 컬러 | **흑백**
- 러닝타임 | **91분**
- 주연 | Melina Mercouri, Jules Dassin
- 감독 | Jules Dassin
- 음악 | Manos Hatzidakis

| 감상포인트 |

멜리나 메르쿠리의 주제가로도 유명한 이 영화는 사랑에 대한 솔직함, 즉 진실을 그린 로맨틱 코미디의 고전이다. 매카시 선풍으로 미국을 떠나 그리스로 활동무대를 옮긴 줄스 다신 감독이 그리스 신화 〈피그말리온의 전설〉을 읽고 나서 인간의 인성이 교육으로 바뀌지 않는다는 생각으로 이 영화의 시나리오를 썼다.

타이틀롤인 멜리나 메르쿠리는 미해군 군함이 정박하는 그리스의 항구 도시에서 잘 나가는 창녀 일리아 역을 맡아 자신의 고객을 직접 고르는 단순하고 자유로운 연기를 선보인다. 특히 2주간의 교육을 받은 후 지성인이 된 일리아가 달 밝은 밤 창문의 커튼을 치고, 몰래 자신이 만난 남자들 단체 사진을 꺼낸 뒤 나즈막이 노래하는 장면은 이 영화의 하이라이트이다.

멜리나 메르쿠리는 이 영화의 매력적인 연기로 그해 칸 국제영화제에서 〈여우주연상〉을 수상했으며 음악을 맡은 작곡가 마노스 하치다키스는 1961년 오스카 주제가상을 수상했다. 1962년, 이 영화의 개봉으로 트위스트 춤이 국내에 처음 소개되었다.

★ — 원제목 | Splendor in the Grass
★ — 개봉제목 | 초원의 빛
★ — DVD 출시제목 | 초원의 빛
★ — 제작연도 | 1961년
★ — 개봉연도 | 1964년 | 1972년(재개봉)
★ — 제작국 | 미국
★ — 컬러 | 컬러
★ — 러닝타임 | 124분
★ — 주연 | Natalie Wood, Warren Beatty
★ — 감독 | Elia Kazan
★ — 음악 | David Amram

| 감상포인트 |

1960년대의 청춘스타 나탈리 우드의 출세작인 이 영화는 순수한 사랑에 눈떠가는 사춘기 소년 버드 스탬퍼와 소녀 윌마 루미스의 첫사랑을 그리고 있다. 엘리아 카잔 감독의 탄탄한 연출력에 힘입어 1972년 국내 재개봉 당시 허리우드 극장에서 24만 명이란 흥행 기록을 동원한 로맨스 영화의 고전이다.

윌리엄 워즈워드의 시로 더 유명한 이 영화의 제목만큼이나 뜨거운 첫사랑을 이루지 못한 채 상처를 안고 각자 다른 인생을 살아간다는 이 감상적인 러브 스토리는 당시 한국의 청춘 세대들에게 대단한 폭발력을 일으켰다.

이 영화를 계기로 나탈리 우드와 워렌 비티는 실제 뜨거운 사이로 발전했으며, 이 영화는 1960년대 성장영화의 대명사가 되었다.

- ★ — 원제목 | Woman of Straw
- ★ — 개봉제목 | **갈대**
- ★ — 제작연도 | **1964년**
- ★ — 개봉연도 | **1968년**
- ★ — 제작국 | **영국**
- ★ — 컬러 | **컬러**
- ★ — 러닝타임 | **122분**
- ★ — 주연 | Gina Lollobrigida, Sean Connery
- ★ — 감독 | Basil Dearden
- ★ — 음악 | Norman Percival

| 감상포인트 |

프랑스의 작가 카트린 아를레(Catherine Arley)의 추리소설 〈지푸라기의 여자〉를 각색한 이 영화는 서른네 살의 미모의 여성 마리아 마르첼로의 이야기를 다룬 로맨스 스릴러이다.

여기서 나이 많은 백만장자 찰스 리치먼드의 재산을 노리는 그의 젊은 조카 앤서니 리치먼드 역을 〈007 시리즈〉의 숀 코넬리가 맡아 연기하는 반면, 지나 롤로브리지다는 원제목에서처럼 지푸라기처럼 이용당하는 불쌍한 여인 마리아 역을 실감나게 연기한다.

연출은 찰턴 헤스턴이 주연한 서사극 〈카쓰므〉로 잘 알려진 영국의 바질 디어든 감독이 맡았으며, 앨프리드 히치콕 스타일처럼 잘 짜인 서스펜스는 없지만 정적인 긴장감이 흐르는 작품이다.

★ – 개봉제목 | **맨발의 청춘**

★ – 제작연도 | **1964년**

★ – 개봉연도 | **1964년**

★ – 제작국 | **한국**

★ – 컬러 | **흑백**

★ – 러닝타임 | **116분**

★ – 주연 | **신성일, 엄앵란, 트위스트 김, 이예춘, 윤일봉**

★ – 감독 | **김기덕**

★ – 음악 | **이봉조**

| **감상포인트** |

1960년대 한국 청춘영화의 대표작인 이 영화는 당시 신성일과 엄앵란 커플을 최고의 스타 반열에 오르게 한 로맨스 영화의 고전이다.

이봉조가 재즈풍으로 작곡한 동명의 주제가를 가수 최희준이 불러 이 영화가 히트하는 데 일조를 했으며, 신성일의 부하로 등장한 트위스트 김은 조연 캐릭터의 시조가 되면서 감칠맛 나는 연기로 많은 인기를 얻었다.

돈 없는 건달 서두수와 부잣집 딸 요안나의 사회적인 신분을 초월한 순애보는 당시 젊은 영화 팬들에게 열광적인 사랑을 받았지만 한편으로 김기덕 감독은 후대의 평론가들로부터 불분명한 원작에 관한 지적을 받기도 했다.

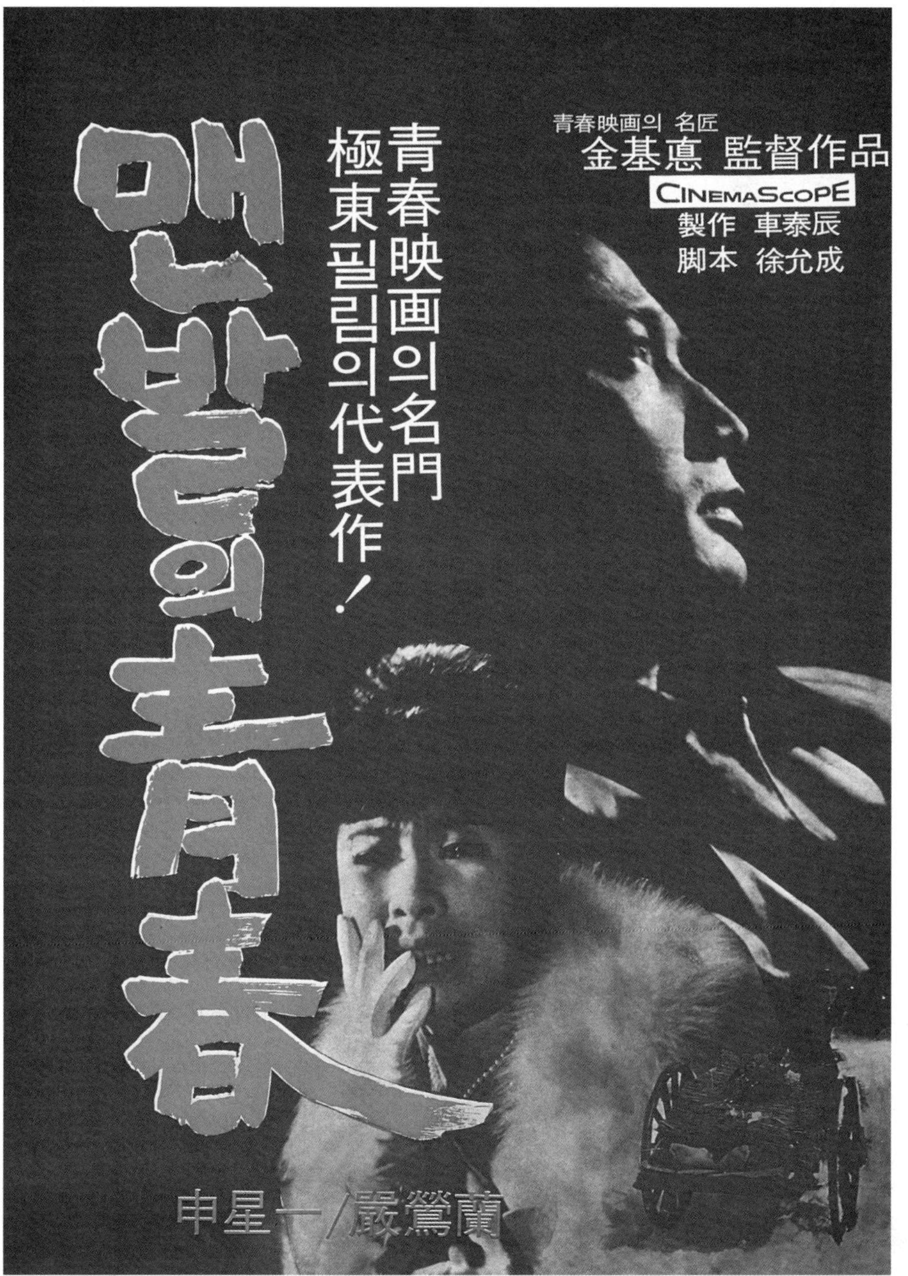

- ★ ─ 원제목 | Darling
- ★ ─ 개봉제목 | **다아링**
- ★ ─ 제작연도 | **1965년**
- ★ ─ 개봉연도 | **1969년**
- ★ ─ 제작국 | **영국**
- ★ ─ 컬러 | **흑백**
- ★ ─ 러닝타임 | **128분**
- ★ ─ 주연 | Laurence Harvey, Dirk Bogarde, Julie Christie
- ★ ─ 감독 | John Schlesinger
- ★ ─ 음악 | John Dankworth

| 감상포인트 |

줄리 크리스티가 연기하는 다이애너 스코트는 런던에 사는 젊고 매혹적이며 매우 활달한 모델이다.

그녀가 유명한 TV 신문 잡지 기자인 로버트 골드(덕 보가트)라든가 광고 기획자 마일스 브랜드(로렌스 하베이)를 거쳐 이탈리아의 왕자와 결혼하기까지 존 슐레진저 감독은 야심 있는 영국의 제트족인 여자 다이애너 스코트의 일상을 통하여 돈과 남자, 결혼과 매력적인 로맨스를 그려낸다.

〈미드나이트 카우보이〉로 잘 알려진 존 슐레진저 감독의 이 영화는 1960년대 당시로서는 매우 도발적인 영국 여성의 러브 스토리이다.

★ – 개봉제목 | **하숙생**

★ – 제작연도 | **1966년**

★ – 개봉연도 | **1966년 아카데미극장**

★ – 제작국 | **한국**

★ – 컬러 | **흑백**

★ – 러닝타임 | **104분**

★ – 주연 | **신성일, 김지미, 최남현, 전계현**

★ – 감독 | **정진우**

★ – 음악 | **김용환**

| 감상포인트 |

최희준이 부르는 동명의 주제가로 더 유명한 정진우 감독의 이 영화는 지독한 사랑에 관한 복수를 그린 멜로드라마의 고전이다.

당시 청취율이 높았던 김석야 원작의 KBS 라디오 드라마를 신봉승 작가가 각색했는데, 타이틀롤을 맡은 신성일은 자신을 배신한 애인 재숙(김지미)에게 정신적인 고통을 주는 복수의 화신으로 등장한다. 밤마다 들려오는 아코디언 멜로디, 화상 입은 얼굴, 성형 수술, 옆집에서 하숙하는 옛 애인 등 세심한 플롯들이 로맨스 영화의 미덕을 다 갖췄다.

1966년 국내 개봉 당시 아카데미 극장에서 10만여 명의 관객을 동원하는 기록을 세웠으며, 제27회 베니스 국제영화제에 출품되기도 했다.

- 원제목 | Un Homme et une Femme
- 개봉제목 | 남과 여
- DVD 출시제목 | 남과 여
- 제작연도 | 1966년
- 개봉연도 | 1967년
- 제작국 | 프랑스
- 컬러 | 컬러, 흑백
- 러닝타임 | 120분
- 주연 | Anouk Aimee, Jean-Louis Trintignant, Pierre Barouh
- 감독 | Claude Lelouch
- 음악 | Francis Lai

| 감상포인트 |

아내를 잃은 남자와 남편을 잃은 여자가 주말마다 만나 한 가족이 되어 가는 예행 연습을 한다. 이들은 각자 아이만 데리고 혼자 사는 중년의 독신자들로, 서로의 아픈 기억의 끈을 놓지 않은 채 사랑을 받아들일 준비가 아직 되어 있지 않았다.

당시 스물여덟 살의 약관인 클로드 를르슈 감독이 연출한 이 로맨스 영화는 직접 카메라를 들고 스태프 몇 명과 함께 실험적인 이 미학의 영화를 완성하면서 칸 국제영화제 〈황금종려상〉과 미국 아카데미 영화제에서 〈외국어 영화상〉을 수상했다.

피엘 바루의 삼바풍의 음악과 여성의 스캣(scat)을 이용한 프랜시스 레이의 낭만적인 주제곡은 이 영화를 기억하게 하는 중요한 요소가 되었다. 특히 아누크 애메가 플랫폼에서 자신을 기다리는 장 루이 트랑티냥의 사랑을 받아들이며 뜨겁게 포옹하는 라스트신은 오랫동안 잊지 못할 명장면이다.

★ – 개봉제목 | **만추**

★ – 제작연도 | **1966년**

★ – 개봉연도 | **1966년 명보극장**

★ – 제작국 | **한국**

★ – 컬러 | **흑백**

★ – 러닝타임 | **미상**

★ – 주연 | **신성일, 문정숙, 김정철**

★ – 감독 | **이만희**

★ – 음악 | **전정근**

| 감상포인트 |

낙엽이 떨어지는 한적한 창경원 벤치가 생각나는 이만희 감독의 시적 영상언어가 화면을 가득 채운 한국 로맨스 영화의 걸작이다.

모범수가 되어 외출을 허가 받은 여인과 범죄에 연루되어 도피 중인 한 청년이 달리는 기차 안에서 우연히 만나 사흘 동안 열정적인 사랑을 나눈다.

갯벌의 롱테이크와 낡은 폐선의 실루엣이 그림처럼 아름답고 혼잡한 서울역 구내에서 서로를 찾아 헤매는 장면은 이 영화의 하이라이트이다.

당시 외화를 즐겨보던 영화 팬들도 관객들의 입소문을 듣고 흥행 기록에 동참했으며 1975년엔 김기영 감독의 〈육체의 약속〉으로, 1981년엔 김혜자를 기용하여 같은 제목으로 리메이크했다.

- 원제목 | Chubasco
- 개봉제목 | **츄바스코**
- 제작연도 | **1967년**
- 개봉연도 | **1968년**
- 제작국 | **미국**
- 컬러 | **컬러**
- 러닝타임 | **100분**
- 주연 | Richard Egan, Christopher Jones, Susan Strasberg
- 감독 | Allen H. Miner
- 음악 | William Lava

| 감상포인트 |

국내 개봉 당시 한국 여성 팬들로부터 제2의 제임스 딘이란 찬사를 받으면서 새로운 신드롬을 일으킨 크리스토퍼 존스의 해양 멜로드라마의 화제작이다.

이 영화에서 반항적인 10대 아이돌 츄바스코 역을 연기한 크리스토퍼 존스는 실제 스물여섯의 나이임에도 불구하고 매우 탄력 있는 연기를 선보였으며, 그를 사랑하는 소녀 버니 역에는 그보다 세 살이나 많은 수전 스트라버그가 연기한다.

크리스토퍼 존스와 수전 스트라버그는 이 영화에 출연하면서 실제로 사랑에 빠져 결혼하여 딸 하나를 두었는가 하면, 이 작품 이후에 크리스토퍼 존스는 자신이 주연한 〈비설〉과 〈라이안의 처녀〉가 계속 국내에 소개되면서 여성 팬들에게 절대적인 인기를 누렸다.

- 원제목 | The Graduate
- 개봉제목 | 졸업
- DVD 출시제목 | 졸업
- 제작연도 | 1967년
- 개봉연도 | 1971년
- 제작국 | 미국
- 컬러 | 컬러
- 러닝타임 | 105분
- 주연 | Anne Bancroft, Dustin Hoffman, Katharine Ross
- 감독 | Mike Nichols
- 음악 | Dave Grusin, Paul Simon

감상포인트

뉴 아메리칸 시네마의 걸작인 이 영화는 마이크 니콜스 감독이 스물한 살의 젊은 남자 벤자민(더스틴 호프먼)의 로맨스를 통하여 기성세대에 대한 반항과 도전을 다룬다.

자식 같은 벤자민을 통하여 스스로 여자임을 확인하려는 로빈슨 부인(앤 밴크로프트)은 자신의 딸 이레인(캐서린 로스)이 등장함으로써 산산조각이 나는데, 당시 로버트 레드포드가 거절한 벤자민 역을 약관의 무명배우 더스틴 호프먼이 맡아 좋은 연기를 보여 준다.

로버트 서티스의 아방가르드 촬영기법, 사이먼 & 가펀클의 주제가 〈The Sound Of Silence〉는 이 영화를 빛내는 또 다른 요소가 되었다. 로빈슨 부인 역을 맡은 앤 밴크로프트는 매우 인상적인 연기를 보여줬다.

- ⋆ – 원제목 | Shan Shan
- ⋆ – 개봉제목 | **리칭의 스잔나**
- ⋆ – DVD 출시제목 | **스잔나**
- ⋆ – 제작연도 | **1967년**
- ⋆ – 개봉연도 | **1969년**
- ⋆ – 제작국 | **홍콩**
- ⋆ – 컬러 | **컬러**
- ⋆ – 러닝타임 | **110분**
- ⋆ – 주연 | **리칭, 장중문, 장연, 하번, 관산**
- ⋆ – 감독 | **하몽화**
- ⋆ – 음악 | **왕푸링**

| 감상포인트 |

홍콩의 신인여배우 리칭을 아시아의 스타로 만들어준 1967년 하몽화 감독의 최루성 멜로드라마의 화제작이다.

한 남자를 사이에 두고 이복 자매가 벌이는 삼각관계가 스토리의 축을 이루는데, 리칭이 연기하는 동생 산산은 언니 청닝의 애인 팅난을 빼앗는다. 특히 리칭이 뇌종양 선고를 받고 자신의 잘못을 뉘우치면서 손수건을 화로에 태우며 부르는 주제가 〈청춘무곡〉은 국내 개봉 당시 많은 영화팬들로부터 사랑을 받았으며, 가수 정훈희가 번안해서 부른 가요도 인기를 얻었다.

★ — 원제목 | Amanti | A Place for Lovers

★ — 개봉제목 | **연인들의 장소**

★ — 제작연도 | **1968년**

★ — 개봉연도 | **1973년**

★ — 제작국 | **이탈리아, 프랑스**

★ — 컬러 | **컬러**

★ — 러닝타임 | **88분**

★ — 주연 | Faye Dunaway, Marcello Mastroianni

★ — 감독 | Vittorio De Sica

★ — 음악 | Manuel De Sica, Lee Konitz

| 감상포인트 |

1968년 당시 세계적인 인기를 얻기 시작하던 페이 더나웨이가 이탈리아의 비토리오 데시카 감독과 손잡고 출연한 로맨스 영화의 화제작이다.

불치의 병에 걸린 미국의 패션디자이너 줄리아(페이 더나웨이)는 휴양차 이탈리아의 산장으로 온다. 거기서 우연히 TV 인터뷰를 보다가 알게 된 공학기술자 발레리온(마르첼로 마스트로얀니)과 줄리아의 사랑이 열정적으로 펼쳐진다.

비토리오 데시카 감독은 죽음을 앞둔 한 여자의 불꽃같은 사랑을 그림처럼 아름다운 연인들의 장소인 산장을 배경으로 1960년대의 로망을 연출한다.

- ⋆ — 원제목 | Romeo and Juliet
- ⋆ — 개봉제목 | **로미오와 줄리엘**
- ⋆ — DVD 출시제목 | **로미오와 줄리엣**
- ⋆ — 제작연도 | **1968년**
- ⋆ — 개봉연도 | **1968년**
- ⋆ — 제작국 | **영국, 이탈리아**
- ⋆ — 컬러 | **컬러**
- ⋆ — 러닝타임 | **138분**
- ⋆ — 주연 | Leonard Whiting, Olivia Hussey, Michael York
- ⋆ — 감독 | Franco Zeffirelli
- ⋆ — 음악 | Nino Rota

| 감상포인트 |

1968년 프랑코 제페렐리 감독이 연출한 이 영화는 당시로서는 현대 감각을 수용한 신선한 연출작이었으며, 350명 후보 중에서 뽑힌 열여섯 살의 레너드 파이팅과 열다섯 살의 올리비아 하세는 사상 최연소 로미오와 줄리엣 커플을 연기하면서 대단한 돌풍을 일으켰다. 어쩌면 1996년에 팝 스타일로 발표된 레오나드 디카프리오와 클레어 데인즈 커플보다 더 이상적인 캐스팅이 아니었나 싶다.

사랑과 증오의 대립이라는 윌리엄 셰익스피어 원작의 명료한 주제를 바탕으로 시종일관 스크린 가득히 흐르는 작곡가 니노 로타의 발라드풍의 영화음악은 이 영화의 폭발적인 흥행에 큰 도화선이 되었다. 특히 카플렛 가의 축제에서 음유시인 글렌 웨스턴이 노래하는 주제가 〈What Is Youth?〉는 나중에 새로 편곡한 도니 오스먼드의 〈A Time For Us〉로도 유명하다.

이 영화는 아카데미 영화제에서 촬영상과 의상상을, 골든 글로브 영화제에서는 외국어 영화상과 신인여우상, 신인남우상을 수상했다.

★ — 개봉제목 | **미워도 다시 한번**

★ — DVD 출시제목 | **미워도 다시 한번**

★ — 제작연도 | **1968년**

★ — 개봉연도 | **1968년**

★ — 제작국 | **한국**

★ — 컬러 | **컬러**

★ — 러닝타임 | **93분**

★ — 주연 | **신영균, 문희, 전계현, 김정훈**

★ — 감독 | **정소영**

★ — 음악 | **김용환**

| **감상포인트** |

1968년 당시 인기 절정의 여배우 문희가 비련의 여인 정혜영으로 등장하여 아역배우 김정훈과 함께 눈물 연기를 보여줘 장안의 화제를 일으킨 이 여성 멜로드라마는 정소영 감독이 연출한 최류 영화의 원조이다.

아내가 있는 사업가 강신호(신영균)를 아낌없이 사랑하여 기구한 운명의 여인으로 살아가야만 하는 스토리라인이 당시 국민들의 모성애를 자극하여 전국을 온통 눈물바다로 만들었다.

이 영화는 국도극장 단일관에서만 38만 명의 관객 동원을 했으며, 남진과 이미자가 부른 동명의 주제가는 폭발적인 인기를 얻으면서 연신 라디오 프로그램의 전파를 탔다.

- ★ — 원제목 | Mayerling
- ★ — 개봉제목 | 비우
- ★ — 제작연도 | 1968년
- ★ — 개봉연도 | 1971년
- ★ — 제작국 | 프랑스, 영국
- ★ — 컬러 | 컬러
- ★ — 러닝타임 | 140분
- ★ — 주연 | Omar Sharif, Catherine Deneuve, Ava Gardner, James Mason
- ★ — 감독 | Terence Young
- ★ — 음악 | Francis Lai

| 감상포인트 |

1936년 아나톨 리트박의 원작 영화를 리메이크한 테렌스 영 감독의 이 영화는 1980년대 후반 오스트리아-헝가리 통합국의 마지막 황태자 루돌프의 비극적인 사랑을 그린 로맨스 영화의 화제작이다.

오마 샤리프가 연기하는 루돌프 황태자는 완고한 아버지 요세프 황제(제임스 메이슨)의 강요 때문에 정략결혼을 하게 되지만, 열일곱 살의 남작의 딸 마리아 베체라(카트리느 드뇌브)를 사랑하게 되면서 그는 황제로부터 버림을 받는다.

루돌프 황태자와 마리아의 동반자살 장면으로 시작되는 이 영화에서 보후인 엘리자베스 황후(일명 씨씨) 역을 에바 가드너가 맡고 있으며, 시종일관 스크린에 흐르는 슬픈 영화음악의 선율은 〈남과 여〉로 잘 알려진 프랜시스 레이가 맡았다.

★ — 원제목 | John and Mary
★ — 개봉제목 | 영 러버
★ — 제작연도 | 1969년
★ — 개봉연도 | 1971년
★ — 제작국 | 미국
★ — 컬러 | 컬러
★ — 러닝타임 | 92분
★ — 주연 | Dustin Hoffman, Mia Farrow
★ — 감독 | Peter Yates
★ — 음악 | Quincy Jones

| 감상포인트 |

피터 예츠 감독이 연출한 이 작고 매력적인 영화는 존과 매리라는 두 명의 남녀 싱글즈가 벌이는 재치 넘치는 1960년식 로맨스 영화의 화제작이다.

잘 생기지 않은 외모를 가진 존(더스틴 호프먼)과 매리(미아 패로우)의 만남은 독신자들이 출입하는 싱글바에서 시작되고 그들은 곧바로 함께 잠을 자고 나서 그 다음 날부터 서로를 알기 위해 애를 쓴다.

주근깨투성이의 미아 패로우와 작고 볼품없는 더스틴 호프먼의 사랑 이야기는 개봉 당시 매우 신선하게 다가왔다. 이 영화에 삽입된 퀸시 존스가 작곡한 〈Maybe Tomorrow〉는 흑인그룹 잭슨 5의 노래로도 잘 알려져 있다.

- 원제목 | Una breve stagione | A Brief Season
- 개봉제목 | **비설**
- 제작연도 | 1969년
- 개봉연도 | 1972년
- 제작국 | 이탈리아
- 컬러 | 컬러
- 러닝타임 | 125분
- 주연 | Christopher Jones, Pia Degermark
- 감독 | Renato Castellani
- 음악 | Ennio Morricone

| 감상포인트 |

〈엘비라〉의 인기에 힘입어 여배우 피아 데겔마르크가 이탈리아로 가서 촬영한 레나토 카스텔라리 감독의 로맨스 영화이다.

크리스토퍼 존스는 이 영화에서 피아 데겔마르크를 사랑하는 이탈리안 노동자로 등장하여 국내 여성팬들에게 폭발적인 사랑을 받았다.

테렌스 영 감독의 〈비우〉가 영화 팬들에게 반응이 좋자 당시 수입업자들이 제목이 비슷한 〈비설〉이란 제목으로 개봉한 것이 이채롭다.

- 원제목 | Love Story
- 개봉제목 | **러브 스토리**
- DVD 출시제목 | **러브 스토리**
- 제작연도 | **1970년**
- 개봉연도 | **1970년**
- 제작국 | **미국**
- 컬러 | **컬러**
- 러닝타임 | **99분**
- 주연 | Ali MacGraw, Ryan O'Neal, John Marley
- 감독 | Arthur Hiller
- 음악 | Francis Lai

| 감상포인트 |

사랑이란 결코 미안하다는 말을 하는 게 아니라는 제니퍼(알리 맥그로우)의 대사로 너무 유명한 이 영화는 한국 영화 팬들이 가장 보고 싶어 하는 로맨스 영화 중의 한 편이다.

아무도 없는 센트럴파크의 스케이트 링크, 양 옆으로 눈이 하얗게 쌓인 가로수 길, 집 나간 제니퍼를 찾으러 캠퍼스 안을 뒤지는 올리버(라이언 오닐)의 모습, 두 연인이 사랑을 나누는 장면마다 아름답게 흐르던 프랜시스 레이의 영화음악은 이 영화를 오랫동안 기억하게 하는 요소가 되었다.

당시 서른두 살의 알리 맥그로우는 에릭 시걸의 원작소설을 읽고 나서 파라마운트사 부사장인 남편을 졸라 이 영화를 제작했다고 하며, 세 살 연하의 라이언 오닐과 연기 호흡을 잘 맞추었다.

원작자인 에릭 시걸은 2010년 1월 일흔두 살로 세상을 떠났다.

- ★ — 원제목 | Sunshine
- ★ — 개봉제목 | **선샤인**
- ★ — 제작연도 | **1973년**
- ★ — 개봉연도 | **1976년**
- ★ — 제작국 | **미국**
- ★ — 컬러 | **컬러**
- ★ — 러닝타임 | **121분**
- ★ — 주연 | Cristina Raines, Cliff De Young
- ★ — 감독 | Joseph Sargent
- ★ — 음악 | John Denver, Hal Mooney

| 감상포인트 |

재클린 헬튼의 잡지 기사 중 〈사랑과 죽음의 일기〉를 각색한 이 작품은 조셉 사전트 감독이 1973년 TV드라마로 연출한 TV영화이다.

젊은 엄마 케이트 헤이든(크리스티나 레인즈)이 암에 걸려 두 다리를 쓰지 못하자 의사의 경고에도 불구하고 다리를 절단하지 않고 죽음을 받아들이는데, 팝 아티스트인 남편 샘 헤이든(클리프 드 영)은 카세트 녹음기에다 어린 딸을 위해 유언을 남기는 아내의 모습에 가슴 아파한다.

이 영화에서 흘러나오는 존 덴버의 히트곡들은 클리프 드 영이 직접 부르고 있으며, 사랑하는 아내 케이트를 앉혀놓고 〈My Sweet Lady〉를 부르는 장면은 눈시울이 뜨거워지는 명장면이다.

★ – 원제목 | Nazareno Cruz y el Lobo

★ – 개봉제목 | **나자리노**

★ – DVD 출시제목 | **나자리노**

★ – 제작연도 | **1975년**

★ – 개봉연도 | **1976년**

★ – 제작국 | **아르헨티나**

★ – 컬러 | **컬러**

★ – 러닝타임 | **92분**

★ – 주연 | Juan Jose Camero, Marina Magali

★ – 감독 | Leonardo Favio

★ – 음악 | Juan Jose Garcia Caffi

| 감상포인트 |

악마의 저주를 받아 보름달이 뜨는 밤이 되면 무서운 늑대로 변하는 소년 나자리노(후안 호세 카메로)의 슬픈 사랑 이야기를 그린 이 로맨스 영화는 국내 최초로 소개된 아르헨티나 영화이다.

금발의 소녀 그리셀다(마리나 마갈리)의 사랑을 선택한 나자리노가 악마의 유혹에서 벗어나 늑대의 몸으로 총탄에 쓰러지는 라스트신은 시종일관 흐르는 후안 호세 가르시아 카피의 주제곡만큼이나 안타깝고 비극적이다.

1976년 7월 명보극장 단일관에서 개봉한 이 영화는 35만 명의 관객 동원에 성공하면서 당시 라디오 음악방송에 자주 소개된 주제곡 〈When a Child is Born〉과 더불어 대단한 인기를 얻은 멜로드라마의 흥행작이다.

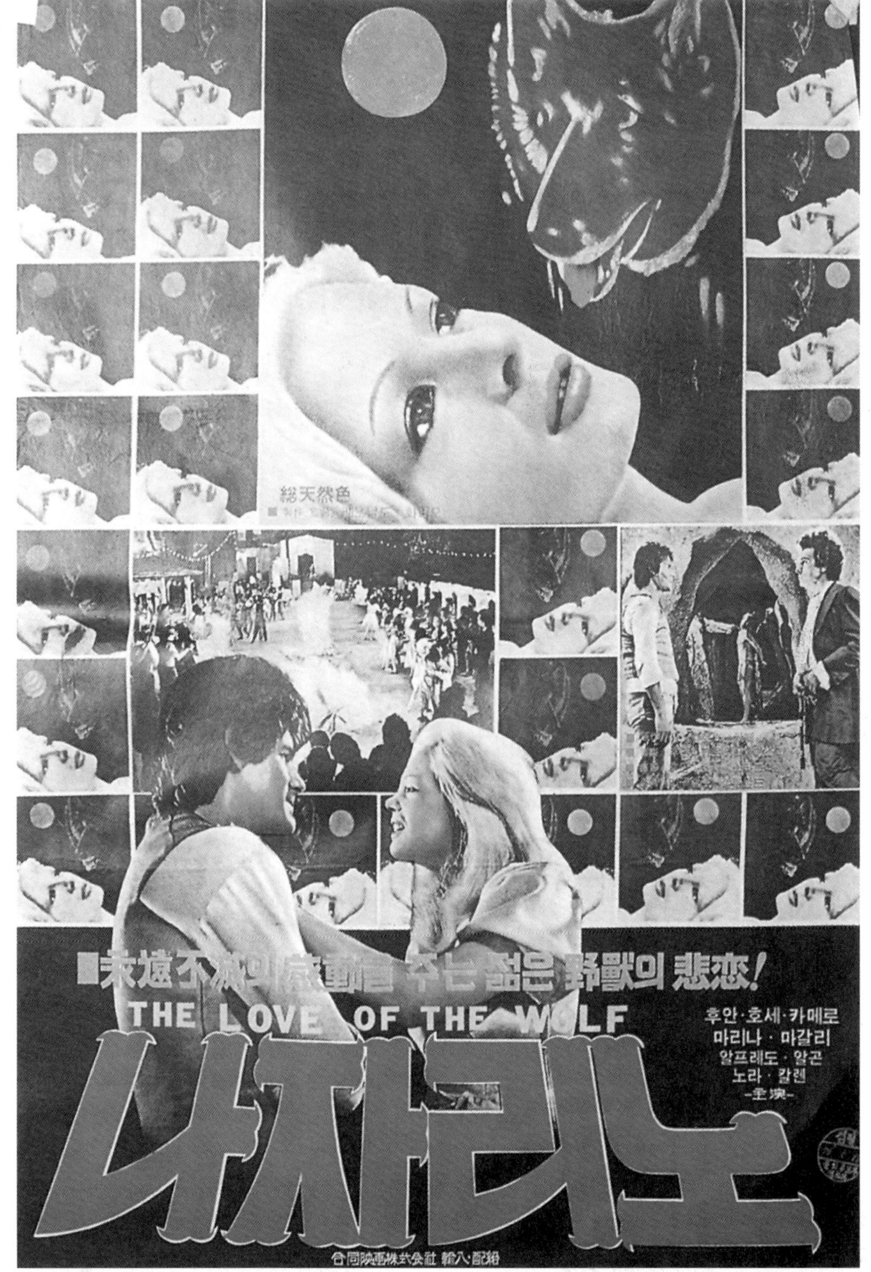

- ★ ─ 원제목 | The Other Side of Midnight
- ★ ─ 개봉제목 | **깊은 밤 깊은 곳에**
- ★ ─ 제작연도 | **1977년**
- ★ ─ 개봉연도 | **1979년 1월**
- ★ ─ 제작국 | **미국**
- ★ ─ 컬러 | **컬러**
- ★ ─ 러닝타임 | **165분**
- ★ ─ 주연 | Marie-France Pisier, John Beck, Susan Sarandon
- ★ ─ 감독 | Charles Jarrott
- ★ ─ 음악 | Michel Legrand

| 감상포인트 |

시드니 셸던의 베스트셀러를 각색한 이 영화는 1979년 국내 개봉 당시 무려 47분이나 삭제된 채 상영된 로맨스 영화의 화제작으로, 오리지널 버전 러닝타임은 2시간 45분이다.

자신을 2박 3일 동안 농락하고 떠난 바람둥이 조종사 래리(존 벡)에게 철저하게 복수하는 비극적인 여인 노엘의 이야기를 그린 이 작품은 짧디 짧은 사랑과 길고 긴 상처로 일관하는 멜로드라마의 속성을 바탕으로 하고 있다. 영국 출신의 찰스 재로트 감독이 연출을 맡았는데 우리에게 〈천일의 앤〉(1969년)으로 잘 알려져 있다.

깊은 사랑에 대한 배신을 가슴에 담고 복수의 화신으로 변하는 여주인공 노엘 역은 마리 프랑스 피지엘이 연기하고 있으며, 이 영화는 명보극장 단일관에서 상영되어 45만 명의 흥행을 기록했다.

* ― 원제목 | Ice Castles
* ― 개봉제목 | **사랑이 머무는 곳에**
* ― 제작연도 | **1978년**
* ― 개봉연도 | **1979년**
* ― 제작국 | **미국**
* ― 컬러 | **컬러**
* ― 러닝타임 | **108분**
* ― 주연 | Robby Benson, Lynn-Holly Johnson, Tom Skerritt
* ― 감독 | Donald Wrye
* ― 음악 | Marvin Hamlisch

| 감상포인트 |

멜리사 맨체스터가 부르는 주제가 〈Through the Eyes of Love〉로도 유명한 이 영화는 좌절을 딛고 다시 일어서는 어느 피겨 스케이팅 선수의 사랑을 그린 감성 스포츠 멜로드라마이다.

피겨 스케이터로 승승장구하던 소녀 렉시(린 홀리 존슨)가 불의의 사고로 시력을 잃게 되면서 남자 친구 닉(로비 벤슨)으로부터 지극한 사랑의 보살핌을 받게 되는데, 렉시가 눈이 안 보인다는 것을 관객들이 알아차렸을 때 닉이 다가와 다정하게 그녀의 손을 잡아주는 라스트신은 가슴이 뭉클하다.

이 영화는 동시대에 개봉되어 인기를 얻었던 〈선샤인〉과 〈필링 러브〉, 〈저 하늘에 태양이〉와 아울러서 1970년대 신파물의 화제작으로 대중들에게 많은 사랑을 받았다.

| 2부 | 웨스턴

- ★ — 원제목 | Stagecoach
- ★ — 개봉제목 | **역마차**
- ★ — DVD 출시제목 | **역마차**
- ★ — 제작연도 | **1939년**
- ★ — 개봉연도 | **1953년**
- ★ — 제작국 | **미국**
- ★ — 컬러 | **흑백**
- ★ — 러닝타임 | **96분**
- ★ — 주연 | Claire Trevor, John Wayne, Andy Devine
- ★ — 감독 | John Ford

| 감상포인트 |

「코리어스」지에 실린 어니스트 헤이칵스의 단편소설 〈로즈버그로 가는 역마차〉가 이 영화의 원작이며, 전작인 〈밀고자〉의 시나리오를 쓴 작가 더들리 니콜스가 각색을 맡았다. 비좁은 역마차 안에서 만난 다양한 계층의 인물들은 목적지까지 가는 동안 느닷없는 사건들을 만나고 그에 대처하기도 하면서 나름대로 사회 정의를 깨닫게 된다.

이 영화는 화이트 컬러의 알코올 중독과 지능적인 범죄, 매춘 그리고 도박에 관한 문제 등 당시의 사회상을 시사한다.

제작자 데이비드 O. 셀즈닉은 주인공 링고 키드 역에 게리 쿠퍼를, 댈러스 역엔 마를렌 디트리히를 캐스팅할 것을 요구했으나 존 포드 감독은 링고 키드 역은 존 웨인이 아니면 안 된다는 이유로 거절했다. 결국 인디펜던트 제작자 월터 웨인저와 손잡고 제작비 54만 달러 정도의 저예산 흑백 웨스턴 영화로 촬영을 10주 만에 끝냈으며, 당시 B급 배우였던 존 웨인은 이 영화로 일약 스타덤에 오르며 돈과 명성을 한꺼번에 거머쥐었다.

★ — 원제목 | Jesse James

★ — 개봉제목 | **지옥의길**

★ — DVD 출시제목 | **무법자 제시 제임스**

★ — 제작연도 | **1939년**

★ — 개봉연도 | **1956년**

★ — 제작국 | **미국**

★ — 컬러 | **컬러**

★ — 러닝타임 | **106분**

★ — 주연 | Tyrone Power, Henry Fonda, Nancy Kelly, Randolph Scott

★ — 감독 | Henry King

| 감상포인트 |

제시 제임스(1847~1882)는 미국 서부시대를 주름잡은 무법자로 그에 대한 수많은 노래와 책이 등장했으며 그의 인생을 그린 영화만도 무려 서른여덟 편에 이른다. 1939년 헨리 킹 감독이 연출한 이 영화는 1800년대 후반 미주리 지역을 거점으로 활동한 '제임스 갱' 조직의 두목인 제시 제임스의 삶과 죽음을 그린 웨스턴 영화의 고전이다.

젊은 날의 타이론 파워가 제시 제임스 역을, 헨리 폰다가 형 프랭크 제임스 역을, 낸시 켈리가 제시의 아내 지지 역을, 그리고 지지를 돌봐 주는 보안관 윌 라이트 역을 랜돌프 스코트가 맡아 좋은 연기를 보여 준다. 제시 제임스가 서른다섯 살의 젊은 나이로 악덕 철도업자 맥코이에게 사주받은 포드 형제에게 등뒤에서 총을 맞고 암살당하는 허무한 라스트신은 이 영화의 2편을 예고하며 관객들은 영웅적인 그의 죽음을 안타까워하는데, 아마도 그의 인생이 던져 주는 일탈(逸脫)의 카타르시스 때문이 아니었나 생각된다. 2007년 이 영화는 브래드 피트 주연의 〈제시 제임스의 암살〉로 또다시 리메이크되었다.

- 원제목 | My Darling Clenmentine
- 개봉제목 | **황야의 결투**
- DVD 출시제목 | **황야의 결투**
- 제작연도 | **1946년**
- 개봉연도 | **1965년 5월 재개봉**
- 제작국 | **미국**
- 컬러 | **흑백**
- 러닝타임 | **97분**
- 주연 | Henry Fonda, Victor Mature, Linda Darnell
- 감독 | John Ford
- 음악 | Cyril J. Mockridge

| 감상포인트 |

툼스톤의 전설적인 보안관 와이어트 어프의 무용담을 그리고 있는 1946년 존 포드 감독의 이 영화는 그가 연출한 웨스턴 영화 중에서도 가장 낭만적이다. 특히 헨리 폰다가 연기하는 와이어프 보안관과 빅터 마추어가 연기하는 닥 할리데이 콤비가 마지막에 벌이는 클랜튼 5부자와의 목숨을 건 OK목장의 결투는 정말 압권이다.

또한 애리조나의 모뉴먼트 계곡을 배경으로 여교사 클레멘타인이 와이어트 어프 보안관을 마을 밖까지 배웅하는, 사랑의 안타까움이 배어나는 이 영화의 라스트신은 지금도 가슴에 남아 있는 추억의 명장면이다.

클럽 여가수로 등장하는 린다 다넬의 노래 솜씨는 근사하기만 하고, 귀에 익은 미국 민요 〈Oh My Darling Clementine〉은 이 영화의 주제가로 사용되고 있다.

★ — 원제목 | Broken Arrow

★ — 개봉제목 | **피 묻은 화살**

★ — 제작연도 | **1950년**

★ — 개봉연도 | **1956년**

★ — 제작국 | **미국**

★ — 컬러 | **컬러**

★ — 러닝타임 | **93분**

★ — 주연 | James Stewart, Jeff Chandler, Debra Paget

★ — 감독 | Delmer Daves

| **감상포인트** |

엘리어트 아놀드의 소설 〈피의 형제〉를 원작으로 한 이 영화는 인디언을 긍정적으로, 백인들을 약탈자와 전범으로 묘사한 최초의 서부극으로 1870년 애리조나의 광활한 평야를 배경으로 한다.

톰 제포드(제임스 스튜어트) 대위는 아파치를 무장 해제시키기 위하여 완고하고 요지부동인 아파치족의 족장 코치세(제프 챈들러)를 설득하는 데 성공하지만, 인디언 아내 손셔레이(데브라 파제트)가 휴전계약을 반대하는 백인의 습격으로 목숨을 잃자 교전을 재개하고 복수를 하기로 결심한다.

델머 데이비스 감독은 실제로 인간 사냥꾼이라는 진짜 아파치들을 영화에 출연시켜 극 중의 사실적인 연출 효과를 이끌어내는 데 대단한 역할을 해냈다.

- 원제목 | Branded
- 개봉제목 | 낙인
- 제작연도 | 1950년
- 개봉연도 | 1956년
- 제작국 | 미국
- 컬러 | 컬러
- 러닝타임 | 104분
- 주연 | Alan Ladd, Mona Freeman, Charles Bickford
- 감독 | Rudolph Mate
- 음악 | Roy Webb

| 감상포인트 |

은행을 털고 도주하던 강도 초야(앨런 라드)가 우연히 돈많은 목장주(찰스 빅포드)의 아들로 위장하여 생활하려다가 새로운 사람으로 개과천선한다는 내용이 이 영화의 스토리라인이다.

텍사스 목장주의 딸 루스 라버리(모나 프리먼)의 호의에 감동한 초야가 산적의 아들로 커버린 목장주의 아들을 구해오는 장면, 초야가 목장을 습격한 산적들과 전투를 벌이다가 결국 산적들과 화해하는 후반부는 이 영화의 하이라이트이다.

1950년 루돌프 마테 감독이 연출한 이 웨스턴은 앨런 라드가 〈셰인〉으로 인기를 얻기 전에 출연한 작품으로 그의 후기작들인 〈북소리〉와 〈대황원〉, 〈사스카치원의 광화〉나 〈대폭진〉보다는 비교적 괜찮은 인기를 얻었다.

★ — 원제목 | Bend of The River
★ — 개봉제목 | **분노의 강**
★ — DVD 출시제목 | **분노의 강**
★ — 제작연도 | **1952년**
★ — 개봉연도 | **미상**
★ — 제작국 | **미국**
★ — 컬러 | **컬러**
★ — 러닝타임 | **91분**
★ — 주연 | James Stewart, Arthur Kennedy, Rock Hudson
★ — 감독 | Anthony Mann
★ — 음악 | Hans J. Salter

| 감상포인트 |

윌리엄 걸릭의 소설 〈Bend of The Snake〉를 각색한 이 영화는 존 포드의 서부극처럼 흥미진진한 액션보다는 캐릭터의 심리를 다룬 웨스턴이다. 과오를 저질렀던 총잡이들이 자신의 과거를 숨긴 채 어떤 이는 농부를 도와주는 선한 일을, 또 어떤 이는 황금에 눈 먼 악한 일에 뛰어드는데, 이 극명한 대조적인 두 캐릭터를 통하여 연출자 앤서니 만 감독은 활극이 아닌 심리극으로 영화를 이끌어 간다.

농부들의 서부 정착 생활에 도움을 주는 안내인 제임스 스튜워트(글린 맥클린토크)의 행동양식과 농부들의 재산을 따돌리는 뱀처럼 사악한 아서 케네디(에머슨 콜)의 연기 대결은 이 영화를 재미있게 감상하는 하이라이트이다. 또한 촬영감독 어빙 그래스버그가 잡아 내는 아름다운 산하의 풍광은 오랫동안 눈길을 머물게 한다.

제임스 스튜어트는 전작인 〈윈체스터 73〉보다 한층 농익은 연기로 의협심에 불타는 농부들의 수호자 역할을 잘 소화해 내고 있는가 하면, 역시 〈윈체스터 73〉에서 인디언으로 등장했던 록 허드슨이 양심 있는 젊은이 트레이 윌슨 역을 연기하면서 주목받는 신인배우의 입지를 다졌다. 이 영화는 국내 개봉 당시 〈분노의 강〉이란 제목으로 상영되었다.

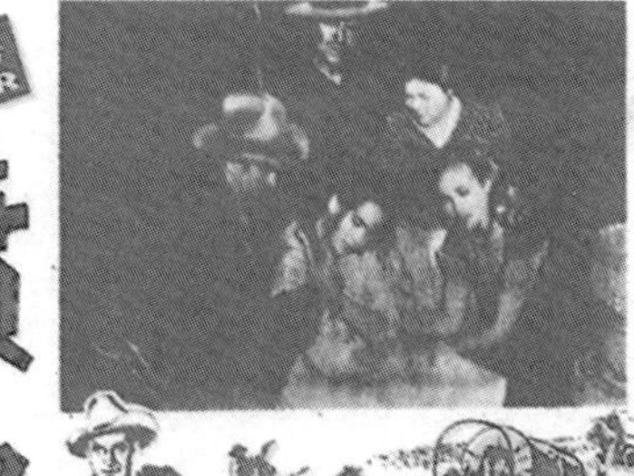

憤怒의江

人間愛憎을싣고 탐탐한沃野를指向하고突進하는포장馬車隊!!

男兒와男兒와의鬪魂이炸裂하는

「新天地!!」

主演 제임스·스추이드 아-사-·케네티이

製作 아-론·젠버-크
監督 안쏘니-·만

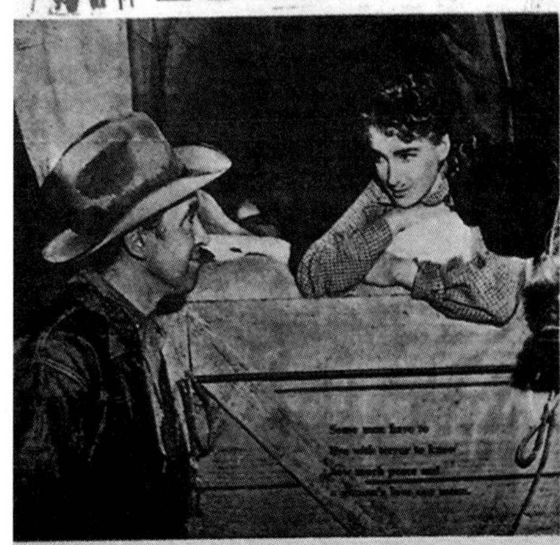

三正産業株式會社配給

- ★ — 원제목 | Calamity Jane
- ★ — 개봉제목 | **카라미티 제인**
- ★ — DVD 출시제목 | **캘러미티 제인**
- ★ — 제작연도 | **1953년**
- ★ — 개봉연도 | **1955년**
- ★ — 제작국 | **미국**
- ★ — 컬러 | **컬러**
- ★ — 러닝타임 | **101분**
- ★ — 주연 | Doris Day, Howard Keel
- ★ — 감독 | David Butler
- ★ — 음악 | Sammy Fain & Paul F. Webster

| 감상포인트 |

1953년 데이비드 버틀러 감독이 연출한 이 영화는 서부 개척시대의 전설적인 총잡이 와일드 빌 히콕과 그의 연인 카라미티 제인의 불꽃같은 사랑을 그린 웨스턴 뮤지컬 영화의 고전이다.

영화 속에서 타이틀롤을 맡은 도리스 데이와 하워드 킬은 좌충우돌식의 소동을 벌이면서 결국 사랑에 빠지는 사랑스러운 커플로 등장하는데, 뛰어난 말타기 실력과 재빠른 사격 솜씨를 보이는 카라미티 제인 역을 연기한 도리스 데이의 매력이 흥미롭다. 특히 도리스 데이가 극 중에서 부르는 그 유명한 주제가 〈Secret Love〉는, 1954년 아카데미 영화제에서 〈최우수 주제가상〉을 수상했다.

⋆ ─ 원제목 | Hondo

⋆ ─ 개봉제목 | **혼도**

⋆ ─ DVD 출시제목 | **혼도**

⋆ ─ 제작연도 | **1953년**

⋆ ─ 개봉연도 | **1958년**

⋆ ─ 제작국 | **미국**

⋆ ─ 컬러 | **컬러**

⋆ ─ 러닝타임 | **83분**

⋆ ─ 주연 | John Wayne, Geraldine Page

⋆ ─ 감독 | John Farrow

⋆ ─ 음악 | Hugo Friedhofer, Emil Newman

| 감상포인트 |

존 웨인이 연기하는 총잡이 혼도 레인은 사랑하는 여인 앤지 로우(제랄딘 페이지)의 남편을 얼떨결에 살해하고 만다. 행실이 좋지 않은 남편의 공격을 저지하기 위해 스스로를 방어하다가 그만 죽이고 만 것이다. 그는 앤지에게 진실을 말한 다음 그녀에게 청혼을 하고 그녀의 아들 자니의 아버지가 된다.

이 영화는 마치 셰익스피어의 〈햄릿〉을 약간 각색한 듯 매우 심리적인 요소가 강하다.

1953년 존 웨인이 제작에 참여하고 호주 출신의 존 패로우 감독이 연출한 정통 웨스턴 영화의 고전이다.

- ★ — 원제목 | Vera Cruz
- ★ — 개봉제목 | **베라크루스**
- ★ — DVD 출시제목 | **베라크루즈**
- ★ — 제작연도 | **1954년**
- ★ — 개봉연도 | **1956년** | **1972년**(재개봉)
- ★ — 제작국 | **미국**
- ★ — 컬러 | **컬러**
- ★ — 러닝타임 | **94분**
- ★ — 주연 | Gary Cooper, Burt Lancaster, Denise Darcel
- ★ — 감독 | Robert Aldrich

| 감상포인트 |

1954년 당시 연출 솜씨가 절정에 이르기 시작한 로버트 알드리치 감독의 특성을 잘 살려낸 이 수정주의 웨스턴 영화는 일확천금을 노리고 멕시코 혁명의 소용돌이 속으로 뛰어든 두 미국인 총잡이 벤자민(게리 쿠퍼)과 조(버트 랭커스터)의 모험을 그린다.

현란한 사격 솜씨를 갖춘 두 총잡이는 멕시코 정부군과 반군에 양다리를 걸친 채 오로지 재물에만 관심을 갖는 모호한 성격의 무뢰한들인데, 나이 들어 쇠락한 모습을 연기하는 게리 쿠퍼보다 거칠지만 잔뜩 거드름을 피우는 불한당의 모습을 보여주는 버트 랭커스터의 연기가 일품이다.

그 당시 20세기 폭스사의 특허품인 시네마스코프에 맞서 고안한 슈퍼스코프 방식으로 멕시코 현지에서 촬영한 이 영화는 당시 관객들에게 호평을 받은 스펙터클한 웨스턴 영화의 고전이다.

* — 원제목 | Johnny Guitar
* — 개봉제목 | **고원의 결투**
* — DVD 출시제목 | **자니 기타**
* — 제작연도 | **1954년**
* — 개봉연도 | **1958년 | 1965년**(재개봉)
* — 제작국 | **미국**
* — 컬러 | **컬러**
* — 러닝타임 | **110분**
* — 주연 | Joan Crawford, Sterling Hayden, Mercedes McCambridge
* — 감독 | Nicholas Ray
* — 음악 | Victor Young
* — 주제가 | Peggy Lee

| **감상포인트** |

빅터 영 작곡, 페기 리의 주제가로 더 유명한 이 웨스턴 영화의 고전은 당시 미국 사회에서 큰 이슈가 되었던 우익 보수주의자의 매카시즘을 강렬하게 비판한 작품이다.

신도시 개발에 찬성하는 술집 여주인 비엔나(조앤 크로포드)와 지역 개발을 반대하는 대지주의 딸 엠마 스몰(메르세데스 맥캠브리지)이 서로 권총을 빼들고 대결하는 라스트신은 매우 이채롭기만 하다.

특히 사회로부터 소외된 자들의 특성을 그려내며 장르의 구분을 허문 니콜라스 레이 감독의 연출이 돋보이기도 하지만, 조앤 크로포드의 옛 연인으로 등장하는 자니 로간 역을 맡은 스털링 헤이든의 그 낭만적인 연기는 페기 리가 부르는 저음의 주제가와 함께 이 영화를 오랫동안 기억하게 하는 요인이다.

- 원제목 | Broken Lance
- 개봉제목 | 부러진 창
- DVD 출시제목 | 애증
- 제작연도 | 1954년
- 개봉연도 | 1957년 | 1964년(재개봉)
- 제작국 | 미국
- 컬러 | 컬러
- 러닝타임 | 96분
- 주연 | Spencer Tracy, Robert Wagner, Jean Peters, Richard Widmark
- 감독 | Edward Dmytryk
- 음악 | Leigh Harline

| 감상포인트 |

1954년 에드워드 드미트릭 감독이 연출한 이 영화는 서부극이라기보다는 로맨스가 있는 가족드라마에 더 가깝다. 물론 서부 개척시대에 땅이 갖는 의미는 매우 크지만 이 작품은 그로 인해 스스로의 과격함과 자만으로 파멸하는 거대한 농장주 매트 듀버럭스 가의 이야기를 담고 있다.

스펜서 트레이시가 연기하는 매트는 막내 아들 죠(로버트 와그너)만 편애하고, 평소 자식에 대한 편견에 늘 불만을 가지고 있던 큰 아들 벤(리처드 위드마크)과의 대립은 이 영화의 긴장감을 끝까지 몰고 가는 중요한 플롯이 된다.

죠를 사랑하는 여자 바바라 역은 진 피터즈가 맡아 달콤한 로맨스를 펼쳐 내고 있으며, 아름다운 서부의 평원을 카메라에 담아낸 조셉 맥도날드의 촬영은 그림처럼 아름답다.

이 영화는 아카데미 영화제에서 〈각본상〉을 수상했다.

★ – 원제목 | The Indian Fighter
★ – 개봉제목 | **광야의 포옹**
★ – DVD 출시제목 | **인디언 파이터**
★ – 제작연도 | **1955년**
★ – 개봉연도 | **1958년**
★ – 제작국 | **미국**
★ – 컬러 | **컬러**
★ – 러닝타임 | **88분**
★ – 주연 | Kirk Douglas, Elsa Martinelli, Walter Matthau
★ – 감독 | Andre De Toth
★ – 음악 | Franz Waxman

| 감상포인트 |

1950년대부터가 백인과 인디언의 선과 악이 모호해지기 시작하면서 할리우드의 웨스턴 영화는 인디언과 백인의 인종 문제가 아니라 개인의 문제로 다루게 되는 수정주의 웨스턴이 그 모습을 드러내기 시작했다.

1955년 앙드레 드 토드 감독이 연출한 이 영화는 백인과 인디언 부족 사이를 넘나들면서 인간의 평화와 비폭력을 주장하는 자니 혹스(커크 더들러스)라는 백인 총잡이의 모험과 사랑 이야기를 그리고 있다.

여기서 커크 더글러스는 사랑하는 인디언 추장의 외동딸인 오나티(엘사 마르티넬리)를 이용하여 인디언 추장의 복수심을 잠재우고 백인의 생존을 지켜주는 정의로운 총잡이를 연기한다.

- ★ — 원제목 | The Tall Men
- ★ — 개봉제목 | 거인
- ★ — 제작연도 | 1955년
- ★ — 개봉연도 | 1956년
- ★ — 제작국 | 미국
- ★ — 컬러 | 컬러
- ★ — 러닝타임 | 122분
- ★ — 주연 | Clark Gable, Jane Russell, Robert Ryan, Cameron Mitchell
- ★ — 감독 | Raoul Walsh
- ★ — 음악 | Victor Young

| 감상포인트 |

1866년 산세가 험난한 몬타나의 설경으로 시작되는 라울 월시 감독의 이 웨스턴 고전은 마치 하워드 혹스의 〈광야천리〉를 연상하게 하는 소몰이 장면이 압권이다.

클라크 게이블이 연기하는 벤과 동생 클린트 역의 카메론 미첼, 이 두 앨리슨 형제가 텍사스에서 몬타나까지 소떼들을 몰아가는 여정이 그려지는데, 인디언의 습격을 받은 포장마차에서 살아남은 여인 넬라 터너(제인 러셀)를 구해 주고 사랑에 빠지는 클라크 게이블의 에피소드가 재미를 더해 준다.

로버트 라이언은 보안관과 작당을 하고 벤 앨리슨에게 돈벌이 제안을 하는 네이선 스타크 역으로 등장한다. 수려한 몬타나의 경관을 카메라에 담은 라울 월시 감독의 선 굵은 연출과 빅터 영의 영화음악은 영화를 더욱 빛내 준다.

★ — 원제목 | Love Me Tender
★ — 개봉제목 | **러브 미 텐더**
★ — DVD 출시제목 | **러브 미 텐더**
★ — 제작연도 | **1956년**
★ — 개봉연도 | **1957년** | **1964년**(재개봉)
★ — 제작국 | **미국**
★ — 컬러 | **흑백**
★ — 러닝타임 | **89분**
★ — 주연 | Richard Egan, Debra Paget, Elvis Presley
★ — 감독 | Robert D. Webb
★ — 음악 | Lionel Newman

| 감상포인트 |

영화는 남북전쟁이 막 끝난 1865년 미국 남부의 어느 작은 마을을 배경으로 펼쳐진다. 전장에서 죽은 줄만 알았던 레노 집안의 첫째 밴스(리처드 이건)를 비롯한 둘째와 셋째인 삼형제가 살아 돌아오면서 가족 간의 갈등이 일어난다. 그 갈등의 씨앗은 밴스의 애인이었던 캐시(데보라 파제트)가 밴스가 전사한 줄 알고 막내인 클린트(엘비스 프레슬리)와 결혼을 한 것이다.

1956년 로버트 D. 웹 감독이 연출한 이 영화는 그 당시 세계적인 로큰롤 선풍을 일으켰던 엘비스 프레슬리의 영화 데뷔작이다. 엘비스 프레슬리는 이 영화에서 질투에 사로잡혀 죽어가는 비운의 젊은이로 등장한다.

라이오넬 뉴먼이 음악을 담당한 이 영화에는 엘비스 프레슬리의 주제가 〈Love Me Tender〉를 비롯하여 〈Let Me〉와 〈Poor Boy〉, 〈We're Gonna Move〉가 삽입되어 있다.

- 원제목 | The Last Hunt
- 개봉제목 | **최후의 총격**
- 제작연도 | **1956년**
- 개봉연도 | **미상**
- 제작국 | **미국**
- 컬러 | **컬러**
- 러닝타임 | **108분**
- 주연 | Robert Taylor, Stewart Granger, Debra Paget
- 감독 | Richard Brooks
- 음악 | Daniele Amfitheatrof

| 감상포인트 |

1955년 사회문제작 〈폭력교실〉을 발표하고 나서 그 이듬해 연출한 리처드 브룩스 감독의 웨스턴의 고전으로 1880년대 미국 북서부에 있었던 버팔로 사냥꾼들의 이야기를 담는다.

당시 마흔다섯 살의 로버트 테일러가 연기하는 찰리 길슨은 버팔로 사냥을 하면서 인디언들을 죽이고 인디언 소녀(데브라 파제트)를 납치하는 대초원의 사냥꾼으로 등장하는데, 여기에 스트워트 그랜저가 같은 버팔로 사냥꾼 샌디 맥켄지 역을 맡아서 시종일관 찰리 길슨과 대립하는 마치 제임스 스트워트의 이미지를 가진 차분한 영웅으로 나온다.

★ — 원제목 | Saddle the Wind
★ — 개봉제목 | **황야를 휩쓴 총탄**
★ — 제작연도 | **1958년**
★ — 개봉연도 | **1959년**
★ — 제작국 | **미국**
★ — 컬러 | **컬러**
★ — 러닝타임 | **84분**
★ — 주연 | Robert Taylor, Julie London, John Cassavetes
★ — 감독 | Robert Parrish
★ — 음악 | Elmer Bernstein

| 감상포인트 |

비교적 로버트 테일러의 후반기에 접어든 작품이라고 볼 수 있는 1958년 로버트 패리시 감독의 이 영화는 형제의 갈등과 사랑, 남북전쟁에 대한 후유증을 그린 웨스턴 드라마의 고전이다.

로버트 테일러는 과거엔 유명한 총잡이였지만 지금은 평범하게 살고 있는 목장주 스티브 싱클레어 역을 연기하고, 존 카사베츠는 늘 말썽만 부리는 동생 토니 싱클레어로 등장하여 술집에서 만난 클럽 여가수 블레이크(줄리 런던)와 약혼을 한다.

1959년에 개봉된 이 영화는 통쾌한 건맨들의 액션보다는 드라마에 충실한 형제의 이야기를 그리고 있으며, 타이틀롤인 로버트 테일러는 영화가 끝날 때까지 단 한 번의 속사 대결도 벌이지 않는다.

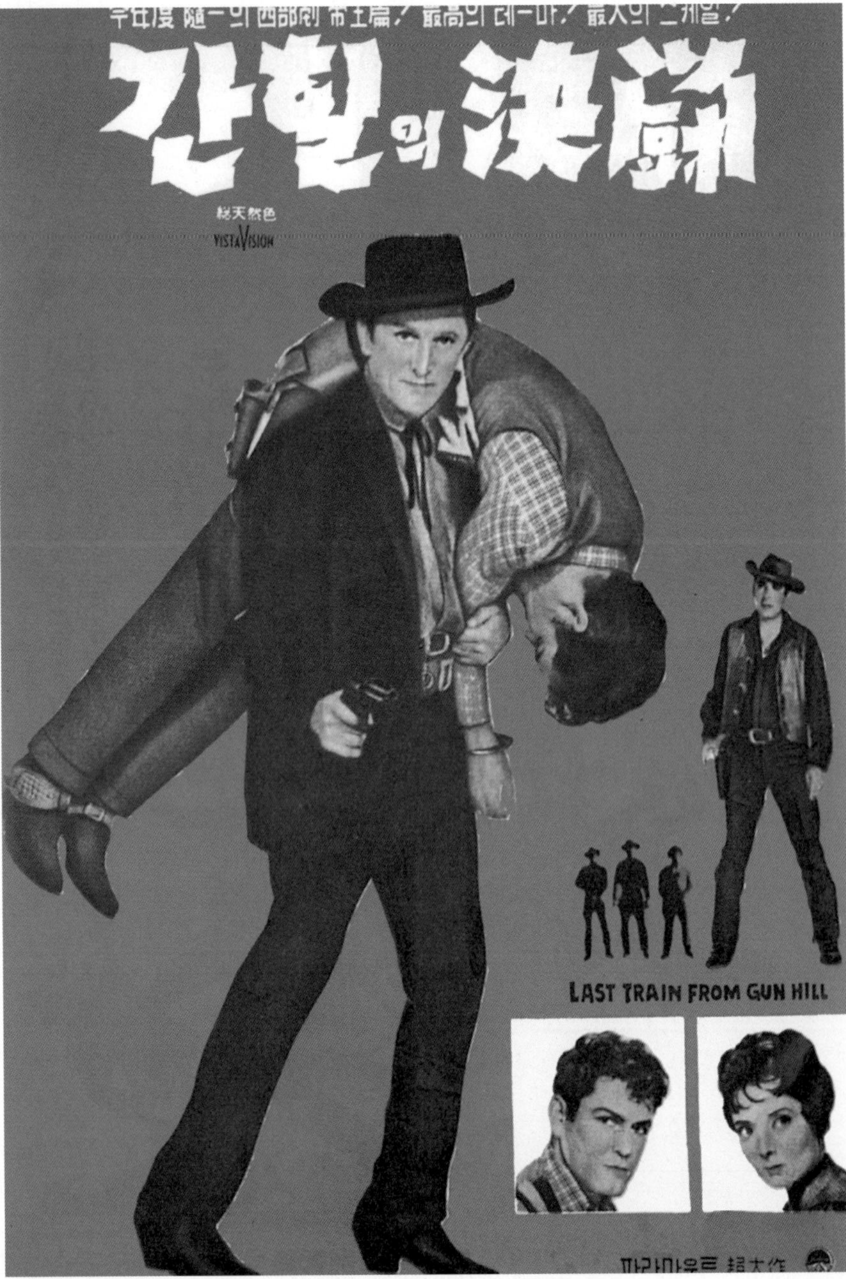

- ★ — 원제목 | Last Train From Gun Hill
- ★ — 개봉제목 | **간힐의 결투**
- ★ — DVD 출시제목 | **건힐의 결투**
- ★ — 제작연도 | **1959년**
- ★ — 개봉연도 | **1960년**
- ★ — 제작국 | **미국**
- ★ — 컬러 | **컬러**
- ★ — 러닝타임 | **95분**
- ★ — 주연 | Kirk Douglas, Anthony Quinn
- ★ — 감독 | John Sturges
- ★ — 음악 | Dimitri Tiomkin

| 감상포인트 |

아내의 원수를 갚기 위해 법을 지키려는 정의로운 보안관 매트(커크 더글러스)와 아들의 살인을 덮어주려는 건힐 최대의 목장주 크레이그(앤서니 퀸)와의 기차역 플랫폼에서의 장쾌한 속사 대결. 바로 이 영화는 1959년 존 스터지스 감독이 연출한 〈결투 3부작〉 중 그 마지막 작품이다.

〈OK 목장의 결투〉보다는 그 속도감이나 액션 판타지가 조금은 뒤처지는 느낌이지만 이야기를 이끌어가는 플롯이나 선악의 대결 구도 등 드라마 연출은 존 스터지스 감독의 전작에 비해서 더욱 탄탄하다.

여기서 보안관 매트 역의 커크 더글러스의 연기도 좋았지만 뭔가 인간미 넘치는 모호한 캐릭터를 연기한 앤서니 퀸의 출연이 인상적이며, 긴장감 넘치는 드미트리 티옴킨의 영화음악도 이 한 편의 웨스턴을 감상하는 데 큰 조력을 하고 있다.

★ — 원제목 | Rio Bravo

★ — 개봉제목 | **리오 브라보**

★ — DVD 출시제목 | **리오 브라보**

★ — 제작연도 | **1959년**

★ — 개봉연도 | **1961년 2월 중앙극장**

★ — 제작국 | **미국**

★ — 컬러 | **컬러**

★ — 러닝타임 | **141분**

★ — 주연 | Howard Hawks

★ — 감독 | John Wayne, Dean Martin, Ricky Nelson, Angie Dickinson

★ — 음악 | Dimitri Tiomkin

| 감상포인트 |

알코올 중독에 걸린 속사수 듀드, 총명하고 잘 생긴 청년 콜로라도, 한쪽 다리를 저는 보조 보안관 스텀피 노인, 이들은 모두 챈스 보안관을 돕는 사람들이며 여기에 호텔 바에서 일하는 아름다운 댄서 페퍼스까지 끼어들면서 인물들 간의 결속이 얼마나 중요한가를 보여준다.

하워드 혹스 감독은 다양한 캐릭터들이 모여 폭발하듯 벌이는 마지막 총격전을 통하여 장르영화의 새로운 기틀을 마련했으며 한정된 공간에서의 연출로 저예산 영화의 가능성을 보여주었다. 덩치가 큰 존 웨인과 작고 귀여운 앤지 디킨슨의 아기자기한 로맨스라든가 사무실 안에서 딘 마틴과 리키 넬슨이 기타를 퉁기며 부르는 주제가 〈My Rifle, My Pony And Me〉와 주제가 〈Rio Brabo〉는 올드팬들이 이 영화를 기억하는 중요한 계기가 되었다.

- ★ – 원제목 | The Alamo
- ★ – 개봉제목 | **아라모**
- ★ – DVD 출시제목 | **알라모**
- ★ – 제작연도 | **1960년**
- ★ – 개봉연도 | **1965년**
- ★ – 제작국 | **미국**
- ★ – 컬러 | **컬러**
- ★ – 러닝타임 | **167분**
- ★ – 주연 | John Wayne, Richard Widmark, Laurence Harvey
- ★ – 감독 | John Wayne
- ★ – 음악 | Dimitri Tiomkin

| 감상포인트 |

2004년 존 리 행콕 감독에 의해 리메이크되기도 했던 이 웨스턴 영화의 고전은 1836년 텍사스 산 안토니오의 알라모 요새에서 장렬히 죽어간 187명 민병대원의 역사적인 실화를 바탕으로 그린다.

타이틀롤을 맡은 존 웨인은 오랫동안 함께 일해 온 존 포드 감독의 도움을 받으며 직접 제작, 연출까지 맡아 서정성이 물씬 배인 빼어난 서부극을 만들었다.

여기서 존 웨인은 역사적인 인물인 데이비 크로켓 대령 역을 직접 맡고 있는데, 특히 윌리엄 트래비스 대령 역의 로렌스 하베이와 짐 보위 역을 맡은 리처드 위드마크와의 맞불 연기는 2시간 47분이란 비교적 긴 러닝타임에도 불구하고 정말 볼만하다.

주제가 〈Green Leaves Of Summer〉는 13일 동안이나 알라모 요새를 지켜내는 민병대원들의 일상적인 장면에 흐르는데, 남성 코러스그룹 브라더스 포의 노래로도 유명하며 디미트리 티옴킨이 작곡한 영화음악의 마스터피스이다.

★ — 원제목 | Cimarron
★ — 개봉제목 | 씨마론
★ — 제작연도 | 1960년
★ — 개봉연도 | 1966년
★ — 제작국 | 미국
★ — 컬러 | 컬러
★ — 러닝타임 | 147분
★ — 주연 | Glenn Ford, Maria Schell, Anne Baxter
★ — 감독 | Anthony Mann
★ — 음악 | Franz Waxman

| 감상포인트 |

앤서니 만 감독이 연출한 이 웨스턴은 1931년에 리처드 딕스와 이렌느 둔이 주연한 동명의 작품을 리메이크한 영화로 당시 인기 절정의 글렌 포드와 마리아 셸을 기용하여 완성했다.

마리아 셸은 자신의 필모그래피에서 서부극에는 게리 쿠퍼와 공연한 〈교수목〉과 이 영화까지 모두 두 편에 출연했는데, 여기서 남편인 얀시 크라베트(글렌 포드)와 더불어 신천지 오클라호마로 떠나는 그의 아내 사브라 역을 맡아 연기한다.

개봉 당시 관객들의 반응은 그다지 좋지 않았으며 리처드 딕스의 오리지널 작품을 뛰어 넘지는 못했다.

- ★ — 개봉제목 | **두만강아 잘 있거라**
- ★ — 제작연도 | **1962년**
- ★ — 개봉연도 | **1962년**
- ★ — 제작국 | **한국**
- ★ — 컬러 | **흑백**
- ★ — 러닝타임 | **96분**
- ★ — 주연 | **김석훈, 장동휘, 엄앵란, 황해, 문정숙**
- ★ — 감독 | **임권택**
- ★ — 음악 | **박춘석**

| 감상포인트 |

임권택 감독이 연출한 이 영화는 1930년대 만주와 두만강 사이의 국경을 배경으로 일본군과 싸우는 학생 독립단의 활약을 그린 만주 웨스턴 장르의 고전이다.

당시 할리우드 서부영화의 영향을 받은 이 작품은 학생 독립단인 영우(김석훈)와 애인 경애(엄앵란)의 로맨스가 곁들여지면서 경애의 외삼촌 민태영(허장강)의 배신과 영우 어머니의 죽음, 일본군 와끼노 헌병대장(장동휘)과의 두만강 기슭에서 펼쳐지는 라스트신의 대결전은 스펙터클한 재미를 제공한다.

1962년 당시 국제극장에서 개봉하여 9만 명의 관객을 동원한 임권택 감독의 이 연출 데뷔작은 나중에 홍콩무협 호리리 주연의 〈철랑자〉에서 주연을 맡은 남석훈의 연기 데뷔작이기도 하다.

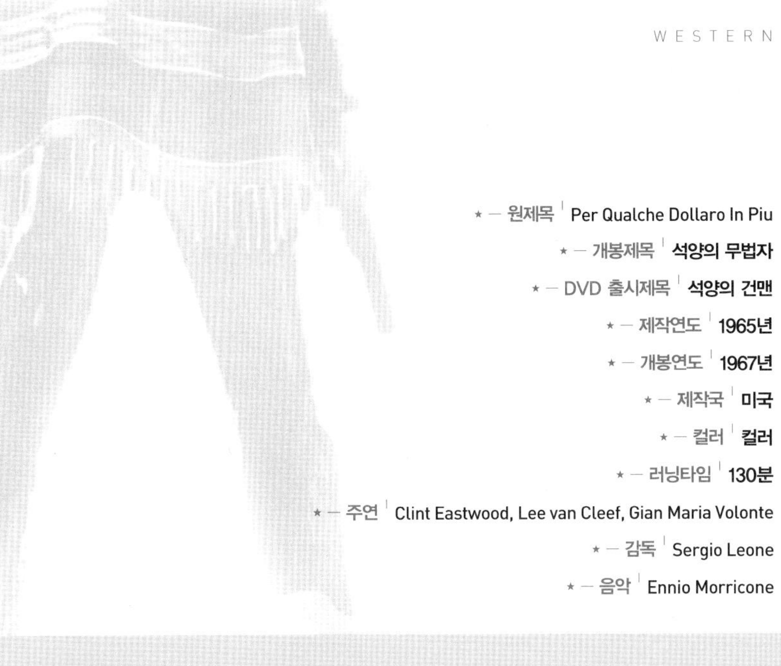

★ ─ 원제목 | Per Qualche Dollaro In Piu

★ ─ 개봉제목 | 석양의 무법자

★ ─ DVD 출시제목 | 석양의 건맨

★ ─ 제작연도 | 1965년

★ ─ 개봉연도 | 1967년

★ ─ 제작국 | 미국

★ ─ 컬러 | 컬러

★ ─ 러닝타임 | 130분

★ ─ 주연 | Clint Eastwood, Lee van Cleef, Gian Maria Volonte

★ ─ 감독 | Sergio Leone

★ ─ 음악 | Ennio Morricone

| 감상포인트 |

정체불명의 무법자 몬코(클린트 이스트우드)와 군인 출신인 더글러스 몰티머 대령(리 반 클립)이 합세하여 잔혹한 현상범 인디오 일당을 소탕해 나가는 과정이 이 영화의 압권이다.

엔니오 모리코네의 서정적이면서도 템포 빠른 음악은 몬코와 몰티머 콤비의 액션을 부각시키며 인디오 역으로 등장하는 장 마리아 볼론테와 그의 부하 크라우스 킨스키의 악역 연기를 돋보이게 해 준다.

셀지오 레오네 감독의 〈무법자 3부작〉 중 그 두 번째 작품인 이 영화는 〈황야의 무법자〉의 성공으로 제작 여건이 좋아지자 존 포드 감독의 웨스턴에서 단역배우로 활동한 리 반 클립을 끌어들여 클린트 이스트우드와 함께 투톱 시스템으로 내세운 이탈리안 웨스턴의 대표작이다.

★ – 원제목 | Una pistola per Ringo
★ – 개봉제목 | 방랑의 무법자
★ – 제작연도 | 1965년
★ – 개봉연도 | 1967년
★ – 제작국 | 스페인, 이탈리아
★ – 컬러 | 컬러
★ – 러닝타임 | 98분
★ – 주연 | Giuliano Gemma, Fernando Sancho, Lorella De Luca
★ – 감독 | Duccio Tessari
★ – 음악 | Ennio Morricone

| 감상포인트 |

1960년대 중반 이탈리안 웨스턴 영화의 붐에 편승하여 국내에 개봉된 줄리아노 젬마와 페르난도 산초 주연, 두치오 테사리 감독의 마카로니 웨스턴의 화제작이다.

영어 이름이 몽고메리 우드인 줄리아노 젬마가 연기하는 링고는 술보다는 우유를 즐겨 마시는 매우 깔끔한 이미지의 총잡이이다. 은행이 털린 후 인질들을 도우기 위해 인질범인 퉁명스럽고 무자비한 총잡이 산초(페르난도 산초)와 대결하는 장면들은 엔니오 모리코네의 영화음악에 힘입어 매우 낭만적인 즐거움을 준다.

★ ─ 개봉제목 | **지평선은 말이 없다**

★ ─ 제작연도 | **1966년**

★ ─ 개봉연도 | **1966년 국도극장**

★ ─ 컬러 | **컬러**

★ ─ 러닝타임 | **미상**

★ ─ 주연 | **장동휘, 김석훈, 강미애, 이예춘**

★ ─ 감독 | **이신명**

★ ─ 음악 | **김용환**

| 감상포인트 |

1965년 김석훈, 엄앵란 주연의 〈열풍〉을 연출한 이신명 감독의 코리안 웨스턴으로 광활한 만주 벌판을 배경으로 조국의 광복을 위해서 고군분투하는 항일 투사들의 액션 서부극이다.

독립투사인 아버지를 찾아서 상해로 간 그가 동료의 배신으로 일본 관헌에 체포되어 총살당한 아버지의 죽음을 알게 되고, 결국 배신자를 찾아내 복수한다는 줄거리가 작품의 골격을 이룬다.

장동휘의 호쾌한 액션 연기와 더불어 중국인으로 등장하는 김희갑의 감초 연기가 볼 만하다.

- ★ — 원제목 | Django
- ★ — 개봉제목 | 속 **황야의 무법자**
- ★ — DVD 출시제목 | **장고**
- ★ — 제작연도 | **1966년**
- ★ — 개봉연도 | **1966년**
- ★ — 제작국 | **이탈리아, 스페인**
- ★ — 컬러 | **컬러**
- ★ — 러닝타임 | **90분**
- ★ — 주연 | Franco Nero, Jose Bodalo, Loredana Nusciak, Eduardo Fajardo
- ★ — 감독 | Sergio Corbucci
- ★ — 음악 | Luis Enriquez Bacalov

| 감상포인트 |

우리에게 〈장고〉라는 제목으로 알려진 셀지오 콜부치 감독의 이 영화는 개봉 당시 〈속 황야의 무법자〉라는 제목으로 상영되었다.

멕시코의 어느 황량한 마을에 관 하나를 질질 끌고 나타난 정체불명의 사나이 장고(프랑코 네로)가 어디선가 나타난 산적들에게 관 뚜껑을 열고 기관총을 갈겨댄다. 당시 관객의 예상을 뒤엎은 이 기관포 시퀀스는 독창적인 이탈리안 웨스턴의 중흥시대를 예고하며, 쓸쓸하게 들려오는 루이스 바칼로프의 주제곡과 함께 마초 신드롬을 일으켰다.

동업자인 휴고의 부하에게 두 손이 뭉개진 장고가 사랑하는 마리아(로레다나 누스샥)를 남겨두고 묘지 안에서 붉은 복면을 한 잭슨 일당과 벌이는 라스트신은 추억의 명장면이다.

★ — 원제목 | El Dorado
★ — 개봉제목 | 엘도라도
★ — 제작연도 | 1966년
★ — 개봉연도 | 1967년
★ — 제작국 | 미국
★ — 컬러 | 컬러
★ — 러닝타임 | 126분
★ — 주연 | John Wayne, Robert Mitchum, James Caan
★ — 감독 | Howard Hawks
★ — 음악 | Nelson Riddle

| 감상포인트 |

마치 〈리오 브라보〉를 패러디한 듯한 낭만적이면서 고전적으로 연출한 하워드 혹스 감독의 이 웨스턴은 권선징악을 전형적으로 묘사한 상업적인 재미와 해피엔딩의 결말을 그린 할리우드 정통 서부극이다.

이 영화에서도 엘도라도의 세력가와 맞서는 정의로운 네 명의 사내들이 등장하는데, 총상을 당한 콜 손톤(존 웨인)과 술중독자 J.P. 해라(로버트 미첨) 보안관을 비롯한 하나같이 불리한 처지에 놓인 4인방이 악당과 대결을 벌인다. 특히 칼을 잘 쓰는 청년 앨런으로 연기하는 제임스 칸의 등장은 이 영화를 재미있게 하는 또 다른 요소가 된다.

찬서리 내리는 地平線…來日이 없는 주검의 大陸을 주름 잡던 美貌의 女傑!

總天然色

監督 崔慶玉

總指揮 申相玉

在竜……申榮均
阿蘭(香港)李麗華
老九……黃海
在天(新人)趙正一
壽山……鄭珉
魯鐵……崔佛岩
香玉……南美里
劉壽……崔星湖
永澤……李晟变
天鬼……申賛一

프로듀서·朴幸哲
脚本·郭一路
撮影·權載弘
照明·馬龍天
音樂·黃文平
美術·鄭禹澤

李麗華 香港

이 映画가 웨스턴을 征服했다

申榮均 (한국)

馬賊 시리즈 第2彈!

女馬賊

映画의 名門 申필림 製作

안양필림

- — 개봉제목 | 여마적
- — 제작연도 | 1966년
- — 개봉연도 | 1968년
- — 제작국 | 한국
- — 컬러 | 컬러
- — 러닝타임 | 106분
- — 주연 | 이려화, 신영균
- — 감독 | 최경옥

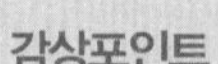

| 감상포인트 |

1968년에 개봉된 이 영화는 바로 전 해에 개봉한 신상옥 감독의 흥행작 〈마적〉의 연장선에 있는 한국 웨스턴영화의 고전이다.

1930년대 일본 점령하의 만주를 배경으로 펼치는 마적단의 활약과 복수, 그리고 독립군(신영균)과의 사랑을 그리고 있는데, 당시 홍콩 출신의 세계적인 여배우 이려화가 일본군과 싸우다 죽은 마적단 두목의 딸로 등장한다.

여배우 최은희의 남동생인 최경옥 감독이 메가폰을 잡았으며, 신상옥 감독이 제작 총지휘를 맡았다.

당시 아시아영화계를 풍미하던 타이틀롤인 이려화는 1958년 미국 할리우드로 건너가서 프랭크 보제즈 감독의 〈차이나 돌〉이란 영화에 빅터 마추어와 공연을 하기도 했다.

★ — 원제목 | Alvarez Kelly

★ — 개봉제목 | 알바레스 케리

★ — 제작연도 | 1966년

★ — 개봉연도 | 1966년

★ — 제작국 | 미국

★ — 컬러 | 컬러

★ — 러닝타임 | 116분

★ — 주연 | William Holden, Richard Widmark

★ — 감독 | Edward Dmytryk

★ — 음악 | Johnny Green

| 감상포인트 |

윌리엄 홀덴이 연기하는 알바레즈 켈리는 소들을 북군에게 판매하는 목축업자이다. 남북전쟁이 심화되자 북군과 남군의 사이에서 눈치를 보던 알바레즈가 어느 날 남군의 톰로지터 대령(리처드 위드마크)에게 붙잡혀서 본의가 아닌 포로 신세가 된다.

1966년 에드워드 드미트릭 감독이 연출한 이 영화는 서로 성향이 다른 두 캐릭터를 통하여 서서히 동화되어 우정을 나누는 두 남자의 이야기를 잘 그려내고 있으며, 남군의 진영으로 수많은 소떼들이 폭주하는 장면은 정말 압권을 이룬다.

* — 개봉제목 | **마적**
* — 제작연도 | **1967년**
* — 개봉연도 | **1967년 세기극장**
* — 제작국 | **미국**
* — 컬러 | **컬러**
* — 러닝타임 | **미상**
* — 주연 | **신영균, 바바프린통, 박노식, 최은희**
* — 감독 | **신상옥**
* — 음악 | **황문평**

| 감상포인트 |

개봉 당시 제작사 신필림에서 세계 최초의 오리엔탈 웨스턴이라고 홍보를 한 신상옥 감독의 이 영화는 일본 헌병대와 맞서 싸우는 만주 마적단의 활약을 다룬 한국판 서부극의 고전이다.

원래 한국 독립단의 일원이었던 마적단은 일본 헌병대장과의 약속대로 비적들에게 납치된 영국 영사의 딸을 구출해 주지만 감금된 한국 독립단원들을 석방하지 않자, 일본 군용열차를 기습한다.

신상옥 감독은 당시 국내에서 인기를 얻고 있던 이탈리안 웨스턴보다는 할리우드 스타일의 낭만적이고 서정미 넘치는 연출을 선보인다

★ — 원제목 | The Good, The Bad & The Ugly

★ — 개봉제목 | **석양에 돌아오다**

★ — DVD 출시제목 | **석양의 무법자**

★ — 제작연도 | **1967년**

★ — 개봉연도 | **1969년**

★ — 제작국 | **이탈리아, 스페인**

★ — 컬러 | **컬러**

★ — 러닝타임 | **161분**

★ — 주연 | Clint Eastwood, Eli Wallach, Lee van Cleef

★ — 감독 | Sergio Leone

★ — 음악 | Ennio Morricone

| 감상포인트 |

남북전쟁이 끝나갈 무렵, 각자 성격이 다른 세 명의 무법자들은 서로를 속고 속이며 도난당한 20만 달러의 금화를 쫓는다.

현상금 사냥꾼으로 등장하는 블론디 역의 클린트 이스트우드, 블론디와 짜고 현상금을 분배하는 동업자 투코 역의 엘라이 월락, 그리고 불량한 살인청부업자 엔젤 아이스 역의 리 반 클립. 이렇게 세 명의 캐릭터는 영화의 원제목처럼 선한 자와 성난 자, 나쁜 자로 그려지면서 그 성격의 모호함을 드러낸다.

국내 개봉 당시 〈석양에 돌아오다〉라는 제목으로 상영된 이 영화는 셀지오 레오네 감독의 〈무법자 3부작〉중 맨 나중에 연출된 1960년대 이탈리안 웨스턴 중에서 가장 절정에 오른 작품이다.

- ★ — 원제목 | Rough Night in Jericho
- ★ — 개봉제목 | 제리코
- ★ — 제작연도 | 1967년
- ★ — 개봉연도 | 1968년
- ★ — 제작국 | 미국
- ★ — 컬러 | 컬러
- ★ — 러닝타임 | 104분
- ★ — 주연 | Dean Martin, George Peppard, Jean Simnons, John McIntire
- ★ — 감독 | Arnold Laven
- ★ — 음악 | Don Costa

| 감상포인트 |

우리에겐 〈티파니에서 아침을〉에서의 그 말숙한 작가로 등장해 잘 알려진 조지 페파드가 1966년 〈대야망〉으로 인기를 얻은 다음 출연한 이 영화에서는 무법자 알렉 플루드로 등장하는 딘 마틴과 대결하는 의로운 돌란 보안관으로 등장한다.

존 맥킨타이어는 평화로운 제리코 마을에서 역마차를 운영하는 벤 힉맨으로, 진 시몬즈는 벤 힉맨의 가족으로 출연하여 돌란 보안관으로부터 도움을 받는 스토리가 흥미로우며, 모처럼 악역을 맡은 딘 마틴의 연기도 볼만하다.

이 영화는 당시 주류를 이루던 이탈리안 웨스턴이 아닌 아놀드 라벤 감독이 연출한 할리우드의 정통 웨스턴이다.

★ — 원제목 | I Giorni Dell'ira

★ — 개봉제목 | 황야의 분노

★ — 제작연도 | 1967년

★ — 개봉연도 | 1969년

★ — 제작국 | 이탈리아, 서독

★ — 컬러 | 컬러

★ — 러닝타임 | 95분

★ — 주연 | Lee Van Cleef, Giuliano Gemma, Walter Rilla

★ — 감독 | Tonino Valerii

★ — 음악 | Riz Ortolani

| 감상포인트 |

1950년대부터 프레드 진네만이나 존 포드의 서부극에 단역으로 출연하던 리 반 클립이 1967년에 자신의 독자적인 이미지로 타이틀롤을 맡은 이탈리안 웨스턴의 화제작이다.

이 영화에서도 리 반 클립은 트레이드인 추하고 폭력적이고 매우 신비로운 총잡이 프랭크 탤비 역을 맡아 마을에서 만난 매춘부의 아들 스코트 매리(줄리아노 젬마)에게 건맨으로서 살아남는 규칙과 자존을 가르친다.

여기서 리 반 클립과 줄리아노 젬마가 서로의 경계를 멈추고 점점 소통해 가는 과정은 마치 아버지와 아들의 관계처럼 친화적이며, 1957년 앤서니 만의 웨스턴 〈틴 스타〉에 나오는 헨리 폰다와 앤서니 퍼킨스를 생각나게 한다.

셀지오 레오네의 조연출 출신인 토니노 발레리 감독은 1973년 헨리 폰다와 테렌스 힐을 기용한 〈무숙자〉를 통하여 또다시 자신의 이 영화를 변주한다.

荒野의憤怒
황 야 분 노
2大스타가 激突하는 白熱場으로 招待!
必殺의 一瞬을 決하는 最後의 時刻은 다가 왔다!
監督 '荒野의 無法者' '放浪의 無法者'의 토니노·바레리
音樂·리즈·올토라니
몽고메리·웃드
리·반·크립
TECHNISCOPE
総天然色
DAYS OF WRATH

- ★ ─ 원제목 | Hang'em High
- ★ ─ 개봉제목 | **9인의 무뢰한**
- ★ ─ DVD 출시제목 | **헌팅 파티**
- ★ ─ 제작연도 | **1968년**
- ★ ─ 개봉연도 | **1968년**
- ★ ─ 제작국 | **미국**
- ★ ─ 컬러 | **컬러**
- ★ ─ 러닝타임 | **114분**
- ★ ─ 주연 | Clint Eastwood, Inger Stevens, Ben Johnson
- ★ ─ 감독 | Ted Post
- ★ ─ 음악 | Dominic Frontiere

| 감상포인트 |

1968년 테드 포스트 감독의 이 범죄 웨스턴은 이탈리안 웨스턴으로 성공한 클린트 이스트우드가 할리우드로 돌아와서 출연한 본격 할리우드 데뷔작이다.

전직 세인트루이스 보안관이었던 쿠퍼(클린트 이스트우드)는 소도둑의 누명을 쓰고 아홉 명의 불한당에게 교수형을 당할 뻔하는데, 마침 지나가던 데이브 블리스 보안관(벤 존슨)의 도움으로 목숨을 건지게 된다.

당시 셀지오 레오네 감독의 출연 권유에도 불구하고 이 영화를 선택한 클린트 이스트우드는 연방 보안관이 되어 자신을 죽이려한 아홉 명의 불한당에게 복수를 하는 정의로운 총잡이로 등장하고, 잉거 스티븐스는 남편을 잃고 겁탈당한 불행한 여인 레이첼 워렌 역을 연기한다.

★ — 원제목 | Bandolero!

★ — 개봉제목 | **반도레로**

★ — 제작연도 | **1968년**

★ — 개봉연도 | **1968년**

★ — 제작국 | **미국**

★ — 컬러 | **컬러**

★ — 러닝타임 | **106분**

★ — 주연 | James Stewart, Dean Martin, Raquel Welch, George Kennedy

★ — 감독 | Andrew V. McLaglen

★ — 음악 | Jerry Goldsmith

| 감상포인트 |

1966년 영화 〈공룡백만년〉의 인기에 힘입어 세계적인 섹스 심벌로 등장한 여배우 라쿠엘 웰치를 전면에 내세운 서부영화의 화제작이다.

당시 예순 살의 제임스 스튜어트가 딘 마틴과 호흡을 맞춰 줄라이 존슨 보안관(조지 케네디)에게 쫓기는 비숍 형제로 연기하고, 라쿠엘 웰치는 사랑하는 디 비숍(딘 마틴)을 잃고 슬퍼하는 미망인 마리아 역으로 나온다.

멕시코 국경 마을 반도레로에서 멕시코 산적들과 총격을 벌이는 비숍 형제의 라스트 신은 하이라이트를 이룬다. 한편 연출을 맡은 앤드류 V. 맥라글렌 감독은 존 포드의 〈밀고자〉에서 좋은 연기를 보여준 빅터 맥라글렌의 친아들이다.

- 원제목 | Blue
- 개봉제목 | **황원아 부루**
- DVD 출시제목 | **블루**
- 제작연도 | **1968년**
- 개봉연도 | **1969년**
- 제작국 | **영국**
- 컬러 | **컬러**
- 러닝타임 | **113분**
- 주연 | Terence Stamp, Joanna Pettet, Karl Malden
- 감독 | Silvio Narizzano
- 음악 | Manos Hatzidakis

| 감상포인트 |

이 영화는 1960년대에 웨스턴 장르의 변혁이 시작되던 시기에 만들어진, 실비오 나리짜노 감독의 브리티시 웨스턴, 수정주의 서부극의 고전이다. 선과 악, 권선징악으로 대치하는 대결 구도의 정통 서부극과는 다르게, 멕시칸 마적들로부터 성장한 어느 백인 청년의 정체성을 다루고 있다.

멕시코어로 아줄(Blue라는 뜻임)이라고 불리는 주인공이, 백인의 모든 부녀를 만나면서 새로운 삶을 찾게 된다는 내용이 큰 골격을 이룬다.

1965년 윌리엄 와일러의 〈콜렉터〉에서 멋진 사이코 연기를 보여준 테렌스 스탬프가, 타이틀롤인 블루 역을 맡았으며 국내에는 〈황원아 부루〉라는 제목으로 개봉되었다.

⋆ — 원제목 | The Stalking Moon

⋆ — 개봉제목 | 렛드 문

⋆ — DVD 출시제목 | 챔피언

⋆ — 제작연도 | 1968년

⋆ — 개봉연도 | 1969년

⋆ — 제작국 | 미국

⋆ — 컬러 | 컬러

⋆ — 러닝타임 | 109분

⋆ — 주연 | Gregory Peck, Eva Marie Saint, Robert Forster

⋆ — 감독 | Robert Mulligan

⋆ — 음악 | Fred Karlin

| 감상포인트 |

영화가 끝나는 순간까지 시종일관 긴장감을 늦추지 않는 이 영화는 개봉 당시 많은 마니아를 양산한 로버트 뮬리건 감독의 이색적인 서스펜스 웨스턴이다.

은퇴를 앞두고 마지막 기병대의 정찰을 나선 샘 바너(그레고리 펙)는 우연히 기병대 포트로 이송되던 인디언 혼혈아들을 둔 백인여자 사라 카버(에바 마리 세인트)와 기차역까지 동행한다.

이때부터 세 사람의 뒤를 쫓는 살기가 으스름한 달빛을 타고 서서히 소리 없이 다가오는데, 로버트 뮬리건 감독은 그 공포의 실체를 사라 카버의 인디언 남편이라는 새로운 반전을 준비한다.

마치 목을 조이듯 밀려오는 살기의 그림자를 통하여 이 영화는 서스펜스 서부극으로서 최초로 시도된 매우 독특한 수정주의 웨스턴이다.

- ★ — 원제목 | Mackenna's Gold
- ★ — 개봉제목 | **막켄나의 황금**
- ★ — DVD 출시제목 | **막켄나의 황금**
- ★ — 제작연도 | **1969년**
- ★ — 개봉연도 | **1970년**
- ★ — 제작국 | **미국**
- ★ — 컬러 | **컬러**
- ★ — 러닝타임 | **128분**
- ★ — 주연 | Gregory Peck, Omar Sharif, Telly Savalas
- ★ — 감독 | J. Lee Thompson
- ★ — 음악 | Quincy Jones

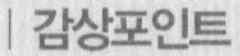

| 감상포인트 |

호세 펠리시아노가 부르는 주제가 〈Old Turkey Buzzard〉로 시작되는 이 영화는 아파치 전설에나 나오는 황금의 계곡을 둘러싸고 벌이는 매우 흥미로운 웨스턴이다.

맥켄나 보안관으로 등장하는 그레고리 펙은 늙은 인디언 추장으로부터 비밀의 지도를 건네받고 황금을 찾아 길을 떠나는데, 오마 샤리프가 그를 끝까지 괴롭히는 악당 콜로라도 역을 맡아 연기한다.

〈케이프 피어〉와 〈나바론 요새〉로 유명한 J. 리 톰슨이 연출을 맡았다.

* — 원제목 | The Wild Bunch
* — 개봉제목 | **와일드 번치**
* — DVD 출시제목 | **와일드 번치**
* — 제작연도 | **1969년**
* — 개봉연도 | **1969년** | **1995년**(재개봉)
* — 제작국 | **미국**
* — 컬러 | **컬러**
* — 러닝타임 | **134분**
* — 주연 | William Holden, Ernest Borgnine, Robert Ryan, Warren Oates
* — 감독 | Sam Peckinpah
* — 음악 | Jerry Fielding

| 감상포인트 |

당시 뉴 아메리칸 시네마에 편승하는 수정주의 웨스턴이라고 볼 수 있는 이 영화는 멕시코 혁명의 대량 학살을 참조하여 주인공 파이크 비숍(윌리엄 홀덴)이 홀홀단신으로 멕시코 군대와 벌이는 그 유명한 '게틀링 기관총 집단 대학살 시퀀스'를 선보인다.

샘 페킨파 감독의 이 폭력미학의 작품은 1995년 11분이 늘어난 145분 감독편집 본으로 재상영되었는데, 처음에 리 마빈이 맡기론 한 타이틀롤인 비숍 역이 윌리엄 홀덴으로 바뀌게 되면서 어네스트 보그나인과 벤 존슨 같은 노련한 조연들과 훌륭한 연기 조화를 보여준다.

- ★ — 원제목 | Lltle Big Man
- ★ — 개봉제목 | **작은 거인**
- ★ — 제작연도 | **1970년**
- ★ — 개봉연도 | **1971년**
- ★ — 제작국 | **미국**
- ★ — 컬러 | **컬러**
- ★ — 러닝타임 | **139분**
- ★ — 주연 | Dustin Hoffman, Faye Dunaway, Martin Balsam, Chief Dan George
- ★ — 감독 | Arthur Penn
- ★ — 음악 | John Paul Hammond

| **감상포인트** |

더스틴 호프먼이 백한 살의 노인으로 분장하고 지난날을 회상하면서 진행되는 이 영화는 평화로운 인디언 부족을 대학살한 역사적인 리틀 빅 혼 전투를 그린 작품이다.

1868년 조지 커스터 장군이 이끄는 제7기병대가 샤이엔 부족마을을 무차별 공격하는 라스트신에서 아서 펜 감독은 백인들의 잘못된 서부 개척사와 미 기병대의 잔인함을 통렬하게 꼬집는다.

크랩 역을 맡은 더스틴 호프먼은 열 살 때 고아가 되어 샤이엔족에 의해 자라나 그 부족과 소통하는 백인으로 등장하고 페이 더나웨이가 나중에 창녀가 되는 펜드레이크 부인으로 등장한다.

- 원제목 | My Name is Nobody
- 개봉제목 | **무숙자**
- DVD 출시제목 | **무숙자**
- 제작연도 | **1973년**
- 개봉연도 | **1974년**
- 제작국 | **이탈리아, 프랑스, 서독**
- 컬러 | **컬러**
- 러닝타임 | **117분**
- 주연 | Henry Fonda, Terence Hill, Jean Martin, Piero Lulli
- 감독 | Tonino Valerii
- 음악 | Ennio Morricone

| 감상포인트 |

셀지오 레오네 감독이 신인 토니노 발레리 감독을 내세워 자신이 쓴 원안을 가지고 직접 제작 연출(공동)한 이 영화는 한때 화려했던 서부의 총잡이 잭 보가드의 종말과 어느 이름 없는 새로운 서부의 총잡이의 등장을 예고하는 신종 이탈리안 웨스턴이다.

테렌스 힐은 볼품은 없지만 날렵하고 유머가 넘치는 새로운 전형의 총잡이를 연기하고, 헨리 폰다가 한물 간 총잡이 보가드 역을 맡았다.

마치 한 편의 뮤직비디오를 보는 듯한 엔니오 모리코네 음악이 아름답게 흐르는 라스트신은 이 영화를 기억하게 하는 명장면이다.

무섭고 지독한 저놈을 물리치고 내가 굉장한 놈이 되는거다!!

■떨어진 양말에
뺑뚫린 구두창 —
돈도없고 집도없고
親旧도 없고
이름도 없어
반한 女子도 없고
반겨줄 女子도 없다
한자루 拳銃에
타고다닐 「말」도 없는
「안장」만 걸머지고
어디서 왔다가 어디로 가는가?
그것을 아는者 아무도 없으니
사람들이 부르기를
그이름은 「미스터・노버디」 —

巨匠 토니노·바레리 監督
総天然 PANAVISION

〈웨스턴〉의 헨리·폰다 / ■'75년도 이태리의 톱·가이 테렌스·힐 / 셀지오·레오네 原案 엔니오·모리코네 音樂

"MY NAME IS NOBODY"

無宿者
무 숙 자

美유니버살社 超特作 國際映画興業(株)輸入

- ⋆ — 원제목 | The Last Hard Men
- ⋆ — 개봉제목 | **최후의 총잽이**
- ⋆ — 제작연도 | **1976년**
- ⋆ — 개봉연도 | **1976년**
- ⋆ — 제작국 | **미국**
- ⋆ — 컬러 | **컬러**
- ⋆ — 러닝타임 | **98분**
- ⋆ — 주연 | Charlton Heston, James Coburn, Barbara Hershey
- ⋆ — 감독 | Andrew V. McLaglen
- ⋆ — 음악 | Jerry Goldsmith

| 감상포인트 |

샘 페킨파의 영향을 받은 듯한 앤드류 V. 맥라글렌 감독이 연출한 이 웨스턴 드라마는 보안관과 악당, 찰턴 헤스턴과 제임스 코번의 선악의 대결구도가 흥미로운 작품이다.

제임스 코번이 연기하는 탈옥범 자크 프로보는 한때 자신을 감옥에 넘긴 샘 버게이드(찰턴 헤스턴) 보안관에게 복수하기 위해서 그의 딸 수잔 버게이드(바바라 허쉬)를 납치하는데, 특히 딸이 강간당하는 장면을 망원경으로 지켜보며 분통해하는 찰턴 헤스턴의 모습이 오랫동안 기억에 남는다.

이 영화는 국내 개봉 당시 흥행에도 성공했으며, 1972년 〈섬머타임 킬러〉로 잘 알려진 크리스 미첨이 수잔의 약혼자 할 브릭먼으로 등장하여 샘 버게이드 보안관과 함께 악당 자크 프로보를 추적한다.

★ ─ 원제목 | The Outlaw Josey Wales

★ ─ 개봉제목 | **무법자 | 아우트 로**

★ ─ DVD 출시제목 | **무법자 조시 웨일즈**

★ ─ 제작연도 | **1976년**

★ ─ 개봉연도 | **1977년 5월 28일**

★ ─ 제작국 | **미국**

★ ─ 컬러 | **컬러**

★ ─ 러닝타임 | **135분**

★ ─ 주연 | Clint Eastwood, Chief Dan George, Soundra Locke, John Vernon

★ ─ 감독 | Clint Eastwood

★ ─ 음악 | Jerry Fielding

| 감상포인트 |

클린트 이스트우드가 연기하는 주인공 조지 웨일즈는 폭력적인 북군의 만행에 대항하다가 현상금 헌터들에게 쫓기는 신세가 되고 마는데, 그가 코만치 족장과 인디언의 땅에서 공동체 생활을 제안하며 담판을 짓는 장면에서는 이 영화의 주제가 무엇인지를 느끼게 한다.

포레스트 카터의 소설 〈Gone To Texas〉를 각색한 이 영화는 존 포드의 뒤를 잇는 수정주의 웨스턴으로 갈 곳 없는 총잡이가 총을 버리고 사람들과 어우러져 땅을 경작하며 착실한 삶을 살아가려는 인간의 모습을 보여준다.

국내에는 미국 독립 200주년 기념작으로 〈아우트 로〉라는 개봉 제목으로도 소개되었다.

CLINT EASTWOOD THE OUTLAW JOSEY WALES ...an army of one

※史上空前의 迫力과

"스케일"로 엮는

今世紀 最大의

『웨스탄』巨篇!!

*美国独立200周年

記念超特作!!

總天然色 파나비죤

"크린트 이스트우드"의

無法者

音楽・제리・휠딩 美 워너・브러더즈社 特配 泰昌興業(株) 輸入

- ★ — 원제목 | From Noon Till Three
- ★ — 개봉제목 | 정오에서 3시까지
- ★ — 제작연도 | 1976년
- ★ — 개봉연도 | 1977년
- ★ — 제작국 | 미국
- ★ — 컬러 | 컬러
- ★ — 러닝타임 | 99분
- ★ — 주연 | Charles Bronson, Jill Ireland
- ★ — 감독 | Frank D. Gilroy
- ★ — 음악 | Elmer Bernstein

| 감상포인트 |

1976년 찰스 브론슨과 질 아이랜드 부부가 출연한 흥미로운 이 웨스턴 영화는 정통적인 액션 활극이 아닌 그야말로 서부판 보카치오이다.

영화의 배경은 1880년대의 와이오밍 주에 있는 숲 속의 외딴 저택. 5인조 은행털이범 그래함(찰스 브론슨)이 계획이 수포로 돌아가자 바로 이 외딴 저택으로 들어와 집주인 과부인 아만다(질 아이랜드)와 벌이는 세 시간 동안의 이야기가 작품의 골격을 이룬다.

느닷없이 관객에게 총구를 겨누는 이 도발적인 장면의 서부극은 1977년 여름 국도극장에서 개봉은 했으나 흥행에는 실패했다.

극 중에서 흘러나오는 주제가 〈Hello and Goodbye〉는 질 아이랜드가 직접 불렀다.

| 3부 | 드라마(가족, 사회, 휴먼)

- ⋆ — 개봉제목 | **검사와 여선생**
- ⋆ — 제작연도 | **1948년**
- ⋆ — 개봉연도 | **1948년**
- ⋆ — 제작국 | **한국**
- ⋆ — 컬러 | **흑백**
- ⋆ — 러닝타임 | **35분**
- ⋆ — 주연 | **윤인자, 이향**
- ⋆ — 감독 | **윤대룡**

| 감상포인트 |

1948년 이 영화는 유성영화 시대에 변사 출신의 윤대룡 감독이 연출한 무성영화이다.

어느 탈옥수가 자신을 숨겨준 여자의 남편에게 오해를 사서 남편이 휘두른 칼에 찔려 목숨을 잃는다. 하지만 현장에 있던 여자는 누명을 쓰게 되고 살인죄로 법정에 서게 되는데, 여자의 사건을 담당한 검사가 바로 어린 시절 여자가 가르친 제자였다.

이 영화는 무성영화가 단 한편도 남아있지 않은 한국영화의 현실에서 무성영화의 속성을 가늠할 수 있는 유일한 증거 자료이기도 하다. 특히 살인죄로 수감된 여선생의 무죄를 밝히기 위해 최선을 다하는 제자의 심경을 변사들은 매우 절절한 목소리로 연기한다.

* — 원제목 | 3 Godfathers
* — 개봉제목 | **죽음의 사막**
* — DVD 출시제목 | **3인의 대부**
* — 제작연도 | **1948년**
* — 개봉연도 | **미상**
* — 제작국 | **미국**
* — 컬러 | **컬러**
* — 러닝타임 | **106분**
* — 주연 | John Wayne, Pedro Armendariz, Harry Carey Jr.
* — 감독 | John Ford
* — 음악 | Richard Hageman

| 감상포인트 |

1948년 존 포드 감독이 연출한 이 영화는 황량한 사막을 배경으로 펼쳐지는 휴먼드라마이다.

막대한 현상금이 걸린 세 명의 은행강도인 로버트 하이타워(존 웨인), 멕시코인 페드로 푸에르테(페드로 알멘다리즈), 윌리엄 커니(해리 캐리 주니어)가 사막으로 도주 중에 포장마차 안의 여인을 우연히 만나면서 그들에게 갱생의 기회가 찾아온다. 그 여인이 죽으면서 부탁한 어린 아기의 대부가 된 것이다. 죽음의 기로에서 한 아이의 의부가 되면서 그들은 생명의 경이로움과 신의 존재, 자신의 죄를 기꺼운 마음으로 용서받는 것이다.

존 포드 감독의 필모그래피에서 가장 종교적인 색채가 강한 이 영화는 요즘처럼 각박한 세상을 살아가는 현대인에게도 많은 경종을 울리는 고전이며, 한 해가 저무는 연말에 감상하기에 매우 적당한 가슴을 훈훈하게 하는 감동적인 서부영화이다.

- 원제목 | The Search
- 개봉제목 | **산하는 요원하다**
- DVD 출시제목 | **산하는 요원하다**
- 제작연도 | **1948년**
- 개봉연도 | **1958년**
- 제작국 | **스위스, 미국**
- 컬러 | **흑백**
- 러닝타임 | **105분**
- 주연 | Montgomery Clift, Aline MacMahon, Jarmila Novotna, Ivan Jandl
- 감독 | Fred Zinnemann
- 음악 | Robert Blum

| 감상포인트 |

1948년 프레드 진네만 감독이 연출한 이 영화는 제2차세계대전이 끝난 후 독일 수용소에서 살아남은 체코의 엄마 말릭 부인(야르밀라 노보트나)이 자신의 어린 아들 카렐(이반 얀들)을 찾아가는 여정과 소년 카렐이 자신을 도우는 미군 청년 스티브(몽고메리 클리프트)와 나누는 우정을 감동적으로 그려낸 휴먼드라마의 고전이다.

아우슈비츠 수용소 시절, 독일군에 대한 공포로 실어증에 걸린 체코 소년 카렐을 연기한 아역배우 이반 얀들이 엄마의 기억이 되살아나자 엄마를 찾으려고 어느 공장 앞에서 쏟아져 나오는 여직공들을 안타깝게 바라보는 장면과 엄마와 극적으로 해후하는 라스트신은 지금 봐도 가슴을 뭉클하게 한다.

이 영화를 통해 데뷔한 몽고메리 클리프트는 잔정이 많고 따뜻한 심성을 가진 미군 청년 스티브 역을 맡고 있는데, 낯을 가리고 언어를 잃어버린 소년 카렐에게 지미라는 미국식 이름을 지어주고 영어를 가르치면서 소통해 가는 과정은 전쟁에 관한 상흔과 가족 부재의 아픔을 잘 전달하고 있다.

★ — 원제목 | Champion

★ — 개봉제목 | **참피온**

★ — DVD 출시제목 | **챔피언**

★ — 제작연도 | **1949년**

★ — 개봉연도 | **1964년 재개봉**

★ — 제작국 | **미국**

★ — 컬러 | **컬러**

★ — 러닝타임 | **99분**

★ — 주연 | Kirk Douglas, Marilyn Maxwell, Arthur Kennedy

★ — 감독 | Mark Robson

★ — 음악 | Dimitri Tiomkin

| 감상포인트 |

실화가 아닌 가상의 시나리오로 만들어진 1949년 마크 로브슨 감독의 이 영화는 매우 뛰어난 완성도로 연출된 권투영화의 고전이다.

장애인 남동생 코니(아서 케네디)와 함께 이리저리 떠돌아다니던 마이클(커크 더글러스)은 먹고 살기 위해 우연히 권투를 배운다. 이 영화는 타고난 기질 때문에 세계 챔피언이 된 한 사내의 욕망과 사랑, 타락을 그리고 있으며, 세속에 물들어가면서 황폐해져 가는 후반부에 가면 커크 더글러스의 탄력 있는 연기가 빛을 발한다.

박력 있고 템포 빠른 시합 장면의 편집을 인정받아서 1950년 아카데미영화제에서 〈편집상〉을 수상했다.

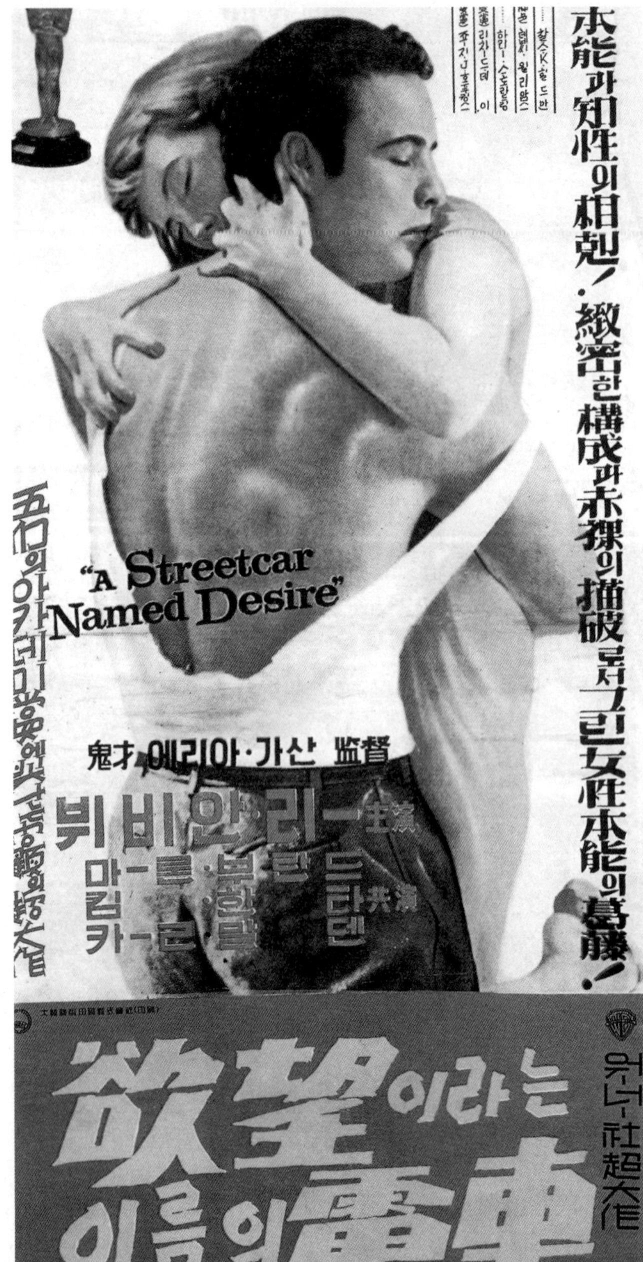

- 원제목 | A Streetcar Named Desire
- 개봉제목 | **욕망이라는 이름의 전차**
- DVD 출시제목 | **욕망이라는 이름의 전차**
- 제작연도 | **1951년**
- 개봉연도 | **1963년 재개봉**
- 제작국 | **미국**
- 컬러 | **흑백**
- 러닝타임 | **122분**
- 주연 | Vivien Leigh, Marlon Brando, Kim Hunter, Karl Malden
- 감독 | Elia Kazan
- 음악 | Alex North

| 감상포인트 |

솔직하고도 압축된 연출력을 보여준 엘리아 카잔 감독은 이 영화에서 연극 무대보다 스케일이 크고 강렬한 인상의 작품을 만들었다는 평가를 받았다. 테네시 윌리엄스의 희곡을 원작으로 한 이 비극적인 드라마는 낭만적인 꿈을 가진 여인과 맨주먹으로 살아가는 남자와의 정면충돌을 다룬 엘리아 카잔 감독의 걸작이다.

영화의 중심은 코왈스키 역의 말론 브랜도와 블랑쉬 역을 맡은 비비안 리가 벌이는 불꽃 튀는 연기 대결이다. 야성적이고 본능에 충실한 코왈스키(말론 브랜도)와 현실을 외면하고 상상 속의 마법세계에 갇혀 사는 블랑쉬(비비안 리)의 행동양식을 통하여 인간의 원색적인 본성을 다룬 이 영화에서 비비안 리는 이 냉혹한 세상에서 사라져 가는 자신의 아름다움과 낭만적인 꿈에 매달리는 여인의 캐릭터를 리얼하게 연기하여 〈바람과 함께 사라지다〉에 이어 두 번째로 아카데미 여우주연상을 수상했다.

★ — 원제목 | On The Waterfront

★ — 개봉제목 | **워타후론트**

★ — DVD 출시제목 | **워터프론트**

★ — 제작연도 | **1954년**

★ — 개봉연도 | **1966년 7월**(재개봉)

★ — 제작국 | **미국**

★ — 컬러 | **흑백**

★ — 러닝타임 | **108분**

★ — 주연 | Marlon Brando, Karl Malden, Eva Marie Saint

★ — 감독 | Elia Kazan

★ — 음악 | Leonard Bernstein

| **감상포인트** |

이 영화의 주인공 테리 말로이(말론 브랜도)는 처음엔 자신의 주관도 없이 그저 무덤덤하게 살아가던 악덕 조합장 자니 프랜들리(리 J. 콥)의 졸개에 불과했다. 하지만 잠재된 테리의 인성을 자극하게 되는 그 운명적 사건이 일어나는데, 그게 바로 노조의 비리를 폭로하려던 조이 도일의 죽음이었다.

이 영화에서 탁월한 연기로 아카데미 남우주연상을 수상한 말론 브랜도는 불의가 만연한 노조와 대결하는 정의롭고 외로운 부두노동자를 연기한다. 평소 아웃사이더에게 관심이 많았던 엘리아 카잔 감독은 1948년 4월에 일어난 뉴욕 부두의 한 근로자의 피살사건을 소설가이자 칼럼니스트인 버드 슐버그와 함께 각색했다. 보리스 코프만의 리얼리즘에 바탕을 둔 다큐멘터리적인 촬영은 엘리아 카잔 감독의 절정기 작품으로 손색이 없었으나, 뉴욕 항에서 로케 촬영을 할 때 실제 갱들의 위협을 받기도 했다.

테리를 사랑하는 이디 역의 마리 세인트는 데뷔작인 이 작품으로 오스카 여우조연상을 수상했다.

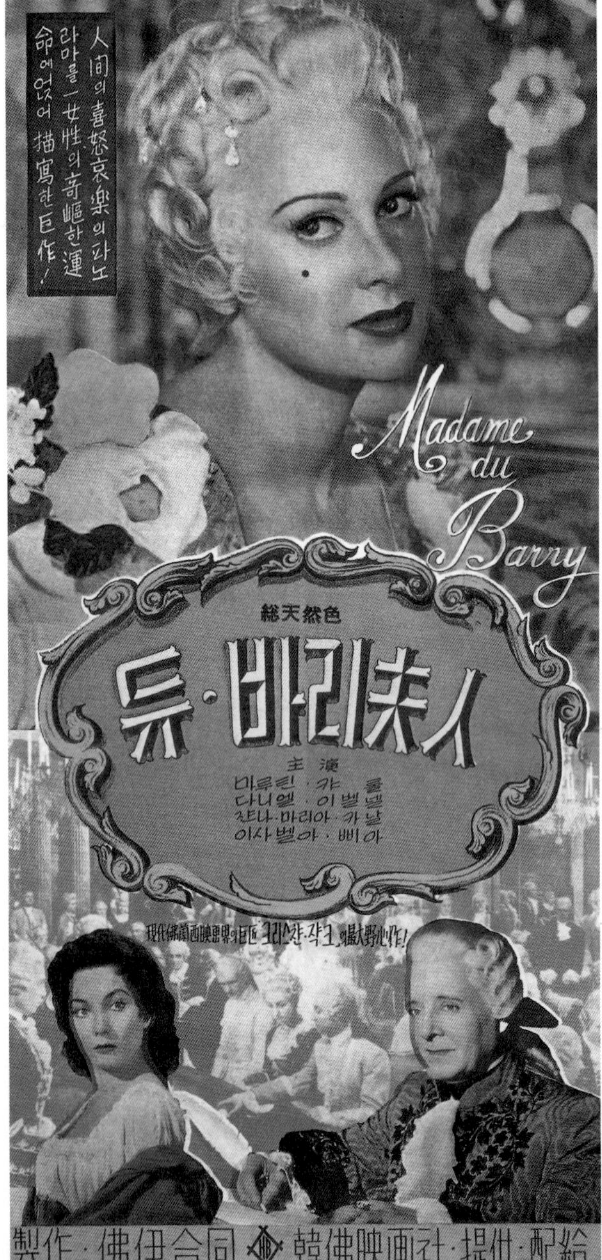

- ★ — 원제목 | Madame du Barry
- ★ — 개봉제목 | **듀바리 부인**
- ★ — 제작연도 | **1954년**
- ★ — 개봉연도 | **1955년**
- ★ — 제작국 | **프랑스, 이탈리아**
- ★ — 컬러 | **컬러**
- ★ — 러닝타임 | **106분**
- ★ — 주연 | Martine Carol
- ★ — 감독 | Christian Jaque
- ★ — 음악 | Georges Van Parys

| 감상포인트 |

실존인물인 듀바리 부인은 프랑스의 고급 매춘부 출신으로 어린 시절부터 수도원 학교에서 교육을 받았다. 그녀는 의상실에서 점원 일을 하다가 군수품을 납품하던 일로 듀바리 백작의 정부가 되는데, 본처가 버젓이 살아있는데도 그녀는 '듀바리 백작부인'을 행세한다.

1919년 에르스트 루비치 감독의 독일 영화로도 유명하지만 국내엔 1954년에 제작된 크리스티앙 자크 감독의 이 영화가 개봉되었다.

1764년 루이 15세의 눈에 들어 프랑스 상류사회의 신데렐라가 된 듀바리 부인 역을 마르틴 캐롤이 연기하는데, 이 영화에서 그녀의 풍만한 가슴을 자랑하는 관능미 때문에 당시 수많은 남성팬들에게 인기를 얻었다.

★ — 원제목 | La Strada

★ — 개봉제목 | 길

★ — DVD 출시제목 | 길

★ — 제작연도 | 1954년

★ — 개봉연도 | 1958년

★ — 제작국 | 이탈리아

★ — 컬러 | 흑백

★ — 러닝타임 | 108분

★ — 주연 | Anthony Quinn, Giulietta Masina

★ — 감독 | Federico Fellini

★ — 음악 | Nino Rota

| 감상포인트 |

1954년 베니스 국제영화제에서 〈은사자상〉을 수상한 페데리코 펠리니 감독의 이 영화는 너무도 뒤늦게 찾아온 척박한 한 사내의 사랑에 관한 회한과 진실을 고찰한 이탈리아 로맨스 영화의 고전이다.

앤서니 퀸이 연기하는 떠돌이 곡예사 잠파노가 만 리라를 주고 산 처녀 젤소미나(줄리에타 마시나)를 이용하고 버리는 장면, 잠파노의 말을 따르고 그를 사랑하던 젤소미나가 버림받아 죽은 후에야 비로소 그 잠파노의 거친 마음을 움직이게 하는 라스트신은 오랫동안 잊지 못할 명장면이다.

한편 〈젤소미나의 나팔〉로 상징되는 주제곡은 니토 로타가 작곡했다.

페데리코 펠리니 감독이 실제 아내인 줄리에타 마시나를 위해 연출한 이 멜로드라마는 1958년 국내에 개봉되어 당시 수많은 영화팬들의 가슴을 울렸다.

- ★ — 원제목 | Le Comte de Monte-Cristo
- ★ — 개봉제목 | **몬테 크리스트 백작**
- ★ — 제작연도 | **1954년**
- ★ — 개봉연도 | **1958년**
- ★ — 제작국 | **프랑스, 이탈리아**
- ★ — 컬러 | **컬러**
- ★ — 러닝타임 | **183분**
- ★ — 주연 | Jean Marais, Lia Amanda
- ★ — 감독 | Robert Vermay
- ★ — 음악 | Jean Wiener

| 감상포인트 |

상영 시간이 장장 세 시간이 넘는 이 영화는 알렉산더 듀마의 소설을 각색한 로베르 베르마이 감독의 어드벤처 드라마이다.

프랑스와 이탈리아가 합작한 이 작품의 타이틀롤인 에드몽 당테 역을 장 마레가 맡고 있는데, 그가 누명을 쓰고 14년 동안 투옥된 이프섬에서 감옥 생활을 하는 장면과 기적적인 탈출에 성공한 뒤 몬테 크리스토 백작으로 파리 사교계에 나타나 자신을 모함한 원수들에게 복수하는 제2부가 하이라이트를 이룬다.

에드몽 당테의 약혼자 메르세데스 역은 이탈리아 출신의 여배우 리아 아만다가 연기한다.

우리나라에서는 1968년 남궁원 주연의 〈암굴왕〉이란 제목으로 제작되기도 하였다.

★ — 원제목 | The McConnell Story

★ — 개봉제목 | **창공의 맹호**

★ — 제작연도 | **1955년**

★ — 개봉연도 | **미상**

★ — 제작국 | **미국**

★ — 컬러 | **컬러**

★ — 러닝타임 | **106분**

★ — 주연 | Alan Ladd, June Allyson, James Whitmore

★ — 감독 | Dordon Douglas

★ — 음악 | Max Steiner

| 감상포인트 |

한국전쟁을 배경으로 한 1955년 고든 더글러스 감독의 이 영화는 전투기 조종사 조셉 맥코넬 대령(앨런 라드)의 이야기를 그린 매우 훈훈한 느낌을 주는 홈드라마이다.

후덕한 인상의 준 앨리슨이 그의 아내 펄 브라운 역을 맡고 있고, 세 아이들과 나누는 가족 이야기가 잔잔한 감동을 준 추억의 영화이다.

- 원제목 | The Seven Year Itch
- 개봉제목 | **7년만의 외출**
- DVD 출시제목 | **7년만의 외출**
- 제작연도 | **1955년**
- 개봉연도 | **1957년** | **1964년**(재개봉)
- 제작국 | **미국**
- 컬러 | **컬러**
- 러닝타임 | **105분**
- 주연 | Marilyn Monroe, Tom Ewell
- 감독 | Billy Wilder
- 음악 | Alfred Newman

| 감상포인트 |

마릴린 몬로의 지하철 송풍구 위의 장면으로 더 유명한 빌리 와일더 감독의 이 영화는 어느 중년남자가 꿈꾸는 달콤한 사랑의 환상을 그린 로맨틱 코미디의 고전이다.

코미디 배우 톰 이웰이 연기하는 리처드 셔먼은 가족들을 피서지에 보내고 혼자서 집을 지키다가 이층집에 이사온 소녀(마릴린 몬로)와 금방 친해지는데, 소녀가 육감적인 금발의 미녀가 되어 리처드 셔먼을 유혹하는 장면은 매우 인상적이다.

이 망상의 장면에 흐르는 라흐마니노프의 〈피아노 협주곡 2번〉은 톰 이웰의 감각적인 코미디 연기를 극대화하는 반면, 마릴린 몬로가 〈젓가락 행진곡〉을 치는 장면과 대비되면서 바람을 피고 싶은 한 중년남자의 충동을 잘 그려낸다.

★ — 원제목 | East of Eden
★ — 개봉제목 | **에덴의 동쪽**
★ — DVD 출시제목 | **에덴의 동쪽**
★ — 제작연도 | **1955년**
★ — 개봉연도 | **1965년 | 1973년**(재개봉)
★ — 제작국 | **미국**
★ — 컬러 | **컬러**
★ — 러닝타임 | **115분**
★ — 주연 | James Dean, Julie Harris, Raymond Massey
★ — 감독 | Elia Kazan
★ — 음악 | Leonard Rosenman

| 감상포인트 |

존 스타인벡의 소설을 각색한 이 영화는 연출자인 엘리아 카잔 감독의 자전적인 이야기를 담고 있다.

원작의 축을 이루는 아버지 애덤과 둘째아들 칼의 에피소드를 40% 이상이나 확대하면서 당시 엘리아 카잔 감독 자신과 아버지와의 불편한 관계를 그대로 드러내었다고 볼 수 있는데, 후반부에서 애덤과 칼이 병상에서 화해하는 마지막 장면은 지금 봐도 감동적이다.

촬영 현장에서 제임스 딘은 아버지 역을 맡은 레이먼드 마시와 실제 관계도 매우 껄끄러웠다고 하며, 애브라 역을 맡은 줄리 해리스는 같은 액터스 스튜디오 출신으로 제임스 딘보다 무려 여섯 살이나 많았다.

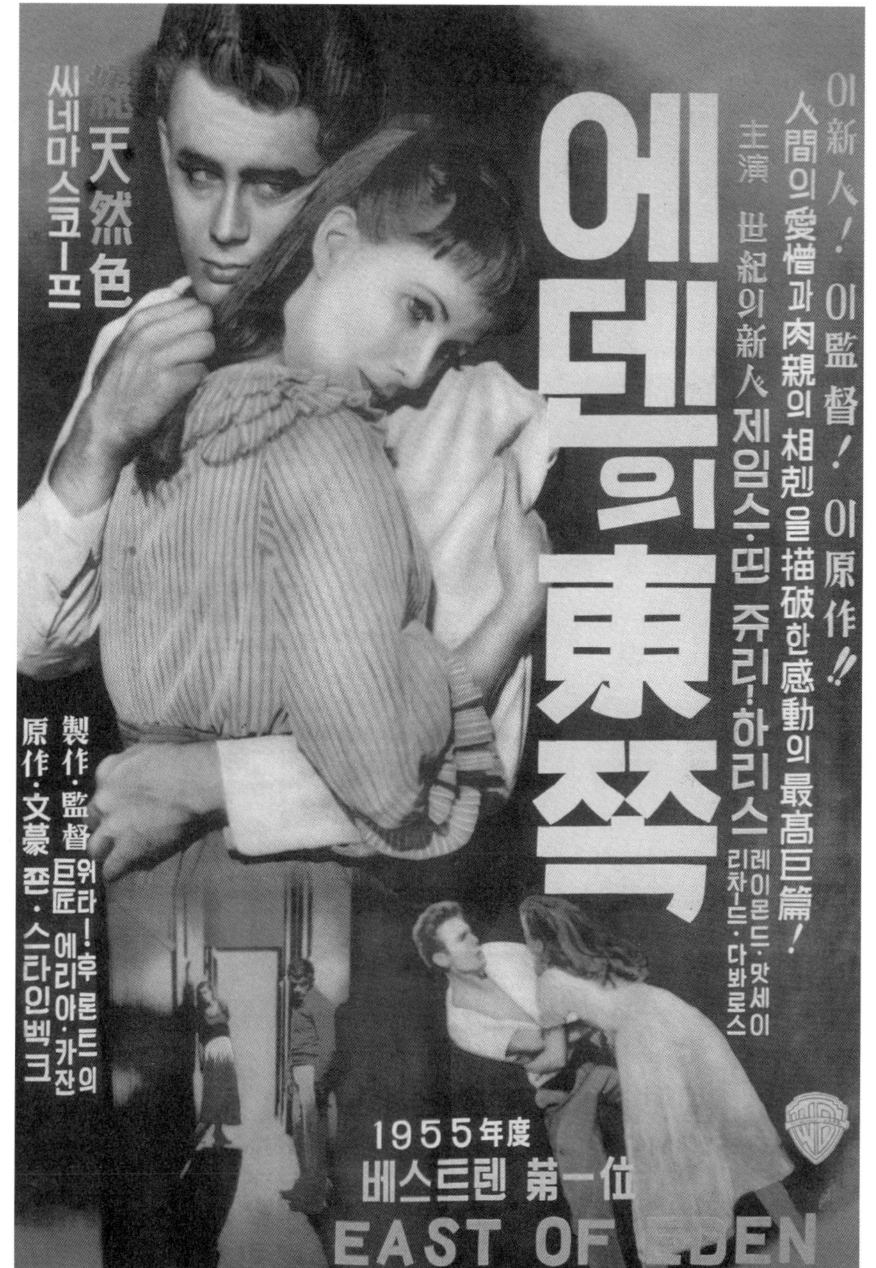

- ★ – 개봉제목 | **자유부인**
- ★ – 제작연도 | **1956년**
- ★ – 개봉연도 | **1956년**
- ★ – 제작국 | **한국**
- ★ – 컬러 | **흑백**
- ★ – 러닝타임 | **125분**
- ★ – 주연 | **김정임, 박암, 양미희**
- ★ – 감독 | **한형모**
- ★ – 음악 | **삼성영화사**

| 감상포인트 |

1956년 한형모 감독의 이 영화는 한국 최초로 키스신이 연출된 화제작이며, 1954년 1월부터 8월까지 서울신문에 연재된 정비석의 소설을 스크린에 옮긴 사회문제작이다.

가정주부인 대학교수 부인 오선영(김정림)이 춤바람에 빠지면서 뭇남자들과 연애를 하는 풍경들이 당시로선 매우 파격적이었으며 유교적 관습에 갇혀 살던 한 여자가 새로운 서양문화와 충돌하며 일어나는 이야기라는 점에서 사회적인 파장이 컸던 작품이다.

타이틀롤인 김정림은 당시 실제 다방 마담 출신으로 캐스팅되어 오선영 역을 실감나게 연기했다. 마치 데이비드 린이 연출한 〈밀회〉(1945)의 영향을 받은 듯한 이 영화는 6·25전쟁 전후 세대 여자의 주체성을 강조하기보다는 가부장적인 뿌리 깊은 윤리적 전통을 풍자한 사회 드라마의 고전이다.

★ — 원제목 | Anastasia
★ — 개봉제목 | **추상**
★ — DVD 출시제목 | **아나스타샤**
★ — 제작연도 | **1956년**
★ — 개봉연도 | **미상**
★ — 제작국 | **미국**
★ — 컬러 | **컬러**
★ — 러닝타임 | **105분**
★ — 주연 | Ingrid Bergman, Yul Brynner, Helen Hayes
★ — 감독 | Anatole Litvak
★ — 음악 | Alfred Newman

| 감상포인트 |

1956년도 아나톨 리트박 감독의 이 영화는 러시아의 마지막 공주 아나스타샤와 닮은 한 여자의 러브 스토리를 그린 멜로드라마이다.

율 브린너가 러시아 혁명으로 실각한 부니 장군으로 등장하고 잉그리드 버그먼은 그의 도움을 받아 황녀로 변해 가는 안나 코레프 역을 연기한다. 여기서 자신의 이름뿐만 아니라 과거에 대한 기억조차 없는 안나를 위하여 교육을 시키다가 결국은 사랑에 빠지고 마는 율 브린너의 강렬한 연기가 인상적이다. 더불어 당시 로베르토 로셀리니 감독과 헤어지고 할리우드에 컴백한 잉그리드 버그먼의 신들린 연기는 이 영화로 오스카 여우주연상을 받을 만큼 매우 훌륭하다.

아나스타샤의 친할머니로 등장하는 황후 마리아 역은 게리 쿠퍼와 1932년도판 〈무기여 잘 있거라〉에 출연한 헬렌 헤이즈가 연기했다.

- 개봉제목 | **시집가는 날**
- 제작연도 | **1956년**
- 개봉연도 | **1956년**
- 제작국 | **한국**
- 컬러 | **흑백**
- 러닝타임 | **70분**
- 주연 | **조미령, 김승호, 최현, 김유희**
- 감독 | **이병일**
- 음악 | **임원식**

| 감상포인트 |

오영진의 소박한 정취의 민화극 〈맹진사댁 경사〉를 각색한 이병일 감독의 이 영화는 당시 아시아태평양 영화제에 출품하여 〈특별희극상〉을 수상한 국내 최초의 국제영화제 수상작품이다.

판서댁 아들 미언(최현)에게 딸 갑분(김유희)을 시집 보내려던 맹진사(김승호)가 잘못된 소문을 듣고 딸의 몸종인 입분(조미령)을 대신 시집을 보내는데, 혼인 당일날 판서댁 아들이 절름발이가 아닌 늠름한 청년으로 나타나는 장면은 묘한 아이러니와 풍자를 전해준다.

여기서 맹진사 역을 맡은 김승호는 지나친 탐욕으로 인해 자가당착에 빠지는 향토색 강한 코미디 연기를 선보여 국제적인 주목을 받았다.

1957년 제8회 베를린 국제영화제 출품작으로 당시 수도극장에서 개봉하였다.

★ — 원제목 | Friendly Persuasion

★ — 개봉제목 | 우정 있는 설복

★ — DVD 출시제목 | 프렌드리 퍼슈에이션

★ — 제작연도 | 1956년

★ — 개봉연도 | 1957년 | 1966년 (재개봉)

★ — 제작국 | 미국

★ — 컬러 | 컬러

★ — 러닝타임 | 137분

★ — 주연 | Gary Cooper, Dorothy McGuire, Anthony Perkins

★ — 감독 | William Wyler

★ — 음악 | Dimitri Tiomkin

| 감상포인트 |

1956년 윌리엄 와일러 감독이 연출한 이 영화는 미국 남북전쟁 당시 어느 종교적인 신념을 가진 한 가족의 평화주의를 그린 매우 감동적인 전쟁 휴먼 드라마이다.

영화의 배경은 1862년 남부 인디애나 주에 사는 케이커 교도 제스 가족의 이야기를 그리는데, 평화롭게 사는 그들에게 전운이 심해지면서 장남 조시가 의용군으로 참전한다. 여기서 눈물을 머금고 적군에게 총을 겨누는 장남 조시 역의 앤소니 퍼킨스와 적군과 맞닥뜨려 몸싸움을 하다가 적군을 살려주는 아버지 제스 역의 게리 쿠퍼의 장면은 오랫동안 기억되는 명장면이다. 특히 종교적인 신념으로 전쟁을 반대하는 어머니 엘리자 역을 맡은 도로시 맥과이어의 탁월한 연기 또한 긴 여운을 준다.

2시간 17분의 비교적 긴 러닝타임의 이 영화는 1957년 제10회 칸영화제 황금종려상을 수상하였으며, 국내 개봉 당시 〈우정 있는 설복〉이란 제목으로 개봉되었다.

- ★ — 원제목 | Somebody Up There Likes Me
- ★ — 개봉제목 | **상처뿐인 영광**
- ★ — DVD 출시제목 | **상처뿐인 영광**
- ★ — 제작연도 | **1956년**
- ★ — 개봉연도 | **1958년**
- ★ — 제작국 | **미국**
- ★ — 컬러 | **흑백**
- ★ — 러닝타임 | **114분**
- ★ — 주연 | Paul Newman, Pier Angeli, Sal Mineo
- ★ — 감독 | Robert Wise
- ★ — 음악 | Bronislau Kaper

| 감상포인트 |

로버트 와이즈 감독이 1956년에 연출한 이 영화는 1946년에 강철의 사나이 토니 제일을 꺾고 세계 미들급 챔피언이 된 록키 그라지아노의 아메리칸 드림을 그린 전기영화이다.

또한 이 영화는 당시 최고의 주가를 올리던 제임스 딘이 죽기 직전에 출연 계약까지 끝낸 작품으로 그가 갑자기 세상을 떠나자 같은 액터스 스튜디오 출신인 폴 뉴먼이 그 대역을 맡아 전화위복이 된 폴 뉴먼의 실질적인 출세작이라 할 수 있다.

복서의 꿈을 접고 실의에 빠진 아버지의 실패한 인생과는 다르게 록키 그라지아노는 소년원과 교도소를 드나들던 불우한 시절을 극복하고 결국 세계의 정상에 우뚝 선다는 가슴 뿌듯한 감동적인 복서영화의 고전이다. 특히 록키의 아내 노마 역으로 등장하는 피어 안젤리는 여리면서도 의지력이 강한 캐릭터를 연기하여 그녀의 실제 연인이기도 했던 제임스 딘의 빈자리가 더 크게 보이기도 하며, 록키의 친구로 등장하는 젊은 날의 스티브 맥퀸과 살 미네오 역시 그리운 얼굴들이다.

메인타이틀은 페리 코모의 부드러운 주제가로 시작하는데, 오스카상을 수상한 촬영감독 조셉 루텐버그의 흑백 촬영은 매우 감각적이다. 이 영화는 20년 후, 1976년에 소개된 실베스터 스탤론의 〈록키 시리즈〉에 지대한 영향을 끼쳤다.

★ — 개봉제목 | 잃어버린 청춘

★ — 제작연도 | 1957년

★ — 개봉연도 | 1957년 9월 18일

★ — 제작국 | 한국

★ — 러닝타임 | 미상

★ — 주연 | 이경희, 최무룡

★ — 감독 | 유현목

★ — 음악 | 유신호

| 감상포인트 |

한국전쟁 이후 황폐한 사회를 배경으로 펼쳐지는 유현목 감독의 이 영화는 셋방 치를 돈 때문에 뜻하지 않은 살인을 하게 된 어느 젊은 전공의 이야기를 다룬 드라마이다.

과실치사죄로 쫓기다가 자수하는 전공 위진구 역은 최무룡이 연기하고 그가 의지하는 사랑하는 여인 정애 역을 이경애가 연기한다.

미래가 없는 어둡고 우울한 1950년대 말 서울의 풍경 속에서 당시 냉엄한 현실을 그려냈으며 1957년 9월 중앙극장에서 개봉되었다.

- ★ ─ 원제목 | Man of a Thousand Faces
- ★ ─ 개봉제목 | **천의 얼굴을 가진 사나이**
- ★ ─ DVD 출시제목 | **천의 얼굴을 가진 사나이**
- ★ ─ 제작연도 | **1957년**
- ★ ─ 개봉연도 | **1957년**
- ★ ─ 제작국 | **미국**
- ★ ─ 컬러 | **흑백**
- ★ ─ 러닝타임 | **122분**
- ★ ─ 주연 | James Cagney, Dorothy Malone, Jane Greer
- ★ ─ 감독 | Joseph Pevney
- ★ ─ 음악 | Frank Skinner

| 감상포인트 |

연기자 출신 감독으로 유명한 조셉 페브니 감독의 이 영화는 무성영화 시대에 호러 장르의 우상이었던 전설적인 배우 론 체이니의 인생을 영화화한 전기영화이다.

청각장애인인 부모의 이야기로부터 즉흥연기 배우 시절과 아들 때문에 정신이상이 된 그의 첫 아내 클레바 클라이튼(도로시 말론), 그리고 호러 전문배우로서 할리우드에서 거둔 성공, 론 체이니가 암으로 세상을 떠나기까지의 일생을 제임스 캐그니의 뛰어난 연기에 힘입어 잘 그려낸다.

이 영화는 객관적인 사실보다는 전설적인 배우였던 론 체이니에 대한 환상적인 헌사에 초점을 맞추고 있으며, 1920년대의 정서를 살려낸 조셉 페브니 감독의 흑백 촬영이 매우 인상적이다.

★ — 개봉제목 | **산 넘어 바다 건너**

★ — 제작연도 | **1958년**

★ — 개봉연도 | **1958년**

★ — 제작국 | **한국**

★ — 러닝타임 | **미상**

★ — 주연 | **김지미, 노경희, 주선태, 김동원**

★ — 감독 | **홍성기**

★ — 음악 | **김동진**

| 감상포인트 |

홍성기 감독이 직접 카메라를 들고 연출한 이 영화는 당시 전국 500만 라디오 청취자들의 심금을 울린 조남사의 원작을 각색한 작품이다.

김지미가 연기하는 윤경은 어느 화가의 모델을 하며 생활하는 신여성으로 등장하는데, 당시 신인으로 데뷔한 이대엽의 모습을 볼 수 있다.

시나리오는 〈실락원의 별〉과 〈잃어버린 청춘〉을 쓴 유두연이 맡았으며, 1958년 국제극장에 개봉되어 많은 영화팬들의 사랑을 받았다.

- ⋆ – 개봉제목 | **한말풍운과 민충정공**(혈죽)
- ⋆ – 제작연도 | **1959년**
- ⋆ – 개봉연도 | **1959년**
- ⋆ – 제작국 | **한국**
- ⋆ – 컬러 | **흑백**
- ⋆ – 러닝타임 | **103분**
- ⋆ – 주연 | **김동원, 전옥, 김신재, 이룡**
- ⋆ – 감독 | **윤봉춘, 남홍일**
- ⋆ – 음악 | **김희조**

| 감상포인트 |

나라의 존립마저 위태로왔던 혼탁한 조선 말기를 배경으로 고종황제(이룡)를 도와 나라를 바로 세우려고 했던 충신 민영환(김동원)의 일대기를 그린 전기영화의 고전이다.

외국 사신으로 유럽을 다녀온 민영환은 고종에게 새로운 문물과 제도를 보고하면서 구국을 위한 대책을 제안하지만, 당시 풍전등화 같은 시국 속에서 이완용(허장강) 일파와 일진회 수장 송병준의 매국 음모에 한탄하며 나라를 잃은 슬픔에 자결한다.

국도극장에서 개봉된 이 영화의 연출은 윤봉춘 감독이 맡고 있으며 민영환의 생모로는 전옥, 아내 역은 김신재, 송병준과 음모를 꾀하는 이등박문 역은 김승호가 맡았다.

★ — 원제목 | The Diary of Anne Frank
★ — 개봉제목 | **안네의 일기**
★ — 제작연도 | **1959년**
★ — 개봉연도 | **1960년**
★ — 제작국 | **미국**
★ — 컬러 | **흑백**
★ — 러닝타임 | **180분**
★ — 주연 | Millie Perkins, Joseph Schildkraut, Shelley Winters
★ — 감독 | George Stevens
★ — 음악 | Alfred Newman

| 감상포인트 |

1959년 조지 스티븐스 감독이 연출한 이 전기드라마는 1929년에 태어나 1945년 유태인 수용소에서 장티푸스로 세상을 떠난 안네 프랭크(밀리 퍼킨스)의 16년 동안의 짧은 삶, 그중에서도 수용소로 끌려가기 전의 다락방에 숨어 살던 2년간의 이야기가 이 영화의 골격을 이룬다. 대부분 좁은 다락방에서 촬영된 이 영화의 공간은 2시간 30여 분에 달하는 긴 영화임에도 불구하고 안네와 세 살 연상의 청년 피터(리처드 베이머)와의 사랑, 전쟁의 어두운 절망감 속에서도 아름답게 피어나는 두 커플의 우정과 사랑이 잔잔한 감동으로 다가온다.

열세 살부터 열다섯 살까지의 안네 역은 당시 스무 살의 여배우 밀리 퍼킨스가 맡아서 열네 살 소녀 같지 않은 성숙한 연기를 보여주었고 안네를 사랑하는 유태인 청년 피터 역에는 나중에 뮤지컬영화 〈웨스트 사이드 스토리〉에서 토니 역으로 유명한 리처드 베이머가 출연했으며, 피터의 어머니역인 반단 여사로 등장한 셜리 윈터즈는 이 영화에서 탁월한 연기력을 인정받아 오스카 여우조연상을 수상했다.

- ★ – 개봉제목 | **흙**
- ★ – 제작연도 | **1960년**
- ★ – 개봉연도 | **1960년**
- ★ – 제작국 | **한국**
- ★ – 컬러 | **흑백**
- ★ – 러닝타임 | **100분**
- ★ – 주연 | **진규, 문정숙, 조미령, 박암**
- ★ – 감독 | **권영순**
- ★ – 음악 | **김성태**

| 감상포인트 |

권영순 감독이 연출한 이 영화는 계몽주의적 색채가 짙은 춘원 이광수의 동명소설을 각색한 작품이다.

1930년대 일제시대를 배경으로 허숭(김진규)이라는 지식인이 벌이는 농촌운동과 그를 둘러싸고 일어나는 세 여성과의 삼각관계 때문인지는 몰라도 원작보다 멜로드라마적인 요소가 부각되었다.

문정숙은 윤참판의 딸 정선 역으로, 조미령은 고향에 두고온 애인 유순 역을 맡고 있으며, 타이틀롤인 김진규는 물질만능적인 정선의 유혹을 뿌리치고 고향으로 내려가는 변호사 역을 잘 소화해낸다.

국도극장에서 개봉된 이 영화의 음악을 맡은 김성태는 1960년 아시아태평양 영화제에서 〈음악상〉을 수상했다.

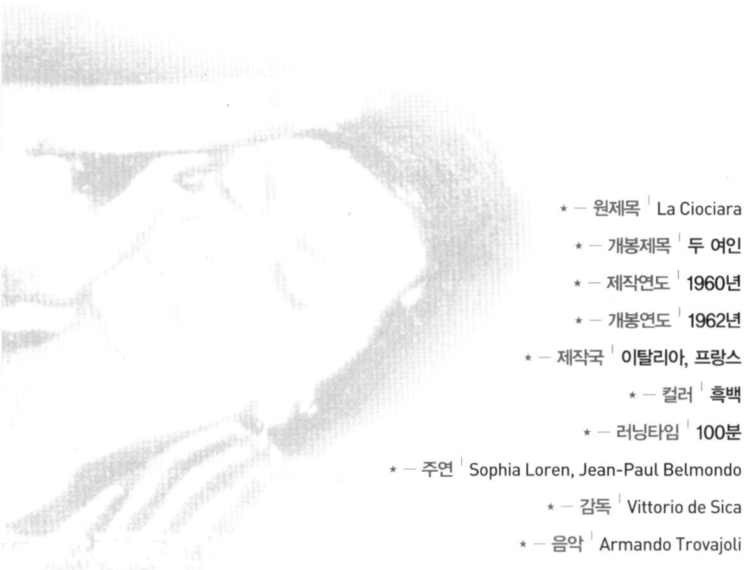

★ — 원제목 | La Ciociara

★ — 개봉제목 | 두 여인

★ — 제작연도 | 1960년

★ — 개봉연도 | 1962년

★ — 제작국 | 이탈리아, 프랑스

★ — 컬러 | 흑백

★ — 러닝타임 | 100분

★ — 주연 | Sophia Loren, Jean-Paul Belmondo

★ — 감독 | Vittorio de Sica

★ — 음악 | Armando Trovajoli

| 감상포인트 |

비토리오 데시카 감독이 연출한 이 영화는 제2차세계대전 당시 이탈리아를 배경으로 펼쳐지는 어느 모녀의 이야기를 그린 전쟁 드라마이다.

당시 스물여섯 살인 소피아 로렌은 자신의 나이보다 많은 30대로 분장하여 투박하고 강인한 젊은 어머니 세시라로 등장하는데, 신성한 교회 안에서 군인들에게 윤간당하는 장면을 매우 실감나게 연기한다. 국내 개봉 당시엔 이 윤간당하는 장면이 참혹하다는 이유로 삭제되기도 했다.

여기서 소피아 로렌은 탁월한 연기력으로 오스카와 칸 영화제의 〈여우주연상〉을 휩쓸었으며, 딸 로제타 역을 맡은 일리노어 브라운의 연기도 좋았다. 뿐만 아니라 세시라를 사랑하는 젊은 청년 미셸 역을 맡은 장 폴 벨몽도의 선량한 이미지의 연기도 이채롭다.

今年度 아카데미 最優秀主演女優賞受賞作品

TWO WOMEN
(LA CIOCIARA)

쏘피아·로렌

쟌·폴·벨몬드
라흐·봐로네
에레아노라·부라운

두女人

監督 빗토리오·데·시카

M-G-M 映画

■칸느映画祭女優演技賞受賞

■이태리銀리봉賞 ■로-마國際씨네마클럽最優秀女優賞受賞

大戰乱의怒濤속에서崎嶇한사랑에불타는男과女!
世紀의4大스타가아로새기는波乱의밤과낮!
監督 : 나나리·존스
THE ANGEL WORE RED
밤과 낮 사이
에봐·가드너
다크·보카드
빗토리오·데·시카
죠셉·코튼
世紀商事株式會社 特配

* — 원제목 | The Angel Wore Red
* — 개봉제목 | 밤과 낮 사이
* — 제작연도 | 1960년
* — 개봉연도 | 1961년
* — 제작국 | 이탈리아, 미국
* — 컬러 | 흑백
* — 러닝타임 | 99분
* — 주연 | Ava Gardner, Dirk Bogarde, Joseph Cotten
* — 감독 | Nunnally Johnson
* — 음악 | Bronislau Kaper

| 감상포인트 |

1960년 시나리오 작가 출신의 너나리 존슨 감독이 연출한 이 영화는 종교적인 색채가 강한 스페인 내전의 참상과 한 남녀의 비극적인 사랑을 그린 전쟁 드라마의 고전이다.

특종에만 목숨 거는 애꾸눈 미국인 기자 호돈(조셉 코튼)의 시선으로 진행되는 이 작품은 1936년 스페인의 참담한 상황을 배경으로 죽음을 무릅쓰고 절망과 맞서다 쫓기는 신부와 그와 만나 사랑하게 되는 창녀와의 만남 그리고 죽음을 근원적으로 담아낸다.

여기서 인민정부의 크레이브 사령관 역을 비토리오 데시카 감독이 맡고 있으며 이십대 창녀 솔레다드 역을 당시 서른여덟 살의 에바 가드너가 연기한다.

1961년 11월 대한극장에서 개봉되었다.

★ — 개봉제목 | **사랑방 손님과 어머니**

★ — DVD 출시제목 | **사랑방 손님과 어머니**

★ — 제작연도 | **1961년**

★ — 개봉연도 | **1961년**

★ — 제작국 | **한국**

★ — 컬러 | **흑백**

★ — 러닝타임 | **102분**

★ — 주연 | **최은희, 전영선, 김진규**

★ — 감독 | **신상옥**

★ — 음악 | **정윤주**

| 감상포인트 |

주요섭의 단편소설을 각색한 신상옥 감독의 이 영화는 제1회 대종상 영화제에서 〈감독상〉을 수상한 매우 의미있는 1960년대 문예영화의 걸작이다.

지금 봐도 한 선생(김진규)과 어머니(최은희)의 은근하고 절박한 사랑의 감정은 식모(도금봉)와 계란장수(김희갑)의 거리낌 없는 이야기와 대조를 이루면서 피아노의 음악이나 꽃 같은 소품으로 잘 전달된다. 두 사람 사이에서 천연덕스러운 행동을 보여주는 딸 옥희 역을 맡은 아역배우 전영선의 연기가 인상적이다.

명보극장에서 개봉되었다.

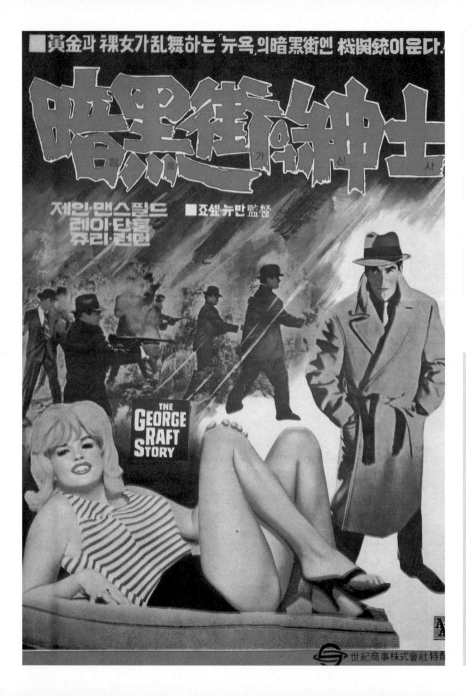

- 원제목 | The George Raft Story
- 개봉제목 | **암흑가의 신사**
- 제작연도 | **1961년**
- 개봉연도 | **1963년**
- 제작국 | **미국**
- 컬러 | **흑백**
- 러닝타임 | **106분**
- 주연 | Ray Danton, Jayne Mansfield, Julie London, Frank Gorshin
- 감독 | Joseph M. Newman
- 음악 | Jeff Alexander

| 감상포인트 |

조셉 M. 뉴먼 감독이 연출한 이 영화는 1930년대와 1940년대를 풍미했던 할리우드의 전설적인 배우 조지 래프트에 관한 전기 드라마이다.

춤을 잘 추는 댄서였고 말쑥한 옷차림과 갱스터식 라이프스타일을 즐겼던 조지 래프트 역을 훨씬 뽀족한 얼굴의 레이 단턴이 연기하고 있는데, 조지 래프트의 어머니가 세상을 떠난 후 그에게 버림받는 여배우 리사 랭 역은 제인 맨스필드가 맡았다.

이 영화는 당시 재정적인 문제 때문에 힘들어하던 조지 래프트가 자신의 라이프 스토리에 관한 판권을 팔게 되면서 제작된 작품이다.

★ — 개봉제목 | 마부

★ — 제작연도 | 1961년

★ — 개봉연도 | 1961년 국제극장

★ — 제작국 | 한국

★ — 컬러 | 흑백

★ — 러닝타임 | 97분

★ — 주연 | 김승호, 신영균, 황정순, 조미령

★ — 감독 | 강대진

★ — 음악 | 이인권

| 감상포인트 |

제11회 베를린 국제영화제에서 은곰상 심사위원특별상을 수상한 강대진 감독의 이 영화는 춘삼이라는 한 서민 가정의 가장을 중심으로 전근대사회에서 근대사회로 옮겨가던 시기에 당시 서울의 하층민들이 겪었던 고통과 좌절, 희망을 그리고 있다.

1960년대 초, 도시화되어 가는 서울 풍경 속에서 짐수레를 끄는 홀아비 춘삼(김승호)에게는 마부라는 직업이 더 이상 필요하지 않은 낡은 잔재이지만, 장남(신영균)이 고등고시에 합격하는 라스트신으로 이 영화는 새로운 희망을 제시한다.

큰딸로 등장하는 조미령과 작은딸로 등장하는 엄앵란, 가난한 마부 춘삼을 도우는 수원댁의 황정순을 비롯하여 타이틀롤을 맡은 김승호의 탁월한 연기는 세계 영화계를 빛나게 했다.

* — 개봉제목 | **고려장**
* — 제작연도 | **1963년**
* — 개봉연도 | **1963년**
* — 제작국 | **한국**
* — 러닝타임 | **110분**
* — 주연 | **김진규, 주증녀, 전옥, 김보애**
* — 감독 | **김기영**
* — 음악 | **한상기**

| 감상포인트 |

일흔 살이 되면 노인을 산에다 내다버리는 고려장 풍습이 있는 마을. 김기영 감독은 이 무속과 인간의 본능이 지배하는 가난한 마을을 배경으로, 한 남자의 다섯 번째 아내가 된 청상과부(주증녀)와 그녀의 아들 구령(김진규)의 이야기를 매우 그로테스크한 톤으로 연출한다.

이 영화는 한두 컷만을 제외하고는 거의 인공적인 세트에서 촬영했는데, 인간의 원초적 욕망을 전근대적으로 풀어내는 일종의 연극적 성격을 띤 작품이기도 하다.

★ — 개봉제목 | **동백아가씨**

★ — 제작연도 | **1964년**

★ — 개봉연도 | **1964년 을지극장**

★ — 제작국 | **한국**

★ — 러닝타임 | **미상**

★ — 주연 | **신성일, 엄앵란, 김승호**

★ — 감독 | **김기**

★ — 음악 | **김용환**

| 감상포인트 |

국민가수 이미자가 부르는 동명의 주제가로 더 유명한 1964년 김기 감독의 이 영화는 서울서 곤충채집하러 내려온 대학생을 사랑한 어느 불행한 섬처녀의 이야기를 그린 멜로드라마의 고전이다.

당시 유행하던 신분 차별과 물질 만능주의를 배경으로 한 대표적인 로맨스 영화로 신성일과 엄앵란 콤비의 연기에 힘입어서 흥행에 성공했다.

외국 유학을 다녀와 다른 여인과 살고 있는 신성일에게 아이를 넘겨주고 다시 섬으로 떠나는 엄앵란의 라스트신은 지금도 마음을 저리게 한다.

- 개봉제목 | **물레방아**
- 제작연도 | **1966년**
- 개봉연도 | **1966년 명보극장**
- 제작국 | **한국**
- 러닝타임 | **92분**
- 주연 | **신영균 고은아, 최남현, 허장강**
- 감독 | **이만희**
- 음악 | **전정근**

| 감상포인트 |

나도향의 동명소설을 각색하여 이만희 감독이 연출한 이 영화는 1956년 이강천 감독의 영화 이후에 10년만에 제작된 문예영화의 고전이다.

탈춤이나 씨름대회 같은 토속적인 미장센으로 시작되면서 떠돌이 방원(신영균)이가 과부 금분(고은아)이를 만나 결혼하고, 신첨지(최남현)에게 농락당해 살인을 하게 되는 과정들이 매우 기묘하고 탐미적이다. 특히 우리의 판소리와 국악을 이용한 전정근의 영화음악은 물론 서정민 촬영감독의 트랙 및 페닝 촬영이 이 영화의 전통적인 이미지를 매우 아름답게 그려낸다.

이 작품으로 데뷔한 시나리오 작가 백결은 나도향의 원작에서 최소한의 모티브만 차용하여 당시로서는 수위가 높은 독창적인 에로티시즘을 선보였다.

- ⋆ – 원제목 | Belle de Jour
- ⋆ – 개봉제목 | **세브리느**
- ⋆ – DVD 출시제목 | **세브리느**
- ⋆ – 제작연도 | **1967년**
- ⋆ – 개봉연도 | **1971년**
- ⋆ – 제작국 | **프랑스, 이탈리아**
- ⋆ – 컬러 | **컬러**
- ⋆ – 러닝타임 | **101분**
- ⋆ – 주연 | Catherine Deneuve, Jean Sorel, Michel Piccoli
- ⋆ – 감독 | Luis Bunuel

| 감상포인트 |

유복한 중산층의 가정주부 세브리느 세리지가 권태로운 일상에서 뭔가 벗어나려는 생각에 남편 친구로부터 고급 요정을 소개받아 들락거린다. 여기서 삼류 포르노 영화에서나 볼 수 있는 피학적인 성적 환상을 통하여 세브리느는 정신적인 안정감을 찾아가는데, 루이스 브뉘엘 감독은 발가벗겨진 세브리느의 나체 앞에서 관객의 관심을 끄는 섹스보다는 순수한 에로티시즘을 탐색한다.

타이틀롤인 카트리느 드뇌브는 세브리느 역을 맡아 청초한 아름다움을 자랑하며 성적인 남성 판타지를 유혹하고, 그녀를 따라 움직이는 카메라 앵글은 현대인의 방황과 고독을 엿보게 한다.

극 중에서 카트리느 드뇌브가 입고 나오는 의상은 패션 디자이너 이브 생 로랑이 디자인했다.

국내 개봉 당시 에로틱한 포스터만 보고 극장을 찾은 관객들이 큰 낭패를 봤다는 뒷얘기도 있다.

- 원제목 | The 25th Hour
- 개봉제목 | 25시
- DVD 출시제목 | 25시
- 제작연도 | 1967년
- 개봉연도 | 1968년
- 제작국 | 프랑스, 이탈리아, 유고슬라비아
- 컬러 | 컬러
- 러닝타임 | 130분
- 주연 | Anthony Quinn, Virna Lisi, Gregoire Aslan
- 감독 | Henri Verneuil
- 음악 | Georges Delerue, Maurice Jarre

| 감상포인트 |

1967년 앙리 베르우이유 감독이 연출한 이 영화는 콘스탄트 비르질 게오르규의 동명 소설을 각색한 작품으로 인간의 권리가 묵살당한 절망의 시간 '25시'를 풍자한다.

제2차세계대전을 배경으로 8년 동안 가족들과 헤어져 자신의 의지대로 살지 못한 요한 모리츠(앤서니 퀸)가 뜻하지 않은 수용소 생활을 하다가 탈출하기도 하고, 스파이 혐의를 받아 독일로 끌려가 뮐러 대령의 눈에 띄어 선전용 친위대원으로 영웅이 되는 장면들은 매우 충격적이며 사실적이다.

남편에게 보낸 8년 동안의 편지 기록으로 남편을 석방시키는 아내 수잔나 역을 맡은 비르나 리지의 연기도 좋았지만, 파란만장한 요한 모리츠의 인생을 그려낸 앤서니 퀸의 탁월한 연기가 감동을 준다.

★ — 개봉제목 | 꿈

★ — 제작연도 | 1967년

★ — 개봉연도 | 1967년 국도극장

★ — 제작국 | 한국

★ — 컬러 | 컬러

★ — 러닝타임 | 91분

★ — 주연 | 신영균, 김혜정, 양훈

★ — 감독 | 신상옥

★ — 음악 | 정윤주

| 감상포인트 |

1955년에 발표한 자신의 작품을 또다시 리메이크한 신상옥 감독의 종교 드라마이다.

세속의 모든 것을 잊고 살아가던 낙산사의 승려 조신(신영균)이 어느 날 산 중에서 만난 태수의 딸 월례(김혜정)를 사랑하게 되면서 그녀와 야반도주하여 심산유곡에서 아이를 낳고 농사를 지으며 살아간다.

여기서 신상옥 감독은 조신이 벌이는 속세의 일들은 모두 인간의 탐욕에서 비롯된 것이며, 월례의 정혼자 모례(방수일)에게 붙잡히는 라스트신을 통하여 지금까지의 모든 이야기는 불당 안에서 꾼 조신의 헛된 꿈이란 걸 밝힌다.

1990년 배창호 감독은 안성기와 황신혜를 기용하여 이 영화를 세 번째로 리메이크했다.

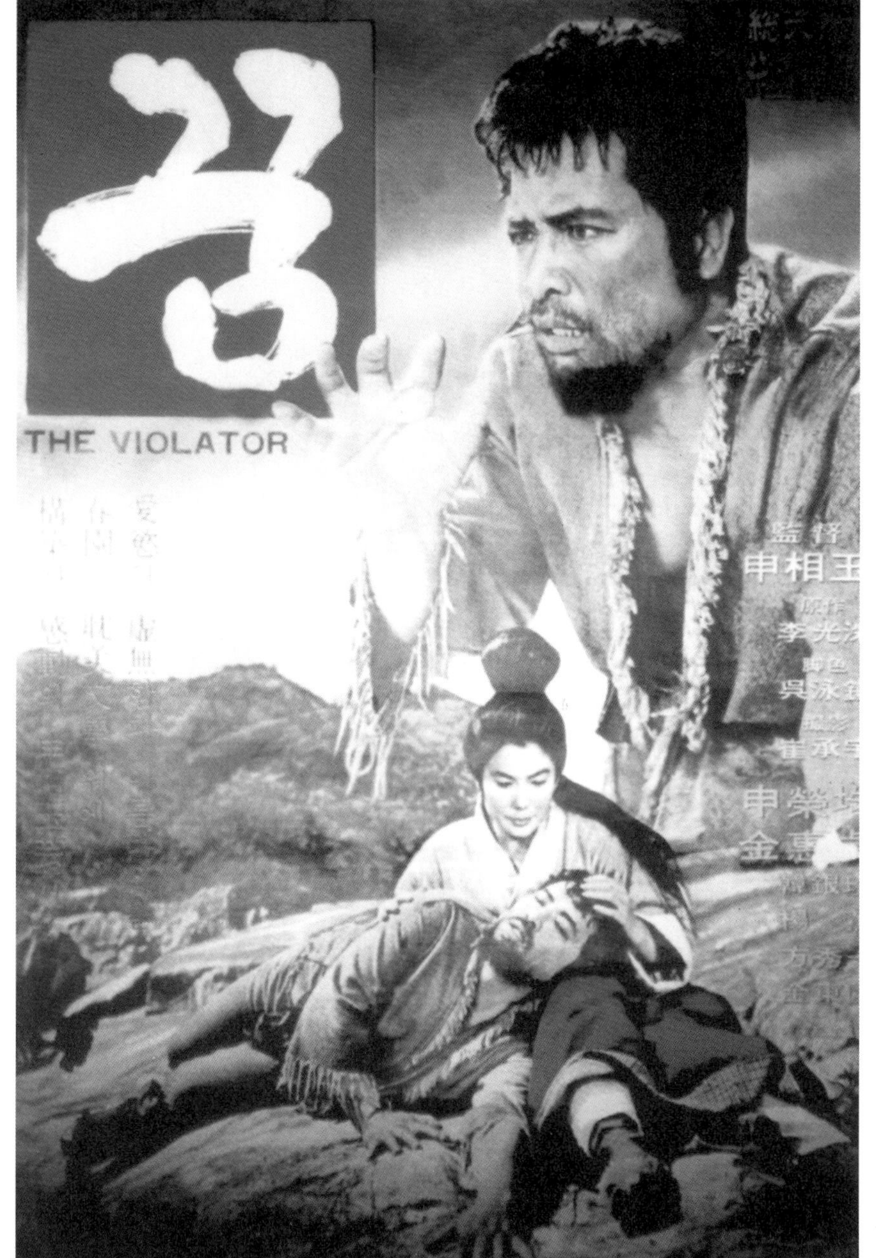

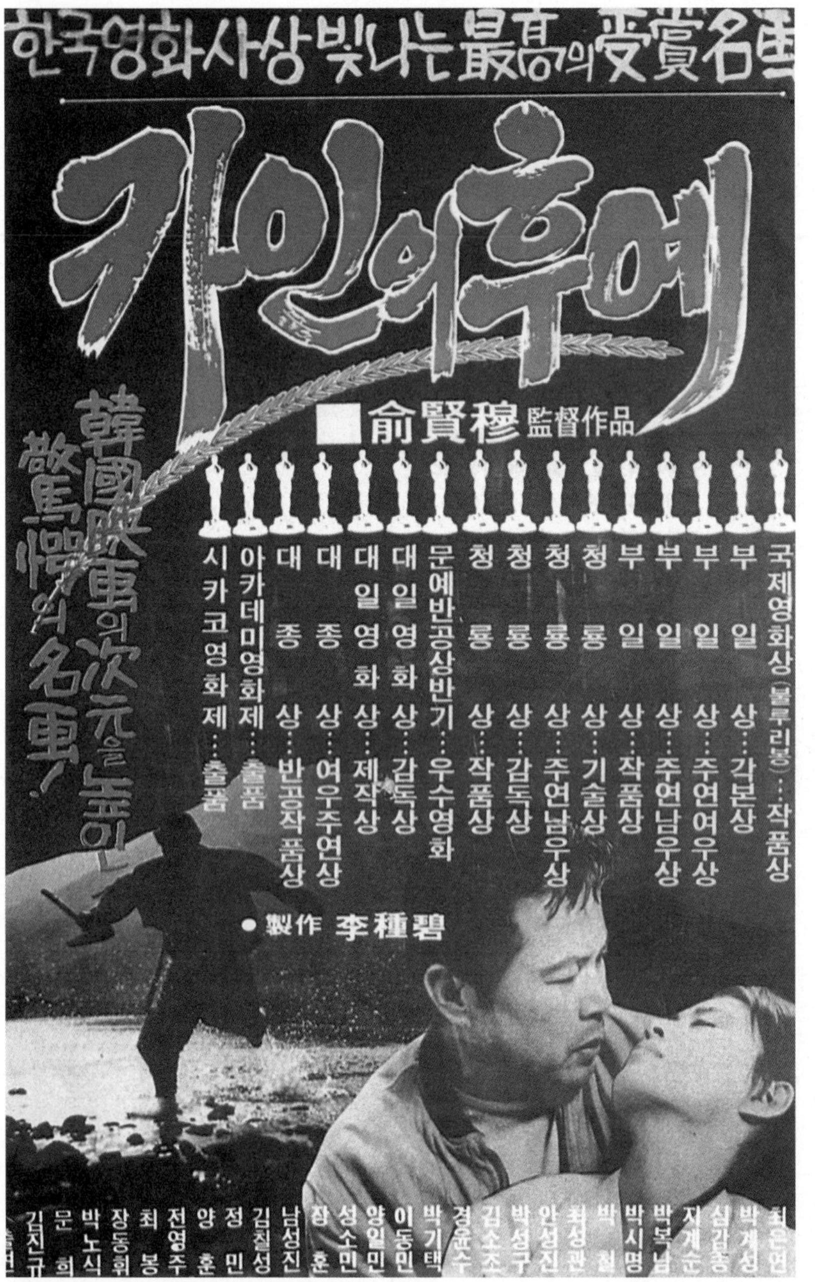

- ★ — 개봉제목 | **카인의 후예**
- ★ — 제작연도 | **1968년**
- ★ — 개봉연도 | **1968년 명보극장**
- ★ — 제작국 | **한국**
- ★ — 러닝타임 | **87분**
- ★ — 주연 | **김진규, 문희, 장동휘, 박노식**
- ★ — 감독 | **유현목**
- ★ — 음악 | **김동진**

| 감상포인트 |

1968년 황순원의 장편소설을 각색한 유현목 감독의 이 영화는 해방 후 북한의 혼란한 사회상을 그린 사회 드라마의 고전이다.

1945년 8월 15일 해방이 되자 북한 땅이 공산화가 되면서 토지개혁과 재산몰수 등 전통적인 사회 구조가 붕괴되는데, 어학교사 박훈(김진규)이 애인 오장녀(문희)와 함께 자유를 찾아 38선을 넘는다.

공산당의 앞잡이가 되어 농민들을 괴롭히는 도섭영감 역의 박노식의 연기도 좋았지만 이 영화로 대종상 〈여우주연상〉을 수상한 문희의 연기는 단연 하이라이트를 이룬다.

- 개봉제목 | 사랑은 눈물의 씨앗
- 제작연도 | 1969년
- 개봉연도 | 1969년 동아극장
- 제작국 | 한국
- 컬러 | 컬러
- 러닝타임 | 미상
- 주연 | 윤정희, 남궁원, 최인숙, 최무룡
- 감독 | 고영남
- 음악 | 이봉조

| 감상포인트 |

당시 윤정희의 인기에 힘입어 제작된 고영남 감독의 여성드라마의 고전으로 한국전쟁을 배경으로 일어난 세 사람의 운명을 그린다.

혜숙(윤정희)은 사랑하는 애인 민우의 전사 통지를 받고 상철과 결혼하지만 그가 죽지 않은 사실을 알고나서 민우의 아이를 돌려주기로 한다.

여기서 당시 나훈아의 히트곡에서 제목을 인용한 것처럼 사랑의 씨앗이란 혜숙과 민우 사이에서 태어난 민숙을 말한다. 음악은 가요에 재즈를 접목한 이봉조가 맡았다.

사랑은 눈물의 씨앗

컬러作品

CinemaScope

高英男監督作品

尹靜姬/崔戊龍/南宮遠

- ★ — 개봉제목 | **수학여행**
- ★ — 제작연도 | **1969년**
- ★ — 개봉연도 | **1969년 명보극장**
- ★ — 제작국 | **한국**
- ★ — 컬러 | **컬러**
- ★ — 러닝타임 | **115분**
- ★ — 주연 | **구봉서, 문희, 황해, 장동휘**
- ★ — 감독 | **유현목**
- ★ — 음악 | **김동진**

| 감상포인트 |

당시 한국일보에 〈낙도 어린이의 소라의 꿈〉이라는 기사로 소개된 선유도 어린이들의 실화를 바탕으로 한 작품으로 섬 어린이들의 문화 충격을 다양한 에피소드를 곁들여 연출한 유현목 감독의 리얼리즘 경향이 강한 사회 드라마이다.

선유도 시골 분교의 김 선생(구봉서)이 도시라고는 한 번도 구경한 적이 없는 아이들을 데리고 서울로 수학여행을 갔을 때 사범학교 동창 교사(황해)와 함께 하룻밤을 지내는 장면과 창경원이며 TV 방송국과 남산을 차례로 구경하는 장면에 진한 노스탤지어마저 느끼게 한다.

제4회 테헤란 국제 아동영화제 작품상을 수상한 이 영화의 아역 배우들은 모두 신문 모집 공고를 통해 선발했으며 제6회 청룡영화제에서는 아역배우들 모두 특별상을 수상했다.

★ — 개봉제목 | **분례기**

★ — 제작연도 | **1971년**

★ — 개봉연도 | **1971년**

★ — 제작국 | **한국**

★ — 컬러 | **컬러**

★ — 러닝타임 | **102분**

★ — 주연 | **윤정희, 이순재, 허장강**

★ — 감독 | **유현목**

★ — 음악 | **김희조**

| 감상포인트 |

뛰어난 연기로 제10회 대종상 영화제에서 〈여우주연상〉을 수상한 윤정희 주연의 문예영화로, 밑바닥 인생을 살아가는 한 여인의 파란만장한 삶을 조명한다.

가난한 집안의 장녀 분례(윤정희)가 읍내에서 술집을 하는 주모 노랑녀(사미자)의 며느리로 팔려 가면서 그 집에서 겪게 되는 이야기를 통하여 유현목 감독은 한국 전통사회의 관습과 성윤리에 관한 모순을 풍자한다.

여기서 분례의 노름꾼 남편 영철 역을 이순재가 연기하고 있고, 작가 방영웅은 자신의 원작소설을 직접 각색했다. 이 영화는 당시 내용이 너무 어둡다는 이유로 당국으로부터 해외 영화제 출품금지는 물론 수출마저 금지당했다.

- ★ — 원제목 | Deux Hommes Dans La Ville
- ★ — 개봉제목 | **암흑가의 두 사람**
- ★ — DVD 출시제목 | **암흑가의 두 사람**
- ★ — 제작연도 | **1973년**
- ★ — 개봉연도 | **1974년 7월**
- ★ — 제작국 | **프랑스, 이탈리아**
- ★ — 컬러 | **컬러**
- ★ — 러닝타임 | **90분**
- ★ — 주연 | Jean Gabin, Alain Delon
- ★ — 감독 | Jose Giovanni
- ★ — 음악 | Philippe Sarde

| 감상포인트 |

1974년 7월 중앙극장에서 개봉된 호세 조반니 감독의 이 영화는 사형제도라는 모순점에 대해 프랑스의 단두대 사형을 꼬집은 사회성 짙은 휴먼드라마이다.

장 가방이 연기하는 보호감찰관 제르맹은 12년 동안의 감옥생활을 마치고 출감한 지노(알랭 들롱)를 물심양면으로 도와주려고 하지만, 옛 친구들이 범죄를 부추기는 불행한 일들이 생겨나자 지노는 얼떨결에 자신에게 혐의를 씌우려는 경찰을 살해하게 된다.

새사람이 되려고 했던 지노가 살인자가 되어 사형장 안으로 걸어가던 그 라스트신의 눈빛은 오랫동안 알랭 들롱의 명연기로 각인되었으며, 이 영화가 개봉되고 4년 후에 프랑스에서는 단두대가 사라졌다.

★ — 개봉제목 | **토지**

★ — 제작연도 | **1974년**

★ — 개봉연도 | **1974년**

★ — 제작국 | **한국**

★ — 컬러 | **컬러**

★ — 러닝타임 | **130분**

★ — 주연 | **김지미, 이순재, 허장강, 김희라**

★ — 감독 | **김수용**

★ — 음악 | **정윤주**

| 감상포인트 |

데뷔 17년 만에 대종상영화제에서 〈여우주연상〉을 수상한 김지미 주연의 대하드라마이며, 파나마 국제영화제에서 〈여우주연상〉을 수상하며 김지미의 제2의 연기 시대를 열었다.

1890년대 경남 하동을 배경으로 만석지기 부호 최참판 집안의 흥망성쇠를 그렸으며, 최참판 집안의 유일한 상속녀 서희가 북간도로 떠나는 박경리 원작의 대하소설 1부만 각색했다.

1974년 11월 23일 국도극장 단일관에서 개봉한 이 영화는 김수용 감독의 연출적인 입지를 다졌으며, 최남현, 황해, 최성호, 주증녀, 도금봉 등 베테랑 연기자들도 대거 출연했다.

- ★ – 개봉제목 | **별들의 고향**
- ★ – 제작연도 | **1974년**
- ★ – 개봉연도 | **1974년**
- ★ – 제작국 | **한국**
- ★ – 컬러 | **컬러**
- ★ – 러닝타임 | **105분**
- ★ – 주연 | **안인숙, 신성일, 윤일봉, 하용수**
- ★ – 감독 | **이장호**
- ★ – 음악 | **이장희**

| **감상포인트** |

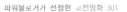

1974년 국내 개봉 당시 46만 명이라는 최대의 관객 동원을 한 이장호 감독의 데뷔작으로, 맑고 순수한 여자 경아가 한 남자에게 버림을 받으면서 점점 타락한 뒤 홍등가의 여자로 파멸되어 가는 과정을 그린 사회 문제작이다.

경아 역을 맡은 안인숙의 호연과 더불어 음악 작곡을 한 이장희의 사운드트랙은 가히 일품이며, 오리지널 스코어를 비롯한 주제가와 삽입곡들이 작곡되어 연출된 이 영화의 OST는 국내 최초라고 볼 수 있다.

이장희가 직접 부른 〈한 소녀가 울고 있네〉, 〈한 잔의 추억〉, 윤시내가 부른 〈난 열아홉 살이에요〉는 그 당시 대단한 히트넘버를 기록했다.

* — 원제목 | Le Vieux Fusil
* — 개봉제목 | **추상**
* — DVD 출시제목 | **추상**
* — 제작연도 | **1975년**
* — 개봉연도 | **1976년**
* — 제작국 | **프랑스, 서독**
* — 컬러 | **컬러**
* — 러닝타임 | **103분**
* — 주연 | Philippe Noiret, Romy Schneider
* — 감독 | Robert Enrico
* — 음악 | Francois de Roubaix

| 감상포인트 |

우리에게 알랭 들롱 주연의 〈대모험〉으로 잘 알려진 로베르 앙리코 감독이 연출한 이 전쟁영화는 독일군에게 처자식을 잃은 한 남자의 처절한 복수극이다.

제2차세계대전이 끝나갈 무렵, 프랑스의 어느 작은 마을에 독일군이 주둔하면서 평화로운 마을 주민들을 무자비하게 학살하는데, 이 비극적인 만행을 목격한 의사 줄리앙(필립 느와레)은 오래된 산탄총을 꺼내 독일군들을 한 명 한 명씩 처단해 간다.

여기서 아내 클라라 역을 맡은 로미 슈나이더는 남편 줄리앙이 회상하는 플래시백에 여전히 아름다움을 과시하며 그들의 행복했던 순간들을 연기한다.

- ★ – 개봉제목 | **삼포 가는 길**
- ★ – 제작연도 | **1975년**
- ★ – 개봉연도 | **1975년 국도극장**
- ★ – 제작국 | **한국**
- ★ – 컬러 | **컬러**
- ★ – 러닝타임 | **95분**
- ★ – 주연 | **문숙, 김진규, 백일섭**
- ★ – 감독 | **이만희**
- ★ – 음악 | **최창권**

| 감상포인트 |

포스트 프로덕션 중의 하나인 녹음작업을 하다가 마흔다섯 살의 나이로 세상을 떠난 이만희 감독이 마지막으로 연출한 유작이다.

형기를 마치고 나온 중년의 정씨(김진규)가 노동일을 하는 떠돌이 청년 영달(백일섭)과 읍내 식당에서 도망쳐 나온 접대부 백화(문숙)와 우연히 만나 그들과 함께 십여 년 만에 남쪽의 고향마을 삼포를 찾아가는 여정이 이 영화의 줄거리를 이룬다.

서로 다투고 뒹굴기도 하며 한없이 걸어가면서 세 사람은 서로의 따뜻한 마음으로 소외된 자신의 운명들을 치유하고 화해하는데, 이 영화는 인생을 바라보는 이만희 감독의 깊은 시선을 느끼게 하는 로드무비의 걸작이다.

- ★ — 개봉제목 | **불꽃**
- ★ — 제작연도 | **1975년**
- ★ — 개봉연도 | **1975년 단성사**
- ★ — 제작국 | **한국**
- ★ — 컬러 | **컬러**
- ★ — 러닝타임 | **95분**
- ★ — 주연 | **하명중, 김진규, 고은아**
- ★ — 감독 | **유현목**
- ★ — 음악 | **한상기**

| 감상포인트 |

타이틀롤인 하명중이 장총을 들고 충혈된 눈으로 산으로 향해 달리는 장면으로 시작되는 이 영화는 일제시대에서 한국전쟁에 이르기까지 한국의 근대사를 다룬 휴먼드라마의 걸작이다.

쌀장수를 하며 재산을 모은 혹부리영감(김진규)의 집안을 배경으로 청상과부로 수절하는 며느리(고은아)와 손자 현(하명중)의 이야기가 중심을 이루는데, 남북 이데올로기를 놓고 벌이는 조국을 위한 불꽃 같은 정의로움을 유현목 감독은 빼어난 영상과 현재와 과거를 넘나드는 플래시백 편집 기술로 연출한다.

이 영화는 제14회 대종상 영화제에서 〈최우수 작품상〉을 비롯하여 하명중이 수상한 〈남우주연상〉과 〈미술상〉, 〈조명상〉을 수상했다.

- 원제목 | Mandingo
- 개봉제목 | **만딩고**
- DVD 출시제목 | **맨딩고**
- 제작연도 | **1975년**
- 개봉연도 | **1979년**
- 제작국 | **미국**
- 컬러 | **컬러**
- 러닝타임 | **127분**
- 주연 | James Mason, Susan George, Perry King
- 감독 | Richard Freischer
- 음악 | Maurice Jarre

| 감상포인트 |

1975년 리처드 플레이셔 감독이 카일 온스토트의 원작소설을 각색 연출한 이 충격적인 액션 드라마는 백인들의 노예제도에 대한 문제를 정면으로 고발한 화제작이다.

제임스 메이슨은 1830년대 미국 남부에 있는 거대한 농장주 웨렌 맥스웰로 등장하여 그의 외아들 해먼드(페리 킹)와 며느리 블랑쉬(수잔 조지), 그가 이끌고 사는 흑인 노예들과의 관계를 통하여 비극적인 인생을 마감하는 지독한 인종차별주의자의 캐릭터를 연기한다.

비극의 불씨가 되는 흑인 노예 메데 역을 세계 헤비급 챔피언을 지낸 켄 노턴이 열연했는데, 1979년 국내 개봉 당시 잔인하고 성적인 장면들이 많아 일정 부분 삭제가 된 채 상영되었다.

만딩고족은 아프리카 서부 말리공화국과 그 주변에 사는 흑인계 종족을 뜻한다.

★ — 원제목 | Comme un Boomerang

★ — 개봉제목 | 부메랑

★ — 제작연도 | 1976년

★ — 개봉연도 | 1977년

★ — 제작국 | 프랑스, 이탈리아

★ — 컬러 | 컬러

★ — 러닝타임 | 100분

★ — 주연 | Alain Delon, Carla Gravina, Dora Doll

★ — 감독 | Jose Giovanni

★ — 음악 | Georges Delerue

| 감상포인트 |

알랭 들롱이 시나리오까지 쓰고 출연한 그의 후기작인 이 영화는 경찰관을 살해한 아들을 구하기 위해 노력하는 아버지의 맹목적인 사랑을 그린 범죄 드라마이다.

아들 에디(루이 줄리앙)가 불량아들과 어울리다가 실수로 경찰관을 살해하자 아버지 자크(알랭 들롱)는 변호사를 선임하여 구하려고 하지만 언론은 자크의 어두운 과거를 폭로한다.

영화의 제목처럼 아버지가 불행한 과거로 되돌아간다는 부자지간의 '업'을 다루고 있는 이 작품의 연출은 〈루지탕〉과 〈암흑가의 두 사람〉으로 잘 알려진 조세 조반니 감독이 맡았다.

- ★ – 원제목 | Rocky
- ★ – 개봉제목 | **록키**
- ★ – DVD 출시제목 | **록키**
- ★ – 제작연도 | **1976년**
- ★ – 개봉연도 | **1977년**
- ★ – 제작국 | **미국**
- ★ – 컬러 | **컬러**
- ★ – 러닝타임 | **119분**
- ★ – 주연 | Sylvester Stallone, Talia Shire, Burt Young
- ★ – 감독 | John G. Avildsen
- ★ – 음악 | Bill Conti

| 감상포인트 |

시나리오를 직접 쓰고 주연을 한 실베스터 스탤론의 〈록키 시리즈〉 중에서 가장 완성도 높은 작품이며, 복싱 경기를 통해서 인류 불멸의 사랑과 한 남자의 꿈 그리고 그 역경을 극복해 나가는 용기를 보여준 스포츠 드라마의 걸작이다.

4회전 복서로 근근이 살아가던 청년 록키 발보아(실베스터 스탤론)가 애완동물 가게의 여점원 애드리언(탤리아 샤이어)과 나누는 사랑은 매우 순수하기만 하고, 비록 판정패했지만 세계 챔피언 아폴론과 벌이는 록키의 라스트신은 매우 감동적이다.

연출자 존 G. 아빌드센은 이 영화로 오스카 감독상을 수상했으며 빌 콘티가 작곡한 주제곡 〈GONNA FLY NOW〉는 지금도 애청되는 영화음악 중의 하나이다.

★ — 원제목 | Looking for Mr. Goodbar

★ — 개봉제목 | **미스터 굿 바를 찾아서**

★ — 제작연도 | **1977년**

★ — 개봉연도 | **1984년**

★ — 제작국 | **미국**

★ — 컬러 | **컬러**

★ — 러닝타임 | **135분**

★ — 주연 | Diane Keaton, Tuesday Weld, Richard Gere, Tom Berenger

★ — 감독 | Richard Brooks

| 감상포인트 |

다이안 키튼이 연기하는 테레사 던은 농아학교 강사로 답답한 분위기에서 벗어나기 위해 밤마다 술집을 전전하며 멋있는 남자를 찾아다닌다.

우연히 만난 토니(리처드 기어)의 진실하지 못한 태도에 회의를 느낀 테레사가 느닷없이 집으로 끌어들인 건달 게리(톰 베린저)에게 살해당하는 라스트신은 너무도 충격적이다.

1973년 뉴욕에서 실제로 있었던 사건을 토대로 쓴 주디스 로스너의 동명의 문제작을 각색한 드라마는 늘 사회문제작만 연출하는 리처드 브룩스 감독의 후기작이다.

- 원제목 | The Greek Tycoon
- 개봉제목 | 그릭 타이쿤
- 제작연도 | 1978년
- 개봉연도 | 1979년
- 제작국 | 미국
- 컬러 | 컬러
- 러닝타임 | 107분
- 주연 | Anthony Quinn, Jacqueline Bisset
- 감독 | J. Lee Thompson
- 음악 | Stanley Myers

| 감상포인트 |

1980년에 개봉된 J. 리 톰슨 감독의 이 영화는 그리스의 선박왕 오나시스(앤서니 퀸)와 미국의 퍼스트 레이디였던 재클린 케네디(재클린 비세트)와의 사랑을 다룬 멜로드라마이다.

존 F. 케네디가 대통령이 되기 전부터 이미 서로의 사랑을 느낀 오나시스와 재클린의 이야기와 평범하지 않은 두 사람의 결혼 스캔들, 오나시스의 아들의 죽음 등 인간의 외로움과 운명을 앤서니 퀸의 탁월한 연기에 힘입어 잘 그려낸다. 영화 속의 캐릭터들은 실명을 사용하지 않았고 케네디의 암살 장면도 해변으로 설정하여 실화적인 이미지만 각색했다.

- 원제목 | The Champ
- 개봉제목 | 챔프
- 제작연도 | 1979년
- 개봉연도 | 1979년 중앙극장
- 제작국 | 미국
- 컬러 | 컬러
- 러닝타임 | 121분
- 주연 | Jon Voight, Faye Dunaway, Rick Schroder
- 감독 | Franco Zeffirelli
- 음악 | Dave Grusin

| 감상포인트 |

〈로미오와 줄리엣〉의 프랑코 제피렐리 감독이 7년만에 메가폰을 잡은 이 영화는 부성 신파극 장르를 정면으로 다룬 모성 멜로드라마의 화제작이다.

술과 노름에 빠져 방탕한 생활을 하는 전 챔피언 복서 빌리(존 보이트)와 그를 '챔프'라고 부르며 아빠를 하늘처럼 사랑하는 어린 아들 TJ(리키 슈로더)가 집 나간 지 7년 만에 성공한 엄마 애니(페이 더나웨이)와 재회해서 이 세 가족이 벌이는 센티멘털 감성은 관객들의 눈물샘을 질펀하게 자극한다.

1931년 킹 비더의 연출로, 1953년 로버트 Z. 레너드의 연출에 의해서 이미 두 번이나 만들어진 이 영화의 하이라이트는 대본 없이 즉흥 연기로 관객들을 마구 울리는 아역배우 리키 슈로더의 눈물 연기인데, 선수대기실 안에서 '챔프'가 죽어갈 때 오열하는 라스트신은 오랫동안 이 영화를 기억하게 하는 명장면이다.

1979년 9월 국내 개봉 당시 중앙극장에서 8분이나 삭제되어 상영되었다.

- ★ — 원제목 | Hanover Street
- ★ — 개봉제목 | **하노버 스트리트**
- ★ — DVD 출시제목 | **하노버 스트리트**
- ★ — 제작연도 | **1979년**
- ★ — 개봉연도 | **1979년 12월**
- ★ — 제작국 | **영국**
- ★ — 컬러 | **컬러**
- ★ — 러닝타임 | **109분**
- ★ — 주연 | Harrison Ford, Lesley-Anne Down, Christopher Plummer
- ★ — 감독 | Peter Hyams
- ★ — 음악 | John Barry

| 감상포인트 |

제2차세계대전이 한창이던 영국 런던의 하노버 스트리트에서 우연히 만나 사랑에 빠지는 두 커플의 아름다운 이야기를 그린 전쟁 드라마이다.

해리슨 포드가 연기하는 미군 조종사 데이비드 할로란 중위가 남편이 있는 간호장교인 마가레트 셀린저(레슬리 앤 다운)를 사랑하면서 총상 입은 그녀의 남편 폴 셀린저 대위를 구하는 후반부는 묘한 기분을 자아낸다.

여기서 뮤지컬영화 〈사운드 오브 뮤직〉에서 트랩 대령 역을 맡았던 크리스토퍼 플러머가 남편 폴 셀린저 대위를 연기한다.

★ — 개봉제목 | **장마**

★ — 제작연도 | **1979년**

★ — 개봉연도 | **1979년**

★ — 제작국 | **한국**

★ — 컬러 | **컬러**

★ — 러닝타임 | **114분**

★ — 주연 | **황정순, 이대근, 김신재, 김석훈**

★ — 감독 | **유현목**

★ — 음악 | **한상기**

| 감상포인트 |

유현목 감독이 윤흥길의 원작소설을 각색하여 연출한 이 영화는 남과 북의 이데올로기 때문에 생겨난 한 가족의 갈등과 충돌을 다룬 휴먼 드라마이다.

한국전쟁 때 죽은 동만의 친삼촌(빨치산)과 외삼촌(국군)의 이데올로기를 놓고 동만의 친할머니(김신재)와 외할머니(황정순)는 서로 분열과 갈등으로 대립하게 되는데, 여기서 유현목 감독은 민족 고유의 토속적 샤머니즘을 통하여 인간의 화해를 이끌어낸다.

피붙이로서 어느 편에도 설 수 없는 손자 동만의 시선으로 진행되는 이 영화에서 이대근은 친삼촌 김순철 역을 맡아 질펀한 연기를 펼친다. 유영길 촬영감독은 이 영화로 제18회 대종상 영화제에서 〈촬영상〉을 수상했다.

- 원제목 | Die Blechtrommel
- 개봉제목 | **양철북**
- DVD 출시제목 | **양철북**
- 제작연도 | **1979년**
- 개봉연도 | **1988년 5월 국도극장**
- 제작국 | **독일, 프랑스, 폴란드, 유고슬라비아**
- 컬러 | **컬러, 흑백**
- 러닝타임 | **142분**
- 주연 | Mario Adorf, Angela Winkler, David Bennent
- 감독 | Volker Schlondorff
- 음악 | Maurice Jarre

| 감상포인트 |

외조모 안나로부터 비롯되어 사촌 얀과 불륜을 저지르는 어머니 아그네스에게서 태어난 오스카는 자신의 출생부터가 모호하기 짝이 없는데, 폴커 슐렌도르프 감독은 이런 성장을 멈춘 소년의 시점을 통하여 환상과 현실을 넘나드는 동화 같은 판타지를 선보인다.

한가로운 감자밭 풍경이나 구역질나는 바다 장어요리, 난쟁이 마술사와 보내는 위문공연과 난생 처음 사랑한 라구나 – 난쟁이 여인 – 의 죽음 등에서 탐미적인 촬영이 돋보인다. 모리스 자르의 음악과 장난감 가게 유태인 마르커스 역을 맡은 프랑스의 샤르르 아즈나부르의 출연은 이채롭기만 하다.

아카데미 영화제 '외국어영화상'과 칸 영화제 '황금종려상'을 수상한 이 작품은 일그러진 독일의 한 시대를 반영한 매우 풍자적인 판타지이다.

| 4부 | 전쟁(에픽)

- ★ — 원제목 ˡ Gone with the Wind
- ★ — 개봉제목 ˡ **바람과 함께 사라지다**
- ★ — DVD 출시제목 ˡ **바람과 함께 사라지다**
- ★ — 제작연도 ˡ **1939년**
- ★ — 개봉연도 ˡ **1955년** | **1972년**(재개봉)
- ★ — 제작국 ˡ **미국**
- ★ — 컬러 ˡ **컬러**
- ★ — 러닝타임 ˡ **238분**
- ★ — 주연 ˡ Clark Gable, Vivien Leigh
- ★ — 감독 ˡ Victor Fleming
- ★ — 음악 ˡ Max Steiner

| 감상포인트 |

마거리트 미첼의 대하소설을 각색하여 빅터 플레밍 감독이 연출한 이 불멸의 고전은 맥스 스타이너의 음악만큼이나 많은 감동을 준 명작이다.

클라크 게이블이 연기하는 레트 버틀러는 오랫동안 간직해 온 애실리 윌크스(레슬리 하워드)에 대한 스칼렛 오하라(비비앤 리)의 사랑이 단지 잘못된 사랑의 환상에 지나지 않았다는 걸 그녀가 깨닫는 바로 그 순간에 그녀를 버림으로써 결정적으로 아픔을 맛보게 하는 존재가 된다.

재개봉될 때마다 늘 관객 동원을 했으며, 타이틀롤인 비비앤 리가 노을 지는 타라농장에서 상처를 딛고 일어서는 라스트신은 지금도 잊지 못할 명장면이다.

★ – 원제목 | Sahara

★ – 개봉제목 | **사하라 전차대**

★ – DVD 출시제목 | **사하라**

★ – 제작연도 | **1943년**

★ – 개봉연도 | **1954년 | 1966년**(재개봉)

★ – 제작국 | **미국**

★ – 컬러 | **흑백**

★ – 러닝타임 | **97분**

★ – 주연 | Humphrey Bogart, Bruce Bennett

★ – 감독 | Zoltan Korda

★ – 음악 | Miklos Rozsa

| 감상포인트 |

험프리 보가트가 연기하는 조 건은 노련하고 경험 많은 미군 상사이다. 제2차세계대전 당시 독일군과의 치열한 사하라 사막 전투에서 살아 남게 되자 세 명의 미군병사와 함께 탱크를 타고 남쪽으로 퇴각한다.

1943년 졸탄 코르다 감독이 연출한 이 영화는 탱크 한 대에 올라탄 열한 명의 연합군 병사가 물을 찾아 사막을 헤매는 이야기가 그 골격을 이루는데, 후반부에 아홉 명의 연합군 병사가 진지를 구축하고 독일군들과 접전을 벌이는 장면은 정말 볼만하다.

영화의 개봉 제목처럼 대전차 군단이 등장하는 대형 전투 장면보다는 사막에서 고립된 병사들의 드라마에 더 초점을 맞춘 전쟁 드라마이다.

- 원제목 For Whom the Bell Tolls
- 개봉제목 **누구를 위해 종은 울리나**
- DVD 출시제목 **누구를 위해 종은 울리나**
- 제작연도 **1943년**
- 개봉연도 **1957년 | 1972년**(재개봉)
- 제작국 **미국**
- 컬러 **컬러**
- 러닝타임 **170분**
- 주연 Gary Cooper, Ingrid Bergman, Arturo de Cordova
- 감독 Sam Wood
- 음악 Victor Young

| 감상포인트 |

1937년 스페인 내전을 배경으로 펼쳐지는 샘 우드 감독의 전쟁 로맨스 영화로, 잉그리드 버그먼은 이 영화에서 전작인 〈카사블랑카〉보다 더 심혈을 기울여 연기했다.

전운이 감도는 험한 산골짜기에 다리를 폭파하기 위해 특파된 로버트 조던(게리 쿠퍼) 교수와 게릴라 활동을 하는 여인 마리아(잉그리드 버그먼)가 운명적으로 만나 벌이는 이 순수한 사랑 이야기는 많은 세월이 흘러도 늘 아련한 추억으로 남아 있다. 특히 조던과 마리아가 나누는 키스신과 사랑하는 마리아를 남겨두고 혼자서 파시스트와 대결하는 라스트신은 이 영화를 기억하게 하는 명장면이다.

이 영화의 제목은 원작자인 어니스트 헤밍웨이가 영국 시인 존 던의 시 구절에서 따와 인용한 것이다.

★ ─ 원제목 | Sands of Iwo Jima
★ ─ 개봉제목 | **유황도의 모래**
★ ─ DVD 출시제목 | **샌드 오브 이오지마**
★ ─ 제작연도 | **1949년**
★ ─ 개봉연도 | **1958년 | 1965년**(재개봉)
★ ─ 제작국 | **미국**
★ ─ 컬러 | **흑백**
★ ─ 러닝타임 | **100분**
★ ─ 주연 | John Wayne, John Agar, Adele Mara
★ ─ 감독 | Allan Dwan
★ ─ 음악 | Victor Young

| 감상포인트 |

2006년 클린트 이스트우드 감독이 만든 두 편의 이오지마 전투를 소재로 한 영화의 오리지널 작품으로 1949년 앨런 드완 감독이 연출한 전쟁영화의 고전이다.

영화의 배경은 제2차세계대전이 한창이던 1943년, 존 웨인이 연기하는 존 스트라이커 해병하사관은 아내와 사별 후에 이오지마 전투에 투입할 신병들을 매우 엄격하고 혹독하게 다룬다. 하지만 존 하사관에게 늘 반감을 가졌던 부하들이 정작 이오지마 전선에서 생사를 건 적군과의 전투에 돌입하자 그의 슬기롭고 현명한 용병술에 감동을 한다.

이 영화는 제작 당시의 시대상을 반영하듯 매우 강인한 미 해병의 군인정신을 고취시킨 작품이다.

- ★ — 원제목 | The War of the Worlds
- ★ — 개봉제목 | **우주전쟁**
- ★ — DVD 출시제목 | **우주전쟁**
- ★ — 제작연도 | **1953년**
- ★ — 개봉연도 | **1953년**
- ★ — 제작국 | **미국**
- ★ — 컬러 | **흑백**
- ★ — 러닝타임 | **85분**
- ★ — 주연 | Gene Barry, Ann Robinson
- ★ — 감독 | Byron Haskin
- ★ — 음악 | Leith Stevens

| 감상포인트 |

1953년 허버트 죠지 웰즈의 동명의 클래식 SF소설을 각색한 이 영화는 바이론 하스킨 감독이 연출한 공상과학영화의 고전이다.

원작의 외계인의 전면적인 지구 침략을 다룬 내용과는 조금 다르게 핵폭탄 투하와 거세게 저항하는 지구인들의 사투를 그려내는데, 주인공인 과학자 크레이튼 포레스터가 사랑하는 여인 실비아를 지켜내기 위한 이야기가 작품의 골격을 이룬다. 파리 에펠탑이나 런던 시계탑이 파괴되는 장면은 지금 봐도 실감이 나며 기적을 바라는 지구인들의 기도 때문에 외계인들이 죽는 라스트신에서는 종교적인 메시지마저 전해 준다.

이 영화는 2005년 스티븐 스필버그가 연출한 〈우주전쟁〉의 오리지널 버전이며, 1960년 〈타임머신〉을 연출한 조지 팔 감독이 프로듀서를 맡았다.

★ — 원제목 | To Hell and Back
★ — 개봉제목 | 지옥의 전선
★ — DVD 출시제목 | 불타는 전장
★ — 제작연도 | 1955년
★ — 개봉연도 | 미상
★ — 제작국 | 미국
★ — 컬러 | 컬러
★ — 러닝타임 | 106분
★ — 주연 | Audie Murphy, Marshall Thompson
★ — 감독 | Jesse Hibbs
★ — 음악 | Irving Gertz, William Lava

| 감상포인트 |

1955년 제스 힙스 감독이 연출한 이 영화는 제2차세계대전의 영웅 〈오디 머피〉의 자서전을 토대로 제작한 전쟁 드라마이며, 당시 할리우드에서 주가를 올리던 오디 머피 자신이 직접 주연으로 연기한다.

아버지가 없는 결손 가정에서 자라나서 열여섯이란 어린 나이에 나이를 속여 미 육군에 입대하여 바로 전선으로 투입된 그가, 시실리와 안지오 전투를 거쳐 로마와 프랑스 전선에서 많은 전공을 세운다.

이 영화는 오디 머피에 대한 인간승리를 그리고 있으며 〈슬픔은 그대 가슴에〉에서 흑인 딸로 출연한 수잔 코너가 오디 머피에게 하룻밤 순정을 바치는 이탈리아 처녀 마리아 역으로 등장한다.

- ⋆ — 원제목 | War and Peace
- ⋆ — 개봉제목 | **전쟁과 평화**
- ⋆ — DVD 출시제목 | **전쟁과 평화**
- ⋆ — 제작연도 | **1956년**
- ⋆ — 개봉연도 | **1958년 | 1967년**(재개봉)
- ⋆ — 제작국 | **이탈리아, 미국**
- ⋆ — 컬러 | **컬러**
- ⋆ — 러닝타임 | **208분**
- ⋆ — 주연 | Audrey Hepburn, Henry Fonda, Mel Ferrer
- ⋆ — 감독 | King Vidor
- ⋆ — 음악 | Nino Rota

| 감상포인트 |

니노 로타 작곡의 〈나타샤의 월츠〉 곡으로도 더 유명한 전쟁 서사극이다.

파티 장면의 오드리 헵번(나타샤 역)과 헨리 폰다(피에르 역)가 러시아 장교와 벌이는 결투 장면, 그리고 배리 존스(로스토프)가 자신의 소유지에서 사냥을 하는 장면들은 킹 비도 감독의 연출에 의해 흥미로운 영상미학을 보여준다.

레오 톨스토이의 원작소설보다는 캐릭터들의 개성이 살아 있지 않지만 〈바람과 함께 사라지다〉와는 다른 매우 대조적인 드라마를 선보였다.

* — 원제목 | The Conqueror
* — 개봉제목 | **징기스칸**
* — DVD 출시제목 | **정복자 징기스칸**
* — 제작연도 | **1956년**
* — 개봉연도 | **1958년**
* — 제작국 | **미국**
* — 컬러 | **컬러**
* — 러닝타임 | **111분**
* — 주연 | John Wayne, Susan Hayward
* — 감독 | Dick Powell
* — 음악 | Victor Young

| 감상포인트 |

1956년 뮤지컬배우 출신의 딕 포웰 감독이 연출한 이 영화는 몽골 고원을 통일하고 100년 동안 세계의 반을 지배한, 징기스칸의 사랑과 결혼, 민족애에 대한 이야기를 다룬 전쟁 드라마이다.

카우보이 이미지가 강한 존 웨인이 정복자 징기스칸 역을 맡았고, 그가 사랑하는 타타르 족장의 아름다운 딸 보타이 역에는 수전 헤이워드가 맡았다.

하지만 이 영화의 촬영은 실제 몽골이 아닌 유타주에 있는 핵폭탄 실험 장소에서 진행되었는데, 이런 영향으로 딕 포웰 감독을 비롯한 존 웨인, 수전 헤이워드, 아그네스 무어헤드가 암으로 일찍 목숨을 잃었다.

1963년 1월 2일 딕 포웰 감독이 예순한 살의 나이로 세상을 떠나자 당시 그의 아내였던 준 앨리슨이 무척 슬퍼했다고 한다.

- ★ – 원제목 | D-Day the Sixth of June
- ★ – 개봉제목 | **잊을 수 없는 그날**
- ★ – DVD 출시제목 | **디-데이**
- ★ – 제작연도 | **1956년**
- ★ – 개봉연도 | **1957년**
- ★ – 제작국 | **미국**
- ★ – 컬러 | **컬러**
- ★ – 러닝타임 | **106분**
- ★ – 주연 | Robert Talor, Richard Todd, Dana Wynter
- ★ – 감독 | Henry Koster
- ★ – 음악 | Lyn Murray

| 감상포인트 |

제2차세계대전을 배경으로 벌어지는 헨리 코스터 감독의 이 전쟁 드라마는 한 여인을 두고 두 남자가 벌이는 사랑의 애증 관계를 그린 액션 로맨스이다.

특수부대의 책임자인 영국군 대령 존 윈터(리처드 토드)와 미군 대위 브래드 파커(로버트 테일러)가 노르망디 상륙작전을 앞두고 갑판 위에 나란히 서서 각자 지난날 발레리 러셀에 대한 추억을 더듬는데, 여기서 영국군 준장 러셀 장군의 딸로 등장하는 다나 윈터는 자신을 사랑하는 두 남자 사이에서 갈등하는 아름다운 여인을 연기한다. 특히 존 윈터 대령이 죽은 줄도 모르고 발레리에게 두 사람의 재회를 축하하며 미국으로 떠나는 브래드 파커 대위의 라스트신은 오랫동안 여운을 남기는 추억의 명장면이다.

- 원제목 | Battle Hymn
- 개봉제목 | **전송가**
- DVD 출시제목 | **배틀햄**
- 제작연도 | **1957년**
- 개봉연도 | **1957년**
- 제작국 | **미국**
- 컬러 | **컬러**
- 러닝타임 | **108분**
- 주연 | Rock Hudson, Anna Kashfi
- 감독 | Douglas Sirk
- 음악 | Frank Skinner

| 감상포인트 |

1957년 더글러스 서크 감독이 연출한 이 영화는 한국전쟁 당시 고아의 아버지로 불리는 딘 헤스 대령의 실화를 소재로 한 인간미 넘치는 전쟁 드라마이다.

딘 헤스(록 허드슨)는 제2차세계대전 당시 폭격 실수로 인한 죄책감에 시달리다가 1950년 한국전쟁이 발발하자, 피난길에 오른 어린이들을 수송기에 태워 제주도로 무사히 피신시킨다.

헤스 대령 역을 맡은 록 허드슨은 비교적 괜찮은 연기를 펼쳤으나, 고아원 보모(양은순 역)로 등장하는 여배우를 한국 배우가 아닌 인도 출신 안나 카쉬피를 기용한 것이 끝내 아쉽기만 하다.

- 원제목 | The Bridge on the River Kwai
- 개봉제목 | **콰이강의 다리**
- DVD 출시제목 | **콰이강의 다리**
- 제작연도 | **1957년**
- 개봉연도 | **1962년** | **1965**(재개봉)
- 제작국 | **영국, 미국**
- 컬러 | **컬러**
- 러닝타임 | **161분**
- 주연 | William Holden, Alec Guinness, Jack Hawkins
- 감독 | David Lean
- 음악 | Malcolm Arnold

| 감상포인트 |

데이비드 린 감독이 1957년에 연출한 이 전쟁드라마는 제2차세계대전 당시 일본군이 방콕과 랑군을 잇는 콰이강의 다리를 건설하기 위해 수용소 안에서 연합군 포로들과 벌이는 심리적인 인관관계와 반전에 관한 메시지를 담고 있다.

일본군 수용소장 사이토 대령(세슈 하야카와)과 영국군 공병대장 니콜슨 중령(알렉 기네스)과의 대립, 그 둘 사이에서 중립을 지키며 임무를 수행하는 쉬어즈 미국 장교의 라스트신이 장관을 이룬다.

특히 말콤 아놀드 작곡의 〈휘파람 행진곡〉(Colonel Bogey March)에 발을 맞춰 행진하는 연합군 포로들의 모습이 눈에 선하다.

★ — 원제목 | Something of Value

★ — 개봉제목 | 흑아

★ — 제작연도 | 1957년

★ — 개봉연도 | 1958년

★ — 제작국 | 미국

★ — 컬러 | 흑백

★ — 러닝타임 | 113분

★ — 주연 | Rock Hudson, Dana Wynter, Sidney Poitier

★ — 감독 | Richard Brooks

★ — 음악 | Miklos Rozsa

| 감상포인트 |

늘 사회적인 문제작만을 연출한 리처드 브룩스 감독의 이 영화는 아프리카 대륙을 배경으로 흑과 백에 대한 인종을 초월한 두 남자의 우정을 담은 전쟁 드라마이다.

영국인 목장주의 아들 피터(록 허드슨)는 어릴 때부터 흑인 유모의 아들 키마니(시드니 포이티에)와 형제처럼 가까이 지내지만, 키마니가 마우마우라는 테러조직에 가담하면서 둘의 운명은 갈라진다.

흑백 영상으로 펼쳐지는 케냐의 아름다운 자연 풍경들은 마치 다큐멘터리를 보는 것처럼 사실적이고 흑인 아이를 등에 업고 산을 내려오는 록 허드슨의 라스트신은 처연할 정도로 가슴 아프다.

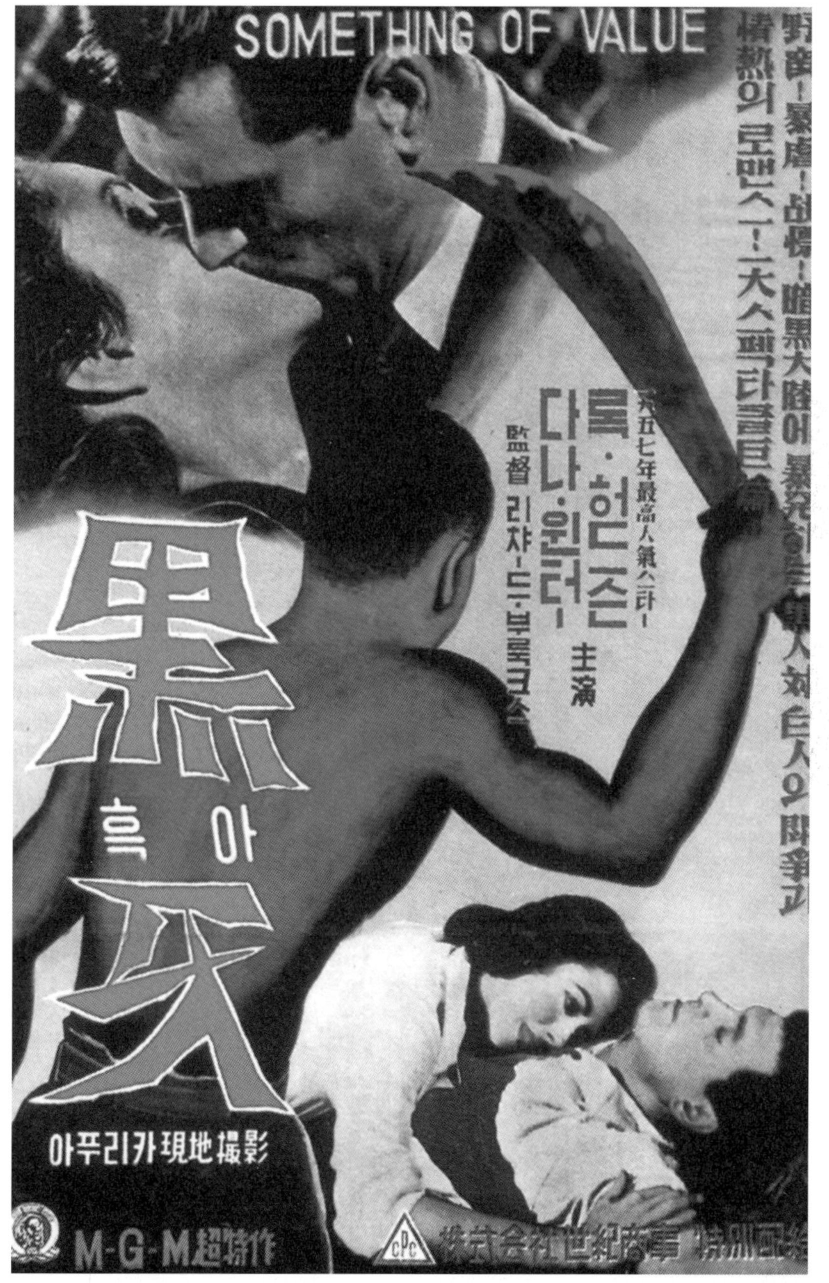

- ★ — 원제목 | La Tempesta
- ★ — 개봉제목 | **템페스트**
- ★ — 제작연도 | **1958년**
- ★ — 개봉연도 | **1960년** | **1969년**(재개봉)
- ★ — 제작국 | **이탈리아, 프랑스, 유고슬라비아**
- ★ — 컬러 | **컬러**
- ★ — 러닝타임 | **120분**
- ★ — 주연 | Silvana Mangano, Van Heflin, Geoffrey Horne
- ★ — 감독 | Alberto Lattuada
- ★ — 음악 | Piero Piccioni

| 감상포인트 |

이탈리아와 프랑스가 합작한 알베르토 라투아다 감독의 이 영화는 러시아의 작가 알렉산드르 세르게예비치 푸시킨의 원작소설을 각색한 로맨스 어드벤처이다. 이보 페릴리가 각색한 이 영화의 시나리오는 정치적인 음모와 스릴 넘치는 로맨스로 가득 차 있다.

러시아의 황후 캐서린 2세가 파견한 토벌군 장교 표토르 그리노프(제프리 혼)는 반란군의 리더 에멜랸 푸가초프(반 헤플린)에게 체포되어 목숨만은 부지하게 된다.

타이틀롤인 실바나 망가노는 표토르 그리노프를 사랑하는 여인 마샤로 등장하고 스웨덴 출신의 여배우 비베카 린드폴스가 자존감 넘치는 캐서린 2세를 연기한다.

★ — 원제목 | The Young Lions

★ — 개봉제목 | 젊은 사자들

★ — DVD 출시제목 | 젊은 사자들

★ — 제작연도 | 1958년

★ — 개봉연도 | 1959년 | 1966년(재개봉)

★ — 제작국 | 미국

★ — 컬러 | 흑백

★ — 러닝타임 | 167분

★ — 주연 | Marlon Brando, Montgomery Clift, Dean Martin

★ — 감독 | Edward Dmytryk

★ — 음악 | Hugo Friedhofer

| 감상포인트 |

제2차세계대전을 배경으로 한 이 영화는 한 명의 독일 남자와 두 명의 미국 남자가 전장에서 겪게 되는 인간의 이상과 현실, 전쟁에 대한 회의를 병렬 구조 방식으로 스토리를 전개하는 전쟁 드라마의 고전이다.

브로드웨이의 톱스타 마이클 위트크레(딘 마틴)는 지독한 훈련소 생활을 하면서 노아 애커맨(몽고메리 클리프트)을 만나 함께 전장으로 향하는데, 몽고메리 클리프트는 독일군이 연합군에게 쫓기는 후반부에서 독일군 장교 크리스티안 디스틀로 등장하는 말론 브란도와 처음으로 마주하게 된다.

어윈 쇼의 베스트셀러 소설을 각색한 이 전쟁물은 국내 개봉 당시 관객들의 호응이 대단했으며 우리에게 〈산〉이나 〈케인호의 반란〉으로 잘 알려진 에드워드 드미트릭 감독이 연출을 맡았다.

- 개봉제목 | **청춘극장**
- 제작연도 | **1959년**
- 개봉연도 | **1959년 국제극장**
- 제작국 | **한국**
- 컬러 | **흑백**
- 러닝타임 | **87분**
- 주연 | **김진규, 김지미, 황정순**
- 감독 | **홍성기**
- 음악 | **김동진**

| 감상포인트 |

개봉된 총 편수가 예순네 편에 불과하던 1959년 개봉 당시 국제극장에 상영된 김내성 원작소설을 각색한 홍성기 감독의 전쟁 드라마의 고전이다.

이 영화는 일제 치하의 탄압 아래서도 잃어버린 조국의 독립을 위해 싸우는 한국 청년들의 행동양식과 로맨스를 그린 대하드라마로서 국내 개봉 당시 그 해 최고의 흥행 순위를 기록했다.

타이틀롤은 주가를 올리던 김진규와 김지미가 맡았으며 8년 뒤인 1967년에는 강대진 감독의 연출, 신성일과 윤정희 주연으로 새롭게 리메이크되었다.

★ — 원제목 | The Guns of Navarone

★ — 개봉제목 | **나바론**

★ — DVD 출시제목 | **나바론 요새**

★ — 제작연도 | **1961년**

★ — 개봉연도 | **1964년**

★ — 제작국 | **영국, 미국**

★ — 컬러 | **흑백, 컬러**

★ — 러닝타임 | **158분**

★ — 주연 | Gregory Peck, David Niven, Anthony Quinn

★ — 감독 | J. Lee Thompson

★ — 음악 | Dimitri Tiomkin

| 감상포인트 |

제2차세계대전 당시, 독일군의 철옹성 나바론 요새의 거포를 폭파하는 6인의 연합군 특공대의 활약을 그린 전쟁영화의 고전이다.

영국군 2천 명이 에게 해에 있는 케로스 섬에 고립되자 6인의 특공대는 그들을 구출하기 위해 나바론 섬의 가파른 절벽을 오르는데, 댐 한가운데에 구멍을 내서 적은 양의 폭탄으로 댐을 무너뜨리는 장면은 이 영화의 압권이다.

여기서 그레고리 펙은 암벽 등반가 맬로리 대위로, 데이비드 니븐은 폭파 전문가 밀러 하사로 등장하며 앤서니 퀸은 용맹한 특공대원으로 연기한다. 알리스테어 맥클린의 인기소설을 각색하여 J. 리 톰슨 감독이 연출했다.

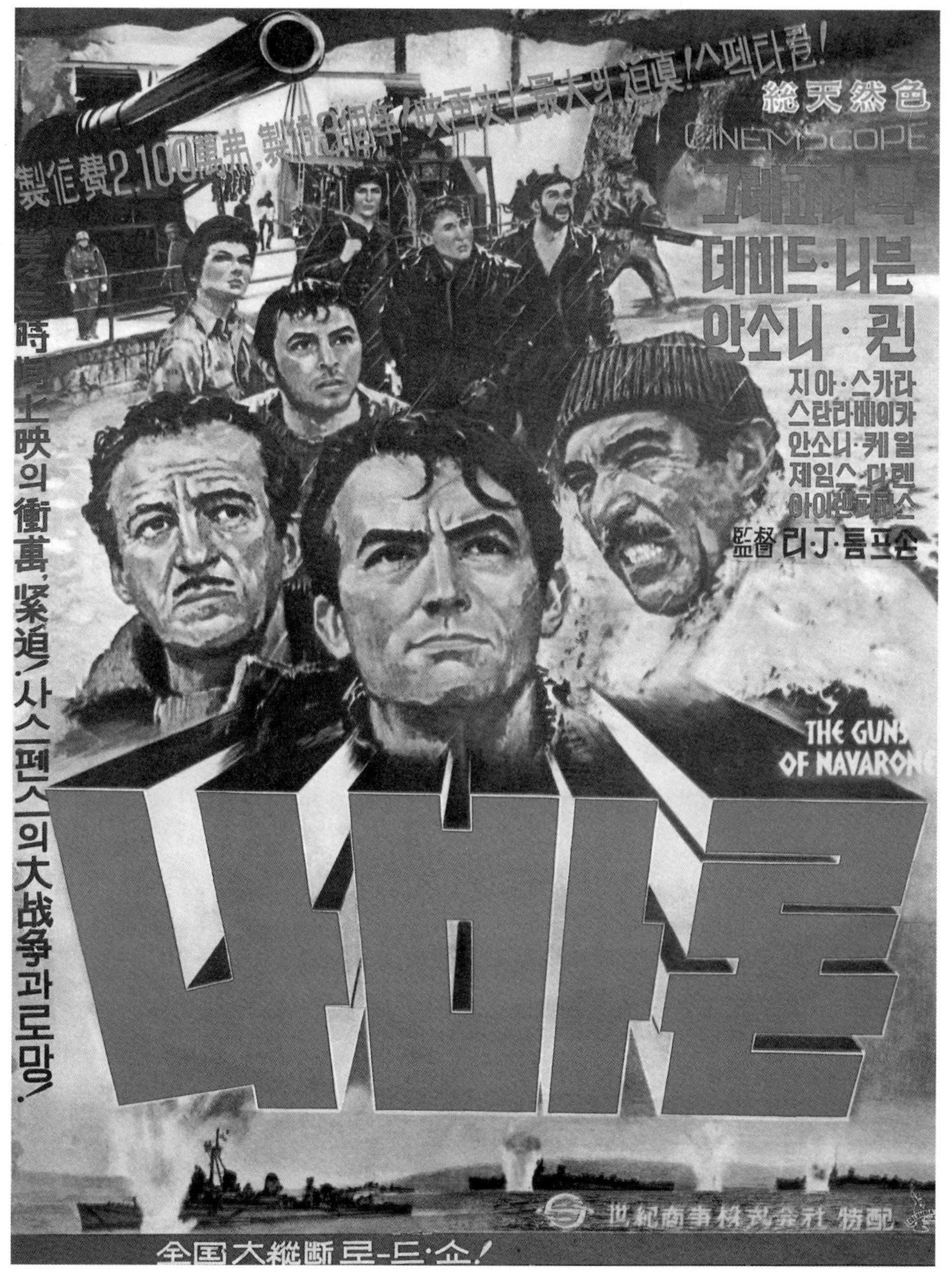

- ⋆ — 원제목 | El Cid
- ⋆ — 개봉제목 | **엘시드**
- ⋆ — DVD 출시제목 | **엘시드**
- ⋆ — 제작연도 | **1961년**
- ⋆ — 개봉연도 | **1964년** | **1973년**(재개봉)
- ⋆ — 제작국 | **이탈리아, 영국, 미국**
- ⋆ — 컬러 | **컬러**
- ⋆ — 러닝타임 | **182분**
- ⋆ — 주연 | Charlton Heston, Sophia Loren, Raf Vallone
- ⋆ — 감독 | Anthony Mann
- ⋆ — 음악 | Miklos Rozsa

| 감상포인트 |

1950년대 〈라라미에서 온 사나이〉 같은 심각한 웨스턴들을 발표했던 앤소니 만 감독의 이 영화는 '엘 시드' 로 불리는 카스틸 왕국의 명장 로드리고 디아즈의 무용담과 전설을 그린 액션 서사극이다.

로드리고는 17세기 스페인의 대평원을 백마를 타고 달리며 당시 폭정에 시달리던 발렌시아 왕국을 함락시키고 이슬람의 침략자 벤 유사프를 물리친 무장으로, 이 영화에선 찰턴 헤스턴이 무게 있는 외모로 열정적인 연기를 한다.

특히 발렌시아와 전쟁을 앞두고 자신의 명예보다는 볼모로 잡힌 가족－아내와 쌍둥이 딸－의 안전을 선택하는 로드리고의 인간적인 고뇌가 인상적이며, 국민적 영웅보다 평범한 남편이기를 바라는 아내 시멘 역을 맡은 소피아 로렌의 젊은 날의 모습이 새롭기만 하다.

★ — 원제목 | Taras Bulba
★ — 개봉제목 | 대장 부리바
★ — DVD 출시제목 | 대장 부리바
★ — 제작연도 | 1962년
★ — 개봉연도 | 1965년 | 1972년(재개봉)
★ — 제작국 | 유고슬라비아, 미국
★ — 컬러 | 컬러
★ — 러닝타임 | 122분
★ — 주연 | Tony Curtis, Yul Brynner
★ — 감독 | J. Lee, Thompson
★ — 음악 | Franz Waxman

| 감상포인트 |

'내가 뿌린 씨앗은 내가 책임진다'는 대사와 함께 아들 안드레이(토니 커티스)에게 방아쇠를 당기는 아버지 타라스 역을 맡은 율 브린너의 비정한 연기가 오랫동안 기억나는 전쟁 드라마이다.

국내에는 1965년에 처음 수입 개봉되었다가 8년 후인 1973년에 재수입되어 명보극장 단일관에서 20만 명의 관객을 동원했다. 코샤크 병사들의 전투장면이 화면 가득 펼쳐지고, 특히 부자지간으로 나오는 율 브린너와 토니 커티스의 갈등 연기가 압권을 이룬다.

극 중에서 토니 커티스와 사랑에 빠지는 아름다운 나탈리아 역을 독일 출신의 여배우 크리스티네 카프먼이 맡아 연기한다.

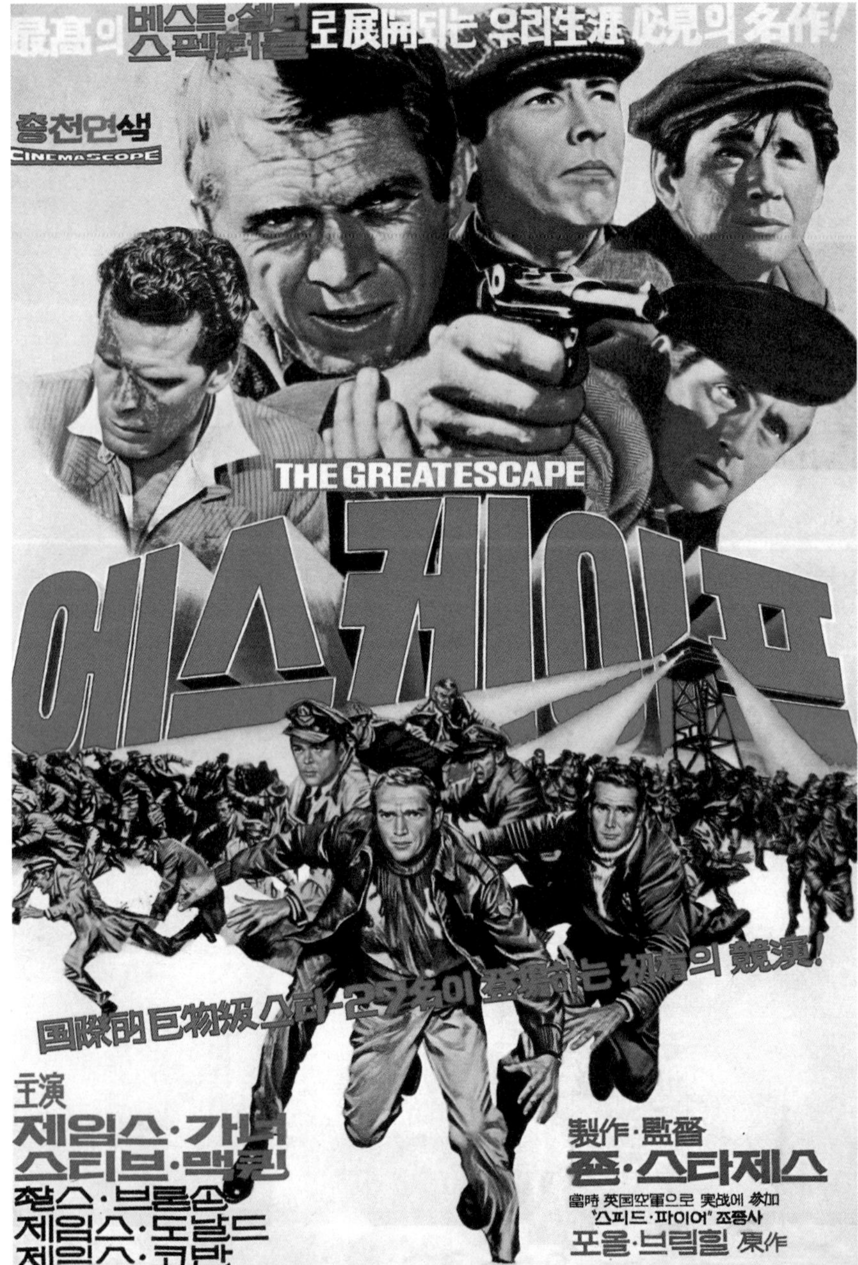

- ★ — 원제목 | The Great Escape
- ★ — 개봉제목 | **에스케이프**
- ★ — DVD 출시제목 | **대탈주**
- ★ — 제작연도 | **1963년**
- ★ — 개봉연도 | **1969년**
- ★ — 제작국 | **미국**
- ★ — 컬러 | **컬러**
- ★ — 러닝타임 | **172분**
- ★ — 주연 | Steve Mcqueen, James Garner, Richard Attenborough
- ★ — 감독 | John Sturges
- ★ — 음악 | Elmer Bernstein

| 감상포인트 |

독일 포로수용소에서 칠십 명이 넘는 포로들이 탈출을 하다가 오십 명 이상이 붙잡혀 사살된다.

제2차세계대전 당시의 실화를 바탕으로 한 폴 브리크힐의 소설을 각색한 존 스터지스 감독의 이 탈옥영화는 어둡고 참담한 스토리라인을 오히려 경쾌한 터치로 이끌어가면서 시종일관 관객의 기분을 즐겁게 만드는데, 여기에 결정적인 기여를 하는 배우가 바로 스티브 맥퀸이다.

몇 번씩이나 탈출을 시도하다가 잡혀 와도 절대 탈옥을 포기하지 않는 스티브 맥퀸의 매력은 철조망을 따라 직접 모터사이클을 타고 탈출하는 후반부 장면에서 그 빛을 발한다.

★ — 개봉제목 | **돌아오지 않는 해병**

★ — 제작연도 | **1963년**

★ — 개봉연도 | **1963년**

★ — 제작국 | **한국**

★ — 컬러 | **흑백**

★ — 러닝타임 | **110분**

★ — 주연 | **장동휘, 최무룡, 이대엽, 구봉서**

★ — 감독 | **이만희**

★ — 음악 | **전정근**

| 감상포인트 |

현재 이만희 감독의 가장 오래된 필름 보존영화인 이 작품은 한국전쟁 당시 용맹을 떨친 해병대의 시각에서 펼쳐지는 전쟁의 아픔과 비참함을 통하여 '전쟁의 비극'을 다룬 전쟁영화의 고전이다.

강대식(장동휘) 분대장이 이끄는 한 해병부대가 전쟁고아가 된 소녀 영희(전영선)를 보살핀다거나, 전투를 앞두고 서로에게 용기를 주면서 참호에서 전우애를 나누는 장면들은 매우 감동적이다. 특히 인해전술을 벌이는 중공군과 사력을 다해 싸우다가 부대인원 42명 가운데 두 명만이 살아남는 라스트신은 잊지 못할 명장면이다.

장동휘를 비롯한 최무룡과 이대엽, 구봉서와 독고성, 전계현 등 당시 쟁쟁한 일급 배우들이 출연한 이 영화로 이만희 감독은 대종상 감독상과 청룡상 감독상을 수상했다.

- 원제목 | Khartoum
- 개봉제목 | **카쓰므**
- DVD 출시제목 | **하르툼 공방전**(카슘공방전)
- 제작연도 | **1966년**
- 개봉연도 | **1967년**
- 제작국 | **영국**
- 컬러 | **컬러**
- 러닝타임 | **134분**
- 주연 | Charlton Heston, Laurence Olivier
- 감독 | Basil Dearden
- 음악 | Frank Cordell

| 감상포인트 |

영국 출신의 베이질 디어든 감독이 연출한 이 영화는 이집트의 통치를 받고 있는 19세기 후반 수단의 수도가 그 배경이다.

조국을 수호하기 위해 강렬히 저항하는 수단의 지도자 마디(로렌스 올리비에)와 이집트를 조종하는 영국의 고든 장군(찰턴 헤스턴)의 투톱 대결이 이 영화의 압권을 이룬다.

두 명장의 치열한 두뇌전과 광활한 사막에서의 스펙터클한 마지막 대전투가 하이라이트를 이루고 있지만, 1967년 스카라극장 개봉 당시 낮은 흥행 성적과 함께 쉽게 잊힌 전쟁영화의 고전이다.

이 영화의 제목은 수단의 수도를 지칭하며 이 영화 속의 전쟁이 끝난 후에 수단은 영국의 식민지가 되었다.

★ — 원제목 | Paris brule-t-il

★ — 개봉제목 | **파리는 불타고 있는가?**

★ — 제작연도 | **1966년**

★ — 개봉연도 | **1967년**

★ — 제작국 | **프랑스, 미국**

★ — 컬러 | **컬러**

★ — 러닝타임 | **175분**

★ — 주연 | Jean-Paul Belmondo, Charles Boyer, Leslie Caron

★ — 감독 | Rene Clement

★ — 음악 | Maurice Jarre

| **감상포인트** |

1966년 프랑스 영화의 거장 르네 클레망 감독이 연출한 전쟁 드라마이다. 전쟁이라는 상황 속에서 파리의 독립을 갈망하는 레지스탕스와 히틀러의 명령을 수행하는 독일군, 파리라는 한 도시를 배경으로 연합군들이 벌이는 치열한 시가전과 게릴라전, 방어전 등을 긴박감 있게 조명한다.

프랑스판 〈사상 최대의 작전〉이라고 말하는 이 영화에는 당시 프랑스 최고의 스타 장 폴 벨몽도와 알랭 들롱을 비롯한 시몬느 시뇨레와 미셸 피콜리, 이브 몽땅, 장 피에르 카셀과 피에르 바넥이 등장하고 패튼 장군 역을 맡은 커크 더글러스와 글렌 포드, 안소니 퍼킨스와 레슬리 캐론, 로버트 스탁, 오슨 웰스가 출연하고 있다.

미국 배우들은 모두 프랑스어로 더빙되어 상영되었고, 독일군 파리 주둔 사령관 콜티스 역을 맡은 독일 배우 게르트 프로베는 히틀러의 명령을 수행하는 군인 역을 맡아 내면적인 연기를 보여주어 관객들에게 호평을 받기도 했다.

* ─ 원제목 | Cast a Giant Shadow
* ─ 개봉제목 | **거대한 전장**
* ─ DVD 출시제목 | **팔레스타의 영웅**
* ─ 제작연도 | **1966년**
* ─ 개봉연도 | **1967년**
* ─ 제작국 | **미국**
* ─ 컬러 | **컬러**
* ─ 러닝타임 | **146분**
* ─ 주연 | Kirk Douglas, Senta Berger, Yul Brynner
* ─ 감독 | Melville Shavelson
* ─ 음악 | Elmer Bernstein

| 감상포인트 |

커크 더글러스가 연기하는 유태계 미국인 마커스 대령은 어느 날 이스라엘의 저항군 사퍼(제임스 도날드)로부터 이스라엘의 독립전쟁을 위하여 도와줄 것을 요청받는다.

제2차세계대전에 참전한 군사작전 전략가로서 마커스 대령이 이스라엘의 시민군을 이끌고 아랍 연합군과 사활을 건 대전투를 벌이는 장면은 마치 데이비드 린 감독의 〈아라비아의 로렌스〉를 연상하게 한다.

앤지 디킨슨이 마커스 대령의 아름다운 아내 엠마로 등장하며 마커스 대령과 사랑에 빠지는 이스라엘 저항군 요원 맥다 사이먼 역을 센타 버거가 열연한다.

* — 원제목 | The Sand Pebbles
* — 개봉제목 | **산파브로**
* — 제작연도 | **1966년**
* — 개봉연도 | **1967년**
* — 제작국 | **미국**
* — 컬러 | **컬러**
* — 러닝타임 | **182분**
* — 주연 | Steve Mcqueen, Richard Attenborough, Candice Bergen
* — 감독 | Robert Wise
* — 음악 | Jerry Goldsmith

| 감상포인트 |

개봉 당시 장장 세 시간이 넘는 러닝타임으로 하루 4회 상영을 했던 로버트 와이즈 감독의 이 영화는 1920년대 혼란한 중국을 배경으로 미군 수병 제이크 홀먼과 여성 선교사 셜리 엑커트의 로맨스를 그린 전쟁 드라마이다.

수병 제이크 홀먼을 연기하는 스티브 맥퀸은 중국에 주둔하는 해병대 수병으로 등장하여 사랑하는 여인 셜리를 구하다가 중국 의화단에게 피살당하고, 셜리 역을 맡은 캔디스 버겐은 비교적 역할은 작았지만 이 영화가 흥행에 성공하면서 한국 팬들로부터 많은 인기를 얻었다.

원제목인 〈THE SAND PEBBLES〉는 미 해군의 군함 이름인데 개봉 당시 수입업자에 의해서 이탈리아의 개봉제목인 〈SAN PABLO〉로 바뀌었다.

- ★ — 원제목 | The Dirty Dozen
- ★ — 개봉제목 | **특공대작전**
- ★ — DVD 출시제목 | **도티 도젠**
- ★ — 제작연도 | **1967년**
- ★ — 개봉연도 | **1968년**
- ★ — 제작국 | **영국, 미국**
- ★ — 컬러 | **컬러**
- ★ — 러닝타임 | **150분**
- ★ — 주연 | Lee Marvin, Ernest Borgnine, Charles Bronson, Jim Brown
- ★ — 감독 | Robert Aldrich
- ★ — 음악 | Frank de Vol

| 감상포인트 |

때는 제2차세계대전이 거의 막바지에 접어든 어느 날, 워든 장군(어네스트 보그나인)은 라이즈먼 소령(리 마빈)에게 특수임무를 맡기는데, 바로 열두 명의 죄수들과 함께 독일군 적진에 침투하여 교란, 폭파작전을 수행하는 것이다.

여기서 라이즈먼 소령이 비교적 착하고 억울한 누명을 쓴 이 열두 명의 죄수들을 단시일 안에 정예군으로 훈련시켜 나가는 과정이 이 영화의 골격을 이루고, 점점 한 팀으로 변해가는 단상들이 잔잔한 재미를 준다.

1967년 로버트 알드리치 감독이 연출한 이 전쟁 드라마는 원작소설의 탄탄한 스토리를 바탕으로 전작인 잭 팰런스 주연의 전쟁영화 〈공격〉과는 전혀 다른 매우 흥미로운 연출력을 선보이는데 지금 봐도 재미있다.

당시 최고의 주가를 올리던 리 마빈의 존재감은 이 영화가 히트하는 데 크게 일조를 했으며, 존 카사베츠의 색깔 있는 연기를 비롯하여 찰스 브론슨, 짐 브라운, 텔리 사발라스, 트리니 로페즈 그리고 장교로 등장하는 로버트 라이언과 조지 케네디의 등장도 작품의 무게를 더해 준다.

이 영화는 아카데미 영화제에서 〈음향효과상〉을 수상했다.

★ — 원제목 | Where Eagles Dare
★ — 개봉제목 | 독수리 요새
★ — DVD 출시제목 | 독수리요새
★ — 제작연도 | 1968년
★ — 개봉연도 | 1968년
★ — 제작국 | 영국, 미국
★ — 컬러 | 컬러
★ — 러닝타임 | 158분
★ — 주연 | Richard Burton, Clint Eastwood
★ — 감독 | Brian G. Hutton
★ — 음악 | Ron Goodwin

| 감상포인트 |

브라이언 G. 허튼 감독이 연출한 이 영화는 1960년대에 국내 개봉된 전쟁영화 중에서 〈나바론〉과 아울러서 가장 흥미진진한 작품이다. 난공불락의 독일군 진지인 '독수리요새'에 특파된 연합군 특공대들의 활약과 모험이 축을 이루면서 이 영화는 미군 장성 조지 카나비 장군(로버트 비티)을 구출하는 조나단 스미스 소령(리처드 버튼)과 미 특전대장 모리스 쉐퍼 중위(클린트 이스트우드)의 긴박한 액션에 초점을 맞춘다.

알리스테어 맥클린이 직접 자신의 원작 소설을 각색한 이 전쟁 어드벤처에는 스토리가 계속 반전을 거듭하면서 의외의 결말을 보여주는 추리적 스포일러도 숨어 있다.

당시 이탈리안 웨스턴의 무법자 이미지가 강했던 클린트 이스트우드는 이 전쟁물을 통하여 영화팬들로부터 자신의 고정된 인식에서 벗어났는가 하면, 당시 리즈 테일러는 촬영 현장까지 찾아와 남편인 리처드 버튼의 건강까지 챙겨주었다.

- 원제목 | Operation : Daybreak
- 개봉제목 | 새벽의 7인
- DVD 출시제목 | 새벽의 7인
- 제작연도 | 1975년
- 개봉연도 | 1976년
- 제작국 | 미국, 체코, 유고슬라비아
- 컬러 | 컬러
- 러닝타임 | 118분
- 주연 | Timothy Bottoms, Martin Shaw, Anthony Andrews
- 감독 | Lewis Gilbert
- 음악 | David Hentschel

| 감상포인트 |

우리에게 〈007 두 번 산다〉로 잘 알려진 루이스 길버트 감독이 연출한 이 전쟁 액션 드라마는 앨런 버제스의 소설을 각색했지만 실화를 근거로 한다.

체코를 통치하는 독일군 총사령관 라인하르트 하이트리히(안톤 디프링)를 암살한 체코 연합군 레지스탕스의 활약과 배신, 죽음을 다루고 있다. 자신의 운명에 따라 각자 다른 길을 걷게 되는 얀(티모시 보톰즈)과 요셉(앤소니 앤드류스), 카렐(마틴 쇼) 등 세 명의 체코 출신 병사들의 이야기가 앙리 드카에의 촬영과 데이비드 헨첼의 신디사이저 음악에 힘입어서 이 영화를 오랫동안 기억하게 한다.

특히 얀과 요셉이 서로 껴안고 물이 차오른 성당 지하실에서 자살하는 라스트신은 지금 봐도 가슴 찡한 명장면이다.

★ — 원제목 | Sky Riders

★ — 개봉제목 | 7인의 독수리

★ — 제작연도 | 1976년

★ — 개봉연도 | 1977년

★ — 제작국 | 미국

★ — 컬러 | 컬러

★ — 러닝타임 | 91분

★ — 주연 | James Coburn, Susannah York, Robert Culp

★ — 감독 | Douglas Hickox

★ — 음악 | Lalo Schifrin

| 감상포인트 |

미국인 사업가 조나스 브랙켄(로버트 컬프)의 가족들이 그리스 극좌파 테러리스트들에게 납치당하고 브랙켄은 납치범들로부터 가족의 몸값으로 거대한 물량의 무기와 탄약을 요구받는다. 국제적인 밀수꾼 짐 맥케이브(제임스 코번)는 전처인 엘렌과 아들 지미의 납치 사실을 알고 나서 그들을 구출하기 위해 납치범들의 은신처인 절벽 위 사원으로 접근해 들어가는데, 이때 짐 맥케이브는 여섯 명의 행글라이더와 함께 고공 침투하는 작전을 강행한다.

더글러스 히콕스 감독의 이 액션 어드벤처는 일곱 명의 행글라이더가 펼치는 고공 액션이 볼거리를 제공하는데 엘렌 역을 맡은 수잔나 요크는 1978년 〈수퍼맨〉에서 라라 역을 맡은 그 여배우이다.

- ★ — 원제목 | A Bridge Too Far
- ★ — 개봉제목 | **부릿지 투 파-**
- ★ — DVD 출시제목 | **머나먼 다리**
- ★ — 제작연도 | **1977년**
- ★ — 개봉연도 | **1977년**
- ★ — 제작국 | **미국, 영국**
- ★ — 컬러 | **컬러**
- ★ — 러닝타임 | **175분**
- ★ — 주연 | Dirk Bogarde, James Caan, Michael Caine, Sean Connery
- ★ — 감독 | Richard Attenborough
- ★ — 음악 | John Addison

| 감상포인트 |

리처드 아텐보로 감독이 연출한 이 영화는 제2차세계대전이 끝나갈 무렵 영국군의 몽고메리 원수가 기안한 마케트가든 작전, 즉 MG작전을 강행한 연합군의 9일 동안의 공중-지상 합동작전을 다루고 있다.

코넬리어스 라이언의 실전기록을 담은 원작을 총제작비 3천만 달러를 들여 만든 초대형 전쟁 드라마로 엄청난 손해를 입고 패퇴한 역사적인 군사작전을 3시간 가까이 스크린에 펼쳐 보이는데, 아콰트 소장(숀 코넬리)이 야밤을 틈타 철수하면서 브라우닝 중장(덕 보가트)에게 후퇴를 보고하는 라스트신은 잊지 못할 명장면이다.

우리에게 〈멀고 먼 다리〉로도 잘 알려진 이 영화는 국내 개봉 당시 〈부릿지 투 파-〉라는 제목으로 상영되었다.

* — 원제목 | Cross of Iron
* — 개봉제목 | 17인의 프로페셔널
* — DVD 출시제목 | 철십자 훈장
* — 제작연도 | 1977년
* — 개봉연도 | 1978년
* — 제작국 | 영국, 서독
* — 컬러 | 컬러
* — 러닝타임 | 132분
* — 주연 | James Coburn, Maximilian Schell, James Mason
* — 감독 | Sam Peckinpah
* — 음악 | Ernest Gold

| 감상포인트 |

스타이너 상사(제임스 코번)와 그가 이끄는 부하들이 겪는 이 처절한 전황은 독일군이 소련군의 후방 스탈린그라드까지 진격하였다가 퇴각한 역사적 근거에 초점을 맞추고 각색했는데, 샘 페킨파 감독은 히틀러가 전쟁의 도구로 사용한 '철십자 훈장'에 목숨 거는 인간의 욕망과 잔인성을 사실적으로 고발한다.

1978년 국내 개봉 당시 〈17인의 프로페셔널〉이란 이상한 제목이 붙여진 이 액션전쟁물은 소련 여군들이 등장하는 시퀀스들이 가위질당한 채 상영되어 작품이 훼손되었고, 1979년 리처드 버튼이 스타이너 상사로 등장하는 속편이 앤드류 V. 맥라글렌에 의해 연출되기도 했다.

이 영화는 샘 페킨파 감독이 연출한 유일한 전쟁영화로 1944년 제2차세계대전 당시 소련군 복장으로 위장하여 퇴각하는 아군에게 총을 겨누는 독일군의 범죄를 다룬다.

- ★ — 원제목 | From Hell to Victory
- ★ — 개봉제목 | **파비안느**
- ★ — 제작연도 | **1979년**
- ★ — 개봉연도 | **1979년 12월**
- ★ — 제작국 | **이탈리아, 스페인, 프랑스**
- ★ — 컬러 | **컬러**
- ★ — 러닝타임 | **103분**
- ★ — 주연 | George Peppard, George Hamilton, Horst Buchholz, Anny Duperey
- ★ — 감독 | Umberto Lenzi
- ★ — 음악 | Riz Ortolani

| 감상포인트 |

1979년 12월 성탄절 특선프로로 전국 동시 개봉한 움베르토 렌지 감독의 이 영화는 제2차세계대전을 배경으로 한 전쟁 멜로드라마이다.

조지 페파드가 미국인 용병 출신인 브래드 롭슨으로 연기하고 조지 해밀턴과 홀스트 부크홀츠가 프랑스 파리에서 우정을 나누는 다국적 친구들로 등장하는데, 애니 듀퍼리가 맡은 레지스탕스 파비안느가 이 영화의 개봉 제목이다.

연말 시즌을 타고 명보극장 단일관에서 개봉된 이 영화는 흥행에는 성공했지만 작품성보다는 부담 없이 볼만한 킬링타임용 B급 영화이다.

★ — 원제목 | The Passage
★ — 개봉제목 | 페세이지
★ — 제작연도 | 1979년
★ — 개봉연도 | 1979년
★ — 제작국 | 영국
★ — 컬러 | 컬러
★ — 러닝타임 | 99분
★ — 주연 | Anthony Quinn, James Mason, Malcolm Mcdowell
★ — 감독 | J. Lee Thompson
★ — 음악 | Michale J. Lewis

| 감상포인트 |

〈대장 부리바〉와 〈막켄나의 황금〉 같은 웰메이드 상업영화를 만들어온 J. 리 톰슨 감독의 전쟁 액션물인 이 드라마는 부담 없이 볼만한 킬링타임용 영화이다.

페레네 산등성이에 사는 한 농부(앤서니 퀸)가 독일군으로부터 위협받는 과학자 베르그손 교수(제임스 메이슨)의 일가족을 탈출시킨다는 내용도 흥미로웠고, 그들을 추적하는 악랄한 나치 대령 폰 베르코브 역을 맡은 말콤 맥도웰의 연기도 인상적이다.

이 영화는 1979년 여름에 명보극장 단일관에서 개봉되어 45만 9천 명의 흥행을 기록했으며 말콤 맥도웰의 강간 장면은 심의에 걸려 삭제가 된 채 상영되었다.

- 원제목 | Apocalypse Now
- 개봉제목 | **지옥의 묵시록**
- DVD 출시제목 | **지옥의 묵시록**
- 제작연도 | **1979년**
- 개봉연도 | **1989년, 리덕스버전**(2001년)
- 제작국 | **미국**
- 컬러 | **컬러**
- 러닝타임 | **153분, 리덕스버전**(202분)
- 주연 | Marlon Brando, Martin Sheen, Robert Duvall
- 감독 | Francis Ford Coppola
- 음악 | Carmine Coppola

| 감상포인트 |

프랜시스 코폴라 감독이 전 재산을 투입하여 베트남전을 소재로 한 이 드라마는 실종된 커츠 대령(말론 브랜도)을 찾아가는 윌러드 대위(마틴 쉰)의 악몽 같은 여정을 다룬다.

이 영화는 조셉 콘라드가 1902년 발표한 소설 〈암흑의 심장(Heart Of Darkness)〉을 각색했으며, 전쟁 속에 숨겨진 인간 내면의 악마성을 고발한 로드무비의 대작이기도 하다.

킬고어 중령(로버트 듀발)이 이끄는 헬기부대가 베트남 부락을 공격하는 장면과 윌러드 대위가 커츠 대령을 암살하는 라스트신은 이 영화의 유명한 명장면들이다.

국내에는 반전문제 때문에 10년이 지난 1980년대 후반에 첫 개봉을 했는가 하면 러닝타임이 늘어난 감독편집본 〈리덕스〉는 2001년 8월에 재개봉되었다.

| 5부 | 액션(시대, 무협, 모험, 다찌마와리, 첩보)

* — 원제목 | Tarzan Escapes
* — 개봉제목 | **타잔의 역습**
* — DVD 출시제목 | **타잔, 필사의 탈출**
* — 제작연도 | **1936년**
* — 개봉연도 | **1965년 재개봉**
* — 제작국 | **미국**
* — 컬러 | **흑백**
* — 러닝타임 | **89분**
* — 주연 | Johnny Weissmuller, Maureen O' Sullivan
* — 감독 | Richard Thorpe
* — 음악 | William Axt

| 감상포인트 |

〈타잔 시리즈〉의 타잔 역을 맡은 배우 중에서 가장 진짜 같고 인기가 많았던 배우가 자니 와이즈뮬러로 그는 무려 예순일곱 개의 세계 신기록을 수립하고 올림픽에서 다섯 개의 금메달을 획득한 수영선수 출신이다.

리처드 소프 감독이 1936년에 연출한 이 영화는 지금의 시각으로는 그다지 수위가 높지 않지만, 당시 국내에 개봉된 〈타잔 시리즈〉 중에서 매우 잔혹하고 폭력적이라는 반응을 얻었다.

막대한 재산을 상속받은 제인을 만나러 사촌인 에릭과 리타 남매가 아프리카 콩고로 찾아오는 장면과 타잔과 제인을 해치려는 사냥꾼 프라이 대위가 음모를 꾸미는 장면, 사냥꾼들에게 붙잡혀 영국으로 가게 된 타잔이 희귀종 인간으로 구경거리가 될 뻔했으나 거대한 코끼리떼의 도움으로 그곳을 탈출하는 장면은 지금 봐도 이채롭다.

타잔의 아내 제인 역을 맡은 오설리번은 〈악마의 씨〉로 잘 알려진 미아 패로우의 생모인 동시에 존 패로우 감독의 아내이기도 하다.

* — 원제목 | The Black Swan
* — 개봉제목 | **바다의 정복자**
* — DVD 출시제목 | **검은 백조**
* — 제작연도 | **1942년**
* — 개봉연도 | **1956년**
* — 제작국 | **미국**
* — 컬러 | **컬러**
* — 러닝타임 | **87분**
* — 주연 | Tyrone Power, Maureen O'Hara, Laird Cregar
* — 감독 | Henry King
* — 음악 | Alfred Newman

| 감상포인트 |

1942년 헨리 킹 감독이 연출한 이 영화는 카리브 해를 배경으로 펼쳐지는 바다 사나이들의 용맹과 사랑, 우정을 그린 해적 액션영화의 고전이다.

해적 출신인 헨리 모건(라이어드 크레가)이 영국 왕령에 따라 자메이카의 총독으로 부임하면서 그의 수하인 제이미 와링 선장(타이론 파워)의 도움을 받아 카리브 해의 법과 질서를 평정하려고 한다. 하지만 거침이 없고 용맹스러운 제이미는 영국 귀족의 딸인 마거리트 덴비(모린 오하라)에게 마음을 빼앗기고 이때부터 영화의 전반적인 줄거리는 제이미와 마거리트가 밀고 당기는 사랑의 줄다리기가 펼쳐진다. 여기서 제이미 역을 맡은 잘생긴 타이론 파워의 남성미와 그의 열렬한 구애를 뿌리치는 모린 오하라의 야성미가 시종일관 관객들의 시선을 빼앗는다.

라파엘 사바티니의 원작소설을 각색한 이 영화는 이듬해인 1943년 아카데미영화제에서 〈촬영상〉을 수상했으며, 젊은 날의 앤서니 퀸이 빌리 리치 선장의 부하 워간 역으로 등장한다.

- ★ — 원제목 | The Three Musketeers
- ★ — 개봉제목 | **삼총사**
- ★ — DVD 출시제목 | **삼총사**
- ★ — 제작연도 | **1948년**
- ★ — 개봉연도 | **1954년** | **1973년**(재개봉)
- ★ — 제작국 | **미국**
- ★ — 컬러 | **컬러**
- ★ — 러닝타임 | **125분**
- ★ — 주연 | Lana Turner, Gene Kelly, June Allyson, Van Heflin
- ★ — 감독 | George Sidney
- ★ — 음악 | Herbert Stothart

| 감상포인트 |

이 영화는 1948년 조지 시드니 감독의 액션 모험영화로 알렉산더 듀마의 원작 소설을 각색한 여러 작품 중에서도 가장 짜임새가 있다.

1625년 파리에 도착한 가스콩의 청년 달타냥(진 켈리)과 아토스와 아라미스, 프로토스 등 삼총사와의 만남, 여왕의 신임을 받고 있는 콘스탄스(준 앨리슨)에 대한 사랑, 여왕을 곤경에 빠뜨리는 추기경(빈센트 프라이스)과 요염한 밀정 샬롯(라나 터너), 특히 달타냥이 삼총사의 도움으로 추기경 부하들을 물리치고 국왕 친위대가 되는 후반부는 그동안 뮤지컬 영화에서 다져온 진 켈리의 현란한 몸놀림과 재미난 유머로 인하여 매우 신명나는 상업영화로 관객들에게 사랑을 받았다.

- 원제목 | Scaramouche
- 개봉제목 | **혈투**
- DVD 출시제목 | **스카라무슈**
- 제작연도 | **1952년**
- 개봉연도 | **1973년**(재개봉)
- 제작국 | **미국**
- 컬러 | **컬러**
- 러닝타임 | **115분**
- 주연 | Stewart Granger, Eleanor Parker, Janet Leigh
- 감독 | George Sidney
- 음악 | Victor Young

| 감상포인트 |

조지 시드니 감독이 1952년에 연출한 이 영화는 18세기를 배경으로 하여 뛰어난 검술을 가진 후작 노엘(멜 파라)과 그에 맞서는 사생아 청년 앙드레 모로(스튜어트 그렌저)의 대립과 사랑의 삼각관계, 복수 등을 다룬 액션 검술영화의 고전이다.

귀족들의 횡포에 맞서서 세상에 대한 정의를 실현하려는 가난한 귀족 필립(리처드 앤더슨)이 후작 노엘의 칼에 살해되자, 필립의 절친한 친구인 앙드레가 검술을 배워 복수를 한다는 매우 오락적인 줄거리의 활극이다.

특히 후반부에서 앙드레와 후작 노엘이 극장 안에서 벌이는 검술 장면은 이 영화의 하이라이트이며, 타이틀롤인 앙드레를 둘러싸고 벌이는 후작의 약혼녀 알린(자네트 리)과 무대배우 르노어(엘리너 파커)의 삼각관계도 이 영화를 기억하게 하는 재미있는 볼거리이다.

- 원제목 | Ivanhoe
- 개봉제목 | **흑기사**
- DVD 출시제목 | **흑기사**
- 제작연도 | **1952년**
- 개봉연도 | **1955년**
- 제작국 | **영국, 미국**
- 컬러 | **컬러**
- 러닝타임 | **106분**
- 주연 | Robert Taylor, Elizabeth Taylor, Joan Fontaine, George Sanders
- 감독 | Richard Thorpe
- 음악 | Miklos Rozsa

| 감상포인트 |

리처드 왕이 오스트리아의 어느 성에 포로로 잡혀 있는 사이, 동생 존 왕자가 왕위를 찬탈하려고 음모를 꾸미자 리처드 왕의 측근인 아이반호는 유태인 부호 아이작의 도움을 받아서 리처드 왕을 구하려고 은화 15만 마르크를 마련한다.

영국의 대문호 월터 스코트의 역사소설을 원작으로 한 리처드 소프 감독의 이 액션 드라마는 12세기 십자군 원정길에 나섰던 영국 리처드 왕의 귀환을 돕는 기사 아이반호(로버트 테일러)의 모험담을 그리고 있다.

아이작의 딸 레베카(엘리자베스 테일러)의 도움을 받아 흑마를 탄 흑기사로 무술대회에 출전하는 장면, 부상당한 아이반호를 간호하며 그를 흠모하는 레베카의 장면, 로빈 후드 록슬리 군대가 색슨 왕과 아이반호를 구하기 위해 노르만 성을 공격하는 전투 장면 등은 이 영화를 빛내주는 하이라이트다.

★ — 원제목 | Mogambo

★ — 개봉제목 | **모감보**

★ — DVD 출시제목 | **모감보**

★ — 제작연도 | **1953년**

★ — 개봉연도 | **1955년** | **1965년**(재개봉)

★ — 제작국 | **미국**

★ — 컬러 | **컬러**

★ — 러닝타임 | **115분**

★ — 주연 | Clark Gable, Ava Gardner, Grace Kelly

★ — 감독 | John Ford

| **감상포인트** |

1932년에 클라크 게이블이 출연한 〈Red Dust〉를 또다시 클라크 게이블이 주연을 맡아 1953년에 리메이크한 존 포드 감독의 어드벤처 로맨스 드라마이다.

이 영화는 아프리카 정글을 배경으로 사파리 사냥꾼 빅터 마스웰(클라크 게이블)을 사이에 두고 그를 사랑하는 쇼걸 하니 베어 켈리(에바 가드너)와 인류학자인 아름다운 아내 린다 노들리(그레이스 켈리)가 벌이는 삼각관계를 그리고 있다. 겉으로는 냉정하지만 속으로는 빅터를 향한 걷잡을 수 없는 사랑의 열정을 보여준 린다 역의 그레이스 켈리의 연기가 특히 인상에 남는 작품이다.

- 원제목 | The Master of Ballantrae
- 개봉제목 | **쾌걸 바란트레이 경**
- 제작연도 | **1953년**
- 개봉연도 | **1955년**
- 제작국 | **미국**
- 컬러 | **컬러**
- 러닝타임 | **90분**
- 주연 | Errol Flynn, Roger Livesey
- 감독 | William Keighley
- 음악 | William Alwyn

| 감상포인트 |

위스키 애호가이면서 여성 팬들에게 많은 사랑을 받았던 에롤 프린이 주연한 윌리엄 카일리 감독의 어드벤처 액션 드라마이다.

마치 에롤 프린의 출세작 〈캡틴 블러드〉를 연상하게 하는 이 영화에서 제이미 듀리(에롤 프린)가 사랑하는 여인 앨리슨(베아트리스 캠벨)과 재회를 한 후 형제인 헨리 듀리(앤서니 스틸)와 달아나는 장면은 지금도 기억이 새롭다. 당시 에롤 프린은 촬영장에서 음주를 금지당하자 주사기로 오렌지에 보드카를 주입해 두고 마셨다.

* — 원제목 | Il Maestro di Don Giovanni
* — 개봉제목 | 검호와 공주
* — 제작연도 | 1954년
* — 개봉연도 | 미상
* — 제작국 | 이탈리아, 미국
* — 컬러 | 컬러
* — 러닝타임 | 86분
* — 주연 | Errol Flynn, Gina Lollobrigida
* — 감독 | Milton Krims
* — 음악 | Alessandro Cicognini, Gino Marinuzzi

| 감상포인트 |

밀튼 크림스 감독이 시나리오를 쓰고 연출한 이 영화는 미국과 이탈리아가 합작한 어드벤처 액션 드라마이다.

짜임새가 있는 작품은 아니지만 당시 한창 잘 나가던 에롤 프린과 이탈리아의 마릴린 먼로라고 불리던 지나 롤로브리지다를 기용해서 만든 시대극으로 에롤 프린은 프란체스카 공주(지나 롤로브리지다)의 왕국을 구하기 위해 떠나는 모험가 렌조 역을 연기한다.

이 영화에 출연할 당시 스물일곱 살인 지나 롤로브리지다는 인형처럼 귀여운 얼굴로 국내 남성 팬들로부터 많은 사랑을 받았다.

- 원제목 | Prince Valiant
- 개봉제목 | **정염의 검사**
- DVD 출시제목 | **프린스 밸리언트**
- 제작연도 | **1954년**
- 개봉연도 | **미상**
- 제작국 | **미국**
- 컬러 | **컬러**
- 러닝타임 | **100분**
- 주연 | James Mason, Janet Leigh, Robert Wagner
- 감독 | Henry Hathaway
- 음악 | Franz Waxman

| 감상포인트 |

제임스 메이슨과 로버트 와그너의 폭발적인 검술 액션이 돋보인 이 영화는, 바이킹 왕국의 왕자 밸리언트(로버트 와그너)가 정의롭고 용맹스러움으로, 영국 아더왕에게 작위를 받아 원탁의 기사가 된다는 내용의 매우 흥미진진한 액션 시대극이다.

밸리언트가 자신을 구해준 생명의 은인 알레타 공주(자네트 리)를 사이에 두고 아더왕의 기사 가와인(스털링 헤이든)과 벌이는 삼각관계는 사랑스럽기만 하고, 반역을 꾀하는 아더왕의 이복형제 브랙 경(제임스 메이슨)과 결투하는 밸리언트 왕자의 라스트신은 시종일관 손에 땀을 쥐게 한다.

★ — 원제목 | Elephant Walk
★ — 개봉제목 | **거상의 길**
★ — DVD 출시제목 | **거상의 길**
★ — 제작연도 | **1954년**
★ — 개봉연도 | **1956년**
★ — 제작국 | **미국**
★ — 컬러 | **컬러**
★ — 러닝타임 | **103분**
★ — 주연 | Elizabeth Taylor, Dana Andrews, Peter Finch
★ — 감독 | William Dieterle
★ — 음악 | Franz Waxman

| 감상포인트 |

우렁찬 코끼리의 울음소리로 시작하는 이 모험 액션드라마는 실론의 정글 속에서 벌어지는 남녀 간의 로맨스와 삼각관계의 갈등, 코끼리 떼와 벌이는 인간의 대결구도가 볼만한 부담 없는 작품이다.

이 영화는 아프리카가 아니라 실론(지금의 인도네시아)의 차 농장이 그 무대로, 결혼한 지 얼마 안 되는 여주인공 루스 윌리(엘리자베스 테일러)가 새로운 환경과 시아버지에 대한 강박관념 때문에 환경에 적응하지 못하는 상황을 그려준다.

특히 루스 윌리가 수호천사 같은 남자 딕 카버(다나 앤드류스)와 벌이는 로맨스는 매우 감칠맛 나는 장면이며, 1976년 〈네트워크〉로 오스카 남우주연상을 받은 피터 핀치가 리즈 테일러의 남편 존 윌리 역을 맡고 있다.

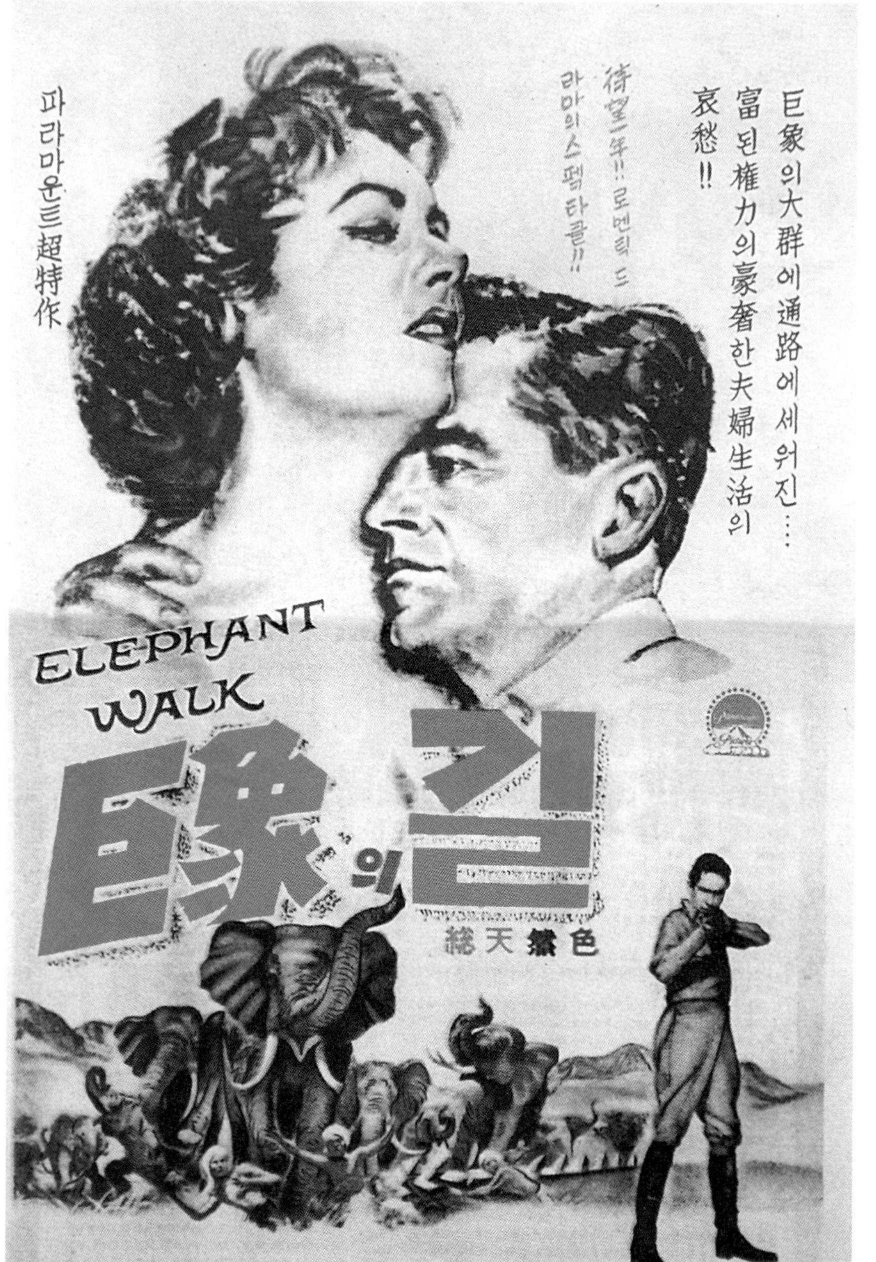

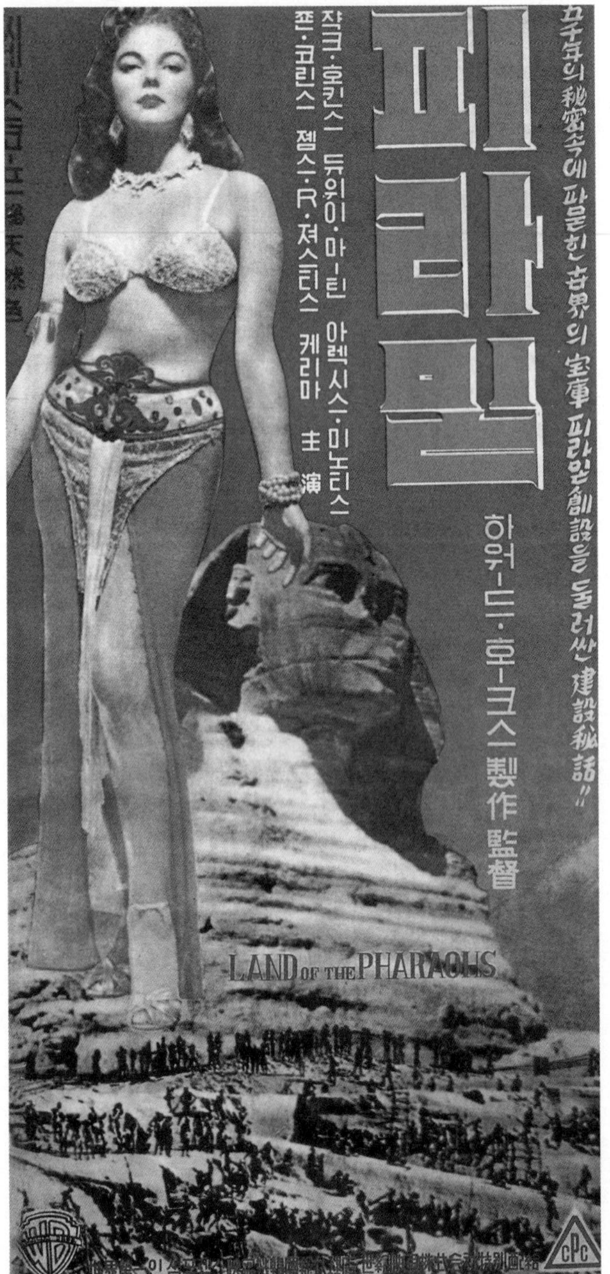

- 원제목 | Land of The Pharaohs
- 개봉제목 | **피라미드**
- DVD 출시제목 | **파라오**
- 제작연도 | **1955년**
- 개봉연도 | **1957년**
- 제작국 | **미국**
- 컬러 | **컬러**
- 러닝타임 | **106분**
- 주연 | Jack Hawkins, Joan Collins
- 감독 | Howard Hawks
- 음악 | Dimitri Tiomkin

| 감상포인트 |

1955년 하워드 혹스 감독이 연출한 이 시대극은 거대한 왕의 무덤 피라미드를 만든 고대 이집트의 왕 파라오에 관한 이야기를 담고 있다.

수많은 엑스트라를 동원한 파라오 왕의 귀환 장면은 물론이고 왕의 사후에 묻힐 거대한 무덤 피라미드를 건설하는 장면들은 컴퓨터 그래픽이 아닌 실제 크기의 세트에서 촬영되어 매우 웅장한 스케일을 선보인다.

특히 영화가 시작된 지 30분이 지나서 등장하는 조앤 콜린스는 키프라스라는 작은 나라의 넬리퍼 공주로 등장하여 파라오왕(잭 호킨스)을 유혹하는 매우 뇌쇄적인 연기를 한다.

★ — 원제목 | Notre-Dame de Paris | The Hunchback Of Notre Dame

★ — 개봉제목 | 노틀담의 꼽추

★ — DVD 출시제목 | 노틀담의 꼽추

★ — 제작연도 | 1956년

★ — 개봉연도 | 1957년 | 1972년(재개봉)

★ — 제작국 | 이탈리아, 프랑스

★ — 컬러 | 컬러

★ — 러닝타임 | 115분

★ — 주연 | Gina Lollobrigida, Anthony Quinn

★ — 감독 | Jean Delannoy

★ — 음악 | Georges Auric

| 감상포인트 |

장 들라노이 감독이 1956년 그 유명한 빅토르 위고의 원작 소설을 각색 · 연출한 이 영화는 인간의 운명과 영혼에 관해 그려낸 비극적인 시대극의 고전이다.

당대 최고의 여배우 지나 롤로브리지다는 떠도는 집시 에스메랄다 역을 맡아 대성당에 사는 연금술사 클로드 프롤로와 종탑지기 콰지모도의 영혼을 빼앗아 사랑의 대상이 되어 목숨을 잃게 되는 관능적인 여인으로 등장한다.

프롤로의 질투 때문에 위기에 몰린 에스메랄다를 구한 다음 그녀를 목숨 걸고 사랑하는 꼽추 콰지모도 역을 성격파 배우 앤서니 퀸이 연기한다. 특히 붉은 드레스를 입고 매혹적인 춤을 추는 지나 롤로브리지다는 국내 개봉 당시 수많은 남성 팬들로부터 인기를 얻으면서 관객동원에 불을 붙였다.

- ★ — 원제목 | Zarak
- ★ — 개봉제목 | **열사의 무**
- ★ — 제작연도 | **1956년**
- ★ — 개봉연도 | **미상**
- ★ — 제작국 | **영국**
- ★ — 컬러 | **컬러**
- ★ — 러닝타임 | **99분**
- ★ — 주연 | Victor Mature, Michael Wilding, Anita Ekberg
- ★ — 감독 | Terence Young
- ★ — 음악 | William Alwyn

| 감상포인트 |

테렌스 영 감독의 이 영화는 1950년대에 성행하던 사막을 배경으로 한 모험영화의 한 편으로, 아버지의 여자와 사랑에 빠진 청년 자락 칸의 금단의 사랑을 그린 액션 로맨스의 고전이다.

빅터 마추어가 연기하는 재치 있고 예술적인 감각의 자락 칸은 아버지 하지 칸(프레데릭 발크)의 첩인 셀마와 사랑에 빠져서 아버지를 배신하고 마는데, 셀마 역을 맡은 금발의 애니타 에크버그는 마치 조각상처럼 빼어난 관능미로 관객들의 시선을 붙들어 놓는다.

영화의 배경이 되는 1860년대 인도와 아프가니스탄의 산이 많은 국경지역은 실제로 모든 촬영을 모로코에서 강행했으며, 당시 엘리자베스 테일러의 두 번째 남편인 마이클 와일딩이 영국 장교 마이클 잉그램 소령으로 출연한다.

★ — 원제목 | Bhowani Junction

★ — 개봉제목 | **보와니 분기점**

★ — 제작연도 | **1956년**

★ — 개봉연도 | **1957년** | **1965년**(재개봉)

★ — 제작국 | **미국, 영국**

★ — 컬러 | **컬러**

★ — 러닝타임 | **110분**

★ — 주연 | Ava Gardner, Stewart Granger

★ — 감독 | George Cukor

★ — 음악 | Miklos Rozsa

| **감상포인트** |

1956년 조지 쿠커 감독이 연출한 이 로맨스 어드벤처는 인도가 영국으로부터 식민지에서 벗어나기 직전 독립일 하루 전에 일어나는 이야기를 다룬다.

에바 가드너가 영국인 기관사를 아버지로 둔 인도의 혼혈 여성 빅토리아 존스 역으로 등장하고, 로드니 사베지 대령으로 출연한 스트워트 그렌저는 철도 연합도시인 보와니에서 만행을 저지르는 영국군 사령관으로 출연한다.

조지 쿠커 감독은 1947년 독립 직전의 혼란한 인도 사회를 재현하기 위해서 파키스탄에서 촬영을 진행했으며, 비폭력주의자 마하트마 간디도 언뜻 조역으로 등장한다.

- ★ ― 원제목 | The Mountain
- ★ ― 개봉제목 | 산
- ★ ― DVD 출시제목 | 산
- ★ ― 제작연도 | 1956년
- ★ ― 개봉연도 | 1957년 | 1965년(재개봉)
- ★ ― 제작국 | 미국
- ★ ― 컬러 | 컬러
- ★ ― 러닝타임 | 106분
- ★ ― 주연 | Spencer Tracy, Robert Wagner
- ★ ― 감독 | Edward Dmytryk
- ★ ― 음악 | Daniele Amfitheatrof

| 감상포인트 |

동생을 끔찍이 아끼는 부모와 같은 형 재커리(스펜서 트레이시)와 나이 든 형을 미워하는 탐욕스러운 동생 크리스(로버트 와그너)의 형제 이야기를 그린 이 산악 드라마는 제작 당시 실제 리얼타임의 등반 장면을 연출하여 커다란 화제를 일으킨 작품이다.

추락한 비행기에서 시체들의 재물을 훔치려는 동생 크리스와 함께 어쩔 수 없이 산을 타게 된 재커리가 인도 여인(힌두 걸)을 구조한 모든 공로를 실족사한 동생에게 돌리는 라스트신에 가면 인생사 부질없음을 느끼게 해 주며, 특히 스펜서 트레이시의 노련한 연기는 더욱 관객의 심금을 울린다.

에드워드 드미트릭 감독은 1954년 〈부러진 창〉에 이어서 또다시 스펜서 트레이시와 로버트 와그너를 기용하여 탄력 있는 형제간의 갈등을 잘 그려내고 있으며, 나중에 비행기에서 구조되는 인도 여인 역을 맡은 여배우는 당시 말론 브란도의 첫 번째 아내인 안나 카쉬피이다.

★ – 원제목 | Omar Khayyam
★ – 개봉제목 | **페르샤의 용자**
★ – 제작연도 | **1957년**
★ – 개봉연도 | **미상**
★ – 제작국 | **미국**
★ – 컬러 | **컬러**
★ – 러닝타임 | **101분**
★ – 주연 | Cornel Wilde, Michael Rennie, Debra Paget
★ – 감독 | William Deiterle
★ – 음악 | Victor Young

| 감상포인트 |

1945년 〈애수의 호수〉에서 잘 생긴 소설가로 등장했던 코넬 와일드 주연의 이 영화는 페르시아의 용기 있는 시인 오마르 카얌의 사랑과 모험을 그린 어드벤처 드라마이다.

타이틀롤인 코넬 와일드가 연기하는 오마르 카얌은 11세기 페르시아에서 가장 빛나는 수학자와 시인으로 등장하고, 윌리엄 디털리 감독은 낭만적인 술탄의 신부에 관한 에피소드와 술탄의 아들을 죽이려는 꽃무늬 문양의 암살 집단을 그려낸다.

당시 인기 있는 1950년대 모험영화의 스타들인 에롤 플린과 타이론 파워처럼 코넬 와일드도 이 영화를 자신의 대표작으로 그의 필모그래피에 올렸다. 이 영화는 1954년 〈고원의 결투〉의 주제가 〈Johnny Guitar〉로 유명한 작곡가 빅터 영의 마지막 작품이 되었다.

原名 오-마·카이얌
페르샤의 勇者
파라마운트社超大作
總天然色
VISTAVISION
윌리암·듸-타레 監督
고-넬·와일드
데보라·파젯트 主
마이켈·레이니
죤-·데레크 演
痛快! 迫力! 스펙타클! 陰謀의 大波瀾!

- ★ — 원제목 | Interpol
- ★ — 개봉제목 | **여권 8241의 여인**
- ★ — 제작연도 | **1957년**
- ★ — 개봉연도 | **1958년**
- ★ — 제작국 | **영국**
- ★ — 컬러 | **흑백**
- ★ — 러닝타임 | **92분**
- ★ — 주연 | Victor Mature, Anita Ekberg, Trevor Howard
- ★ — 감독 | John Gilling
- ★ — 음악 | Richard Bennett

| 감상포인트 |

1960년대 영국의 유명한 프로듀서 앨버트 R. 브로콜리가 제작한 이 범죄물은 그가 《007 시리즈》의 첫 번째 작품인 《007 살인번호》를 제작하기 5년 전에 발표한 일종의 첩보 액션 스릴러이다.

타이틀롤을 맡은 빅터 마추어는 국제적인 마약단을 추적하는 미국의 마약담당 수사관 찰스 스터지스로 등장하고, 국제경찰 인터폴의 수사망을 피해 뉴욕과 런던, 리스본, 로마, 나폴리, 아테네로 달아나는 마약단 보스 프랭크 맥날리 역은 데이비드 린 감독의 영화 《밀회》에서 좋은 연기를 보여준 트레버 하워드가 맡았다. 특히 프랭크 맥날리의 공범인 지나 브로거 역으로 출연하는 스웨덴 출신의 아니타 에크버그는 나중에 《007 시리즈》의 아이콘이 된 본드걸의 모델이 된다.

★ ─ 원제목 | Killers of Kilimanjaro
★ ─ 개봉제목 | **키리만자로의 결투**
★ ─ 제작연도 | **1959년**
★ ─ 개봉연도 | **1960년 9월**
★ ─ 제작국 | **영국**
★ ─ 컬러 | **컬러**
★ ─ 러닝타임 | **91분**
★ ─ 주연 | Robert Taylor, Anthony Newley, Anne Aubrey
★ ─ 감독 | Richard Thorpe
★ ─ 음악 | William Alwyn

| 감상포인트 |

1959년 리처드 소프 감독의 이 영화는 로버트 테일러의 후기작으로서 인간성에 대해 매우 혐오스러운 범죄인 노예 무역을 다룬 어드벤처 드라마이다.

타이틀롤인 로버트 테일러가 연기하는 로버트 애덤슨은 아프리카에 철도를 건설하기 위한 엔지니어로 선정되어 동아프리카에서 몸바사로 가게 되는데, 영국 소녀 제인 칼튼은 여행을 하다가 우연히 만난 로버트 애덤슨에게 반한다. 제인 칼튼 역은 스물두 살의 영국 출신 여배우 앤 오브리가 맡았다.

언뜻 개봉 제목만으로는 서부극 같은 느낌이 들지만 노예들의 수송을 목적으로 하는 인간의 탐욕과 부조리를 풍자한 이 작품은 좀처럼 찾아보기 힘든 아프리카 모험물이다.

- ⋆ — 원제목 | Spartacus
- ⋆ — 개봉제목 | **스팔타카스**
- ⋆ — DVD 출시제목 | **스팔타커스**
- ⋆ — 제작연도 | **1960년**
- ⋆ — 개봉연도 | **1964년**
- ⋆ — 제작국 | **미국**
- ⋆ — 컬러 | **컬러**
- ⋆ — 러닝타임 | **184분**
- ⋆ — 주연 | Kirk Douglas, Laurence Olivier, Jean Simmons
- ⋆ — 감독 | Stanley Kubrick
- ⋆ — 음악 | Alex North

| 감상포인트 |

B.C. 1년 퇴폐기의 로마시대를 배경으로 검투사 스팔타커스의 노예 폭동을 그린 작가 하워드 패스트의 원작소설을 각색한, 장장 세 시간이 넘는 스탠리 큐브릭 감독의 스펙터클한 액션 대서사극이다.

타이틀롤을 맡은 커크 더글러스는 1959년 윌리엄 와일러 감독의 〈벤허〉에서 벤허 역을 원하지만 그 역이 찰턴 헤스턴에게 돌아가자 실망한 나머지 이 영화를 직접 기획 제작하여 세상을 놀라게 한다. 처음에 기용된 앤서니 만 감독 대신에 연출을 맡은 약관의 스탠리 큐브릭 감독은 커크 더글러스의 후원을 받아 1200만 달러의 제작예산으로 스페인의 마드리드 인근에서 촬영을 감행했다. 1만 명이 넘는 엑스트라와 스페인 보병연대로부터 지원받은 8천 명의 정예병사와 함께 초원에서의 대전투 장면을 연출했으며, 검투사 양성소와 후반부 십자가 처형 장면들은 〈벤허〉와 버금가는 명장면들이다.

진 시몬즈와 영국 로열 아카데미 출신의 3인방 찰스 로튼과 로렌스 올리비에, 피터 유스티노프의 연기가 매우 뛰어나다.

- 개봉제목 | **손오공**
- 제작연도 | **1962년**
- 개봉연도 | **1962년 국도극장**
- 제작국 | **한국, 홍콩**
- 컬러 | **컬러**
- 러닝타임 | **100분**
- 주연 | **김희갑, 최무룡, 김지미, 양훈**
- 감독 | **김수용**
- 음악 | **박시춘**

| 감상포인트 |

한양영화공사가 홍콩과 합작으로 제작한 김수용 감독의 이 영화는 당나라의 삼장법사(최무룡)가 사천으로 불경을 체득하러 가는 길에 오행산의 손오공(김희갑)과 겪게 되는 여정을 그린 한국 로드무비의 고전이다.

삼장법사가 마법에 걸린 손오공을 길잡이로 만드는 장면, 일행에 합류한 저팔계(양훈)가 요괴들에게 잡혀가는 장면과 손오공이 우마왕의 부인 철선공주로 둔갑하여 삼장법사를 구하는 장면에서 손에 땀을 쥐게 된다.

이 영화는 파나마 국제영화제에 출품되어 화제가 되었다.

- ★ ─ 원제목 | It's A Mad Mad Mad Mad World
- ★ ─ 개봉제목 | **매드 매드 대소동**
- ★ ─ 제작연도 | **1963년**
- ★ ─ 개봉연도 | **1969년**
- ★ ─ 제작국 | **미국**
- ★ ─ 컬러 | **컬러**
- ★ ─ 러닝타임 | **154분**
- ★ ─ 주연 | Spencer Tracy, Milton Berle, Sid Caesar
- ★ ─ 감독 | Stanley Kramer
- ★ ─ 음악 | Ernest Gold

| 감상포인트 |

유능한 프로듀서 출신의 스탠리 크레이머 감독이 스펜서 트레이시와 손잡고 만든 이 요절복통의 액션 코미디는 인간의 단순한 탐욕 때문에 벌어지는 신나는 해프닝을 매우 템포 빠른 이야기로 그려낸다.

사막에서 추락사를 당한 운전자가 자신을 도우러온 다섯 명의 남자에게 '주립공원에 35만 달러의 현금이 묻혀 있다'고 언급하자, 그 말을 전해 들은 여러 직종의 사람들이 돈을 먼저 차지하기 위해 수단과 방법을 가리지 않고 주립공원으로 달려간다.

서사적인 추적코미디로 연출된 이 영화에는 타이틀롤인 스펜서 트레이시를 비롯한 밀튼 베를, 미키 루니, 조나단 원터즈의 배꼽 잡는 연기가 빛을 발한다.

★ — 원제목 | From Russia with Love

★ — 개봉제목 | **007 위기일발**

★ — DVD 출시제목 | **007 위기일발**

★ — 제작연도 | **1963년**

★ — 개봉연도 | **1964년**

★ — 제작국 | **영국**

★ — 컬러 | **컬러**

★ — 러닝타임 | **110분**

★ — 주연 | Sean Connery, Daniela Bianchi, Robert Shaw

★ — 감독 | Terence Young

★ — 음악 | John Barry

| 감상포인트 |

최신식 암호 해독기, 이스탄불의 탈출, 소련의 여자 스파이 등으로 상징되는 국내 최초로 개봉된 이 영화는 테렌스 영 감독이 연출한 《007 시리즈》 그 두 번째 작품이다.

제임스 본드 신드롬을 일으키며 타이틀롤인 숀 코넬리의 인기는 하늘을 찌를 듯했고 '본드걸' 1호라고 할 수 있는 타티아나 역의 다니엘라 비앙키와의 거울 앞 베드신은 많은 화제를 일으켰으며 오리엔트 급행열차 안에서 악당 스펙터의 부하 그랜트(로버트 쇼)와 벌이는 생사를 건 대결장면은 이 영화의 하이라이트이다. 특히 베니스에 여장을 푼 뒤 매트 몬로의 동명의 주제가가 흐르는 가운데 곤돌라 위에서 숀 코넬리의 감미로운 키스신은 이 영화를 기억하게 하는 매우 낭만적인 에필로그이다.

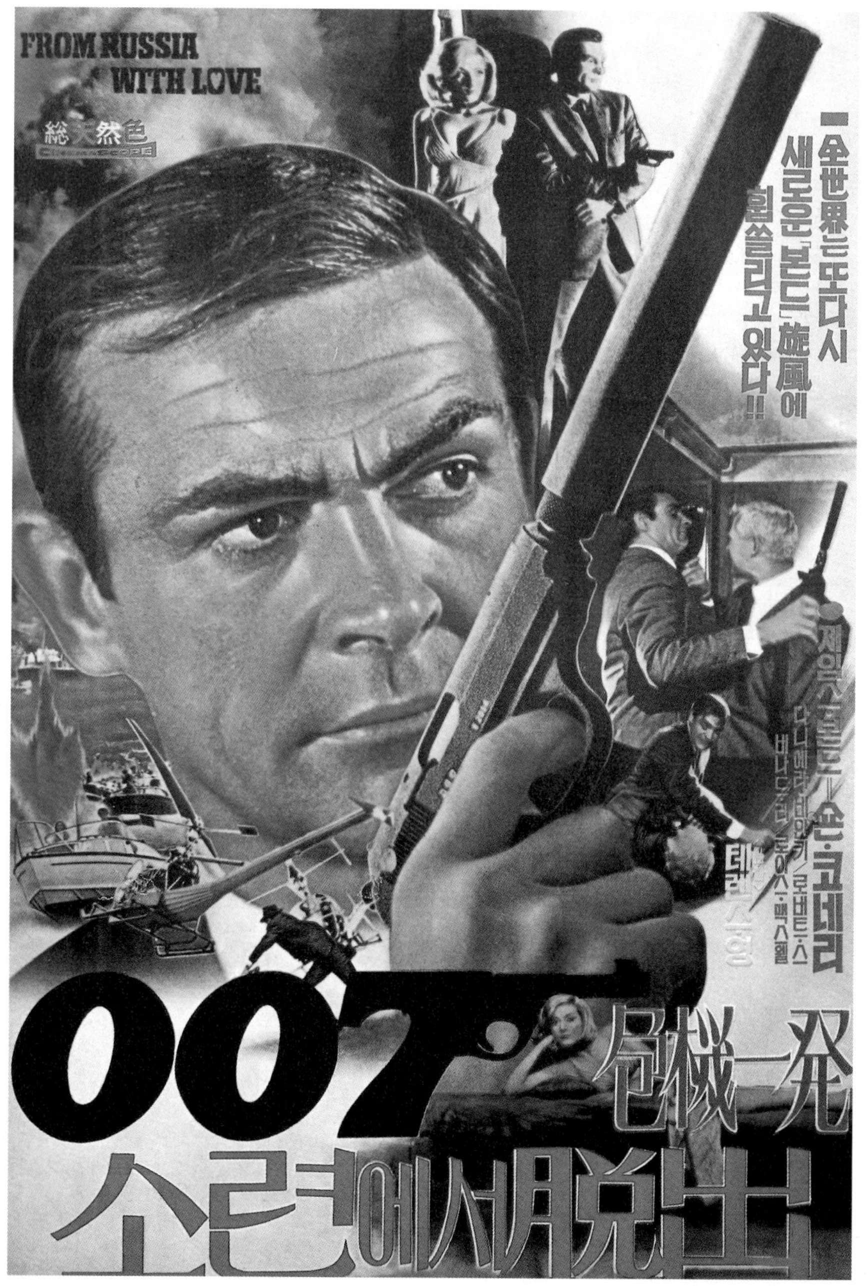

- 원제목 | Cleopatra
- 개봉제목 | **크레오파트라**
- DVD 출시제목 | **클레오파트라**
- 제작연도 | **1963년**
- 개봉연도 | **1967년**
- 제작국 | **영국, 미국, 스위스**
- 컬러 | **컬러**
- 러닝타임 | **192분**
- 주연 | Elizabeth Taylor, Richard Burton, Rex Harrison
- 감독 | Joseph L. Mankiewicz
- 음악 | Alex North

| 감상포인트 |

국내 개봉 당시 긴 러닝타임 때문에 〈벤허〉와 마찬가지로 상영 중간에 휴식하는 'Intermission' 타임이 적용된 이 영화는 카를로 마리오 프란제로의 소설 〈클레오파트라의 삶과 시간들〉을 각색한 조셉 L. 맨키위츠 감독의 액션 서사극이다.

러닝타임 3시간 12분의 이 긴 이야기는 클레오파트라를 중심으로 전반은 줄리어스 시저, 후반은 안토니우스와의 에피소드가 흥미롭게 이어진다. 특히 중반부터 시작되는 클레오파트라와 안토니우스의 만남과 사랑, 계속되는 증오와 반목의 시간이 스크린을 압도한다.

여기서 타이틀롤을 맡은 엘리자베스 테일러와 리처드 버튼은 연기 호흡을 맞추면서 실제로 영화 같은 사랑에 빠져 촬영 도중에 결혼식을 올리는 역사적인 가십거리를 제공했으나 흥행에는 실패하여 제작사인 컬럼비아 영화사에 큰 손실을 가져다주었다.

★ – 개봉제목 | 제3지대

★ – 제작연도 | 1963년

★ – 개봉연도 | 1968년 국제극장

★ – 제작국 | 미국

★ – 컬러 | 컬러

★ – 러닝타임 | 90분

★ – 주연 | 최무룡, 박노식, 김지미

★ – 감독 | 최무룡

★ – 음악 | 전정근

| 감상포인트 |

KBS-TV의 〈실화극장〉을 각색한 이 영화는 일본 땅에서 벌어지는 이데올로기가 서로 다른 형제의 이야기를 다룬 반공 액션 드라마이다.

메가폰까지 잡은 최무룡은 공산주의자인 친형 박주석(박노식)과 대립하는 박의석 역을 맡아 형을 위해 복역도 하고 위험에 빠진 어머니(황정순)와 애인 정자(김지미)를 구하는 정의로운 자유주의자로 등장한다.

연기자 출신 감독답게 조연들의 캐스팅에도 세심하게 신경 쓴 최무룡은 박노식과의 투톱 연기를 최대한 그 수위를 높이고 있으며, 힘 있고 선이 굵은 드라마를 연출한다.

'제3지대'란 당시 조총련이 출몰하던 반공법이 없는 일본 지역을 의미한다.

- 개봉제목 | **빨간 마후라**
- 제작연도 | **1964년**
- 개봉연도 | **1964년**
- 제작국 | **한국**
- 컬러 | **컬러**
- 러닝타임 | **100분**
- 주연 | **최은희, 신영균, 최무룡, 한은진**
- 감독 | **신상옥**
- 음악 | **황문평**

| 감상포인트 |

1964년 명보극장 단일관에서 개봉되어 당시 25만 명의 관객 동원을 하면서 흥행에 성공한 이 영화는 한국전쟁 당시 한국 공군 파일럿의 활약을 그린 신상옥 감독이 연출한 액션 드라마의 고전이다.

폭발적인 전쟁 장면보다는 파일럿들의 우정과 사랑을 낭만적으로 담고 있으며 한국 영화 최초로 공중전을 처음 선보인 작품으로 기록된다.

또한 나관중 소령으로 등장한 신영균은 제11회 아시아태평양 영화제에서 〈남우주연상〉을 수상했는가 하면 자니 브라더즈가 부른 황문평 작곡의 경쾌한 주제가는 영화팬들로부터 많은 인기를 얻었다.

* — 원제목 | Adieu L'ami

* — 개봉제목 | **아듀 라미**

* — DVD 출시제목 | **아듀 라미**

* — 제작연도 | **1968년**

* — 개봉연도 | **1968년**

* — 제작국 | **프랑스, 이탈리아**

* — 컬러 | **컬러**

* — 러닝타임 | **115분**

* — 주연 | Alain Delon, Charles Bronson

* — 감독 | Jean Herman

* — 음악 | Francois de Roubaix

| 감상포인트 |

경찰에 끌려가는 찰스 브론슨에게 무표정하게 담뱃불을 붙여주던 알랭 들롱의 모습이 기억나는 이 영화는 사실 당시 찰스 브론슨이 유럽으로 건너가서 출연한 그의 실질적인 출세작이다.

이 짜릿한 투톱의 라스트신으로 기억되는 1968년 진 헤르먼 감독의 이 액션드라마는 알제리 전투에서 만난 두 전우 디노 바렌(알랭 들롱)과 프란즈 프롭(찰스 브론슨)이 돈을 강탈하다가 우연히 지하실에 갇혀서 갈등 끝에 우정을 나누는 이야기가 작품의 골격을 이룬다.

상체를 드러내는 남성 판타지를 연출한 찰스 브론슨은 1970년 르네 클레망 감독의 〈빗속의 방문객〉에 출연하면서 그 이후 10여 년 동안 인기 절정의 액션배우로 자리 잡는다.

- 개봉제목 | **십오야**
- 제작연도 | **1969년**
- 개봉연도 | **1969년**
- 제작국 | **한국**
- 컬러 | **컬러**
- 러닝타임 | **90분**
- 주연 | **박노식, 남진, 남정임**
- 감독 | **임권택**
- 음악 | **김용환**

| 감상포인트 |

이성계의 조선 왕조 건국 초기를 배경으로 펼쳐지는 임권택 감독의 이 무협물은 자식이 뒤바뀌어 원수가 된 두 집안의 비극적인 운명을 다룬다.

당시 인기가수 남진은 반정을 도모하는 현감 박만도(박노식)의 아들로 등장하고 남정임은 박만도의 손에 죽은 김진국(이낙훈)의 딸 매화 역을 맡아 무술이 매우 뛰어난 남장 여객을 연기한다.

홍콩 무협영화인 〈흑나비〉처럼 여성 검객을 주인공으로 내세웠다는 점에서 이 영화는 관객들의 반응이 괜찮았으며, 와이어를 이용한 무술 액션들이 볼만하다.

★ — 원제목 | Citta Violenta
★ — 개봉제목 | **방랑객**
★ — 제작연도 | **1970년**
★ — 개봉연도 | **1972년**
★ — 제작국 | **이탈리아, 프랑스**
★ — 컬러 | **컬러**
★ — 러닝타임 | **100분**
★ — 주연 | Charles Bronson, Jill Ireland, Telly Savalas
★ — 감독 | Sergio Sollima
★ — 음악 | Ennio Morricone

| 감상포인트 |

이탈리안 웨스턴 〈빅 건다운〉과 〈바운터 킬러〉로 잘 알려진 셀지오 솔리마 감독이 당시 찰스 브론슨과 질 아일랜드 부부와 손잡고 연출한 액션 스릴러이다.

마치 클린트 이스트우드가 강력계 형사 더티 하리를 연기하듯이 셀지오 솔리마 감독은 찰스 브론슨을 도시의 무법자, 즉 살인청부업자(킬러)인 제프 헤스턴으로 출연시켜 냉혹하고 하드보일드한 드라마를 전개한다. 이 영화는 제프 헤스턴이 자신의 정부 바네사(질 아일랜드)와 버진 아일랜드에서 휴가를 보내는 장면으로 시작된다.

〈코작 시리즈〉의 텔리 사발라스가 조직의 보스 앨 웨버로 등장하고 시종일관 우울한 느낌으로 가슴을 파고드는 엔니오 모리코네의 영화음악은 영화보기에 재미를 더해 준다.

放浪客
總天然色 TECHNISCOPE
〈訪問客〉의 찰스·브론슨夫婦가 또다시
〈放浪客〉이 되어 돌아왔다.
71年度를 席捲할
世界未公開 로망·서스펜스特作
보라! 背信한 女人의 末路를
들으라! 怒號하는 野獸의 피맺힌 絶叫를
切迫한 狀況. 無望한 사랑
最後는 오직 一擊이 있을뿐……!
暗黑街를 휩쓰는 激情의 怒濤.
질주와 速射에 멍드는 非情街
찰스·브론슨
"브론슨夫人"
질·아일랜드
"007과 女王陛下"
테리·사바라스
監督 셀지오·솔리마
音樂 엔니오·모리코네
CHARLES BRONSON IN
VIOLENT CITY

- 원제목 | The Light at the Edge of the World
- 개봉제목 | 그레이트 시맨
- 제작연도 | 1971년
- 개봉연도 | 1972년
- 제작국 | 미국, 스페인, 스위스
- 컬러 | 컬러
- 러닝타임 | 120분
- 주연 | Kirk Douglas, Yul Brynner, Samantha Eggar
- 감독 | Kevin Billington
- 음악 | Piero Piccioni

| 감상포인트 |

1972년에 국내에 소개된 케빈 빌링턴 감독이 연출한 이 어드벤처 드라마는 우리에게 〈80일간의 세계일주〉와 〈해저 2만리〉, 〈잃어버린 세계를 찾아서〉로 잘 알려진 SF소설의 문호 쥘 베른의 원작소설을 각색한 작품이다.

외딴 섬에서 등대지기를 하고 있는 윌 덴튼(커크 더글러스)이 자신의 목숨을 노리는 해적 두목 조나단 콘그레(율 브린너)와 맞서 싸운다. 윌리엄 와일러의 〈콜렉터〉로 오스카 여우주연상을 수상한 사만다 에가는 좌절과 연민의 정을 불러일으키는 여인 아라벨라 역을 연기한다.

외로운 전사 같은 커크 더글러스와 악명 높은 율 브린너의 투톱 연기가 볼만한 이 영화는 1993년 〈등대의 혈투〉라는 제목으로 TV로 방영되었다.

★ — 원제목 | Haathi mere Saathi

★ — 개봉제목 | 신상

★ — DVD 출시제목 | 신상

★ — 제작연도 | 1971년

★ — 개봉연도 | 1975년

★ — 제작국 | 인도

★ — 컬러 | 컬러

★ — 러닝타임 | 미상

★ — 주연 | Rajesh Khanna, Tanuja

★ — 감독 | M. A. Thirumugham

★ — 음악 | Laxmikant Shantaram Kudalkar

감상포인트

1975년 중앙극장 단일관에서 개봉된 이 영화는 국내 최초로 수입 상영된 인도 영화이다.

차를 몰고 가다가 잃어버린 어린 아들 라주가 자신을 구해준 코끼리와 우정을 나누는 마치 가족영화를 연상하게 하는 뮤지컬 작품으로, 당시 아시아권에서도 개봉되어 흥행에 성공했는가 하면 미국의 뉴욕타임스도 기적을 일으킨 아시아영화라고 극찬을 했다.

한번쯤 훙얼거리게 하는 주제가는 영화팬들의 많은 사랑을 받았으며, 인간에 대한 코끼리의 헌신적인 사랑에 감동을 받은 어드벤처 드라마의 화제작이다.

香港의巨匠 張徹監督의〈黑客〉〈拳擊〉을 圧倒하는
人間탱크 羅烈의 鉄拳炸裂!!

KING BOXER
中国名 · 天下第一拳

田豊 〈외팔이〉의
汪萍 〈외팔이〉의
羅烈 〈龍虎의 決鬪〉〈深夜의 決鬪〉의
洪性中
陳鳳鎭
金琪珠

鉄人

監督 · 鄭昌和

- ⋆ – 원제목 | 天下第一拳
- ⋆ – 개봉제목 | 철인
- ⋆ – DVD 출시제목 | 철인
- ⋆ – 제작연도 | 1972년
- ⋆ – 개봉연도 | 1973년
- ⋆ – 제작국 | 홍콩
- ⋆ – 컬러 | 컬러
- ⋆ – 러닝타임 | 104분
- ⋆ – 주연 | 라열(로레), 왕평, 전풍
- ⋆ – 감독 | 정창화

| 감상포인트 |

홍콩 영화 최초로 미국 박스오피스 1위를 차지하며 세계적으로 파란을 일으킨 이 영화는 미국 개봉 제목은 〈죽음의 다섯 손가락〉이며, 국내에서는 〈철인〉(鐵人)이라는 제목으로 개봉되어 큰 인기를 얻었다.

〈철수무정〉으로 잘 알려진 라열(로레)이 특수 철장비법을 연마하여 무술대회에서 보여주는 액션 시퀀스는 매우 가공할 만하며, 쿠엔틴 타란티노는 이 영화를 텍스트로 하여 〈킬빌 시리즈〉의 이미지를 구상하기도 했다.

〈아랑곡의 혈투〉와 아울러 정창화 감독의 홍콩 진출작인 이 영화는 잘 짜인 무술 연기와 더불어 결정적 순간이면 어김없이 배경에 흐르는 퀸시 존스가 작곡한 〈아이언사이드〉의 스코어는 너무도 강렬하다.

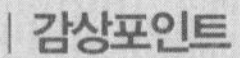

★ — 원제목 | Enter The Dragon

★ — 개봉제목 | **용쟁호투**

★ — DVD 출시제목 | **용쟁호투**

★ — 제작연도 | **1973년**

★ — 개봉연도 | **1973년**

★ — 제작국 | **홍콩, 미국**

★ — 컬러 | **컬러**

★ — 러닝타임 | **98분**

★ — 주연 | Bruce Lee, John Saxon, Kien Shih

★ — 감독 | Robert Clouse

★ — 음악 | Lalo Schifrin

| 감상포인트 |

이소룡이 연기하는 소림사 출신의 무술인 리가 악당 한(쉬 키엔)의 섬에 잠입하여 한의 조직화된 마약제조와 여성 인신매매 범죄를 파헤치는데, 이소룡은 마치 007 제임스 본드를 연상하게 하는 미국 정보부원의 임무를 수행한다.

이소룡의 유일한 영어 발성영화인 이 작품은 그만의 무술철학과 절권도를 세계에 알린 액션장르의 고전이며, 그가 남긴 유작들 중에서도 가장 세계적인 인지도를 갖게 한 작품이다.

로버트 크라우즈 감독은 무예를 통하여 자기실현과 자기표현을 위해 엄청난 에너지를 발산하는 이소룡의 무술 연기를 한순간도 놓치지 않고 카메라에 담는데, 악당 한과 최후의 대결을 벌이는 거울 시퀀스에서는 오손 웰즈의 필름누아르 〈상하이에서 온 여인〉을 오마주한다.

*巨大한 悪의要塞島에 挑戦하는 地上最強의 사나이!

Enter The Dragon

総天然色・파나비죤

李小龍 主演

監督・로버트・크로스

죤 ・ 색슨
안나・카쁘리
짐 ・ 케리

龍爭虎鬪 (용 쟁 호 투)

美워-너・부러더즈社
創立 50周年記念 特作

東亜興行株式会社・特配

국제 両大舘新正特選프로 아세아

- ★ — 원제목 | Papillon
- ★ — 개봉제목 | **빠삐욘**
- ★ — DVD 출시제목 | **빠삐용**
- ★ — 제작연도 | **1973년**
- ★ — 개봉연도 | **1974년 | 1990년 9월**(재개봉)
- ★ — 제작국 | **미국, 프랑스**
- ★ — 컬러 | **컬러**
- ★ — 러닝타임 | **151분**
- ★ — 주연 | Steve McQueen, Dustin Hoffman
- ★ — 감독 | Franklin J. Schaffner
- ★ — 음악 | Jerry Goldsmith

| 감상포인트 |

앙리 샤리에르의 자전적 소설을 각색한 이 모험드라마는 억울한 살인 누명을 쓰고 수감되었다가 13년 만에 자유의 의지를 찾아 탈옥에 성공한다는 내용의 1970년대를 대표하는 탈옥영화이다.

끝내 유죄 선고를 받고 프랑스령 가나의 '악마의 섬'에서 강제 노역과 구타, 기아와 모욕감 그리고 외로움에 시달리며 복역하다가 감방 동료인 루이 드가(더스틴 호프먼)를 남겨두고 가파른 절벽 아래로 뛰어내리는 빠삐용(스티브 맥퀸)의 라스트신은 잊지 못할 명장면이다.

〈패튼 대전차군단〉으로 오스카를 거머쥔 프랭클린 J. 샤프너의 빼어난 연출과 더스틴 호프먼의 신들린 연기는 압권을 이루며 제리 골드스미스 작곡의 주제가 〈Free As The Wind〉는 앤디 윌리엄스의 노래로 지금도 애청된다.

★ — 원제목 | Zorro

★ — 개봉제목 | 아랑 드롱의 조로

★ — DVD 출시제목 | 조로

★ — 제작연도 | 1975년

★ — 개봉연도 | 1978년 1월

★ — 제작국 | 이탈리아, 프랑스

★ — 컬러 | 컬러

★ — 러닝타임 | 124분

★ — 주연 | Alain Delon, Ottavia Piccolo

★ — 감독 | Duccio Tessari

★ — 음악 | Guido de Angelis, Maurizio de Angelis

| 감상포인트 |

1975년 두치오 테사리 감독이 연출한 이 액션 어드벤처 드라마는 1940년 타이론 파워가 주연한 고전 〈The Mark of Zorro〉 이후에 소개된 가장 대중적인 인기를 얻은 '조로' 영화이다.

알랭 들롱이 연기하는 엘 조로는 후에르타 대령의 군대에 맞서 정의를 위해 싸우는데, 여기에 수도사 프란시스코(잠피에로 알베르티니)와 아름다운 귀족 여인 올텐시아 풀리도(오타비아 피콜로)도 함께 가담한다.

마흔 살의 나이에 조로 역을 맡은 알랭 들롱은 유약한 총독과 정의로운 사도를 오가는 능청스럽고 유머 있는 캐릭터를 연기한다.

아랑·드롱主演50篇記念作品

●全世界 5000萬部超베스트·셀러映画化

ALAIN DELON in ZORRO

아랑·드롱의 조로

●〈빅·건〉의 監督 듀치오·테사리

●原作 죤스톤·맥카레

●『나바론』의 오타비아·피코로

●『家庭教師』의 스탄리·베이커

●엔조리·세르시코/모슈·타슈/아드리안나·아스티/지안칼로·알베르트니

- ★ — 원제목 | The Man With The Golden Gun
- ★ — 개봉제목 | **007 황금총을 가진 사나이**
- ★ — DVD 출시제목 | **007 황금총을 가진 사나이**
- ★ — 제작연도 | **1974년**
- ★ — 개봉연도 | **1974년**
- ★ — 제작국 | **영국**
- ★ — 컬러 | **컬러**
- ★ — 러닝타임 | **125분**
- ★ — 주연 | Roger Moore, Christopher Lee, Britt Ekland, Maud Adams
- ★ — 감독 | Guy Hamilton
- ★ — 음악 | John Barry

| 감상포인트 |

제3대 제임스 본드 역의 로저 무어가 전작인 《007 죽느냐 사느냐》에 이어서 두 번째로 출연한 007 시리즈 아홉 번째 작품으로 당시 기발한 아이디어와 악역을 맡은 크리스토퍼 리의 호연에 힘입어 국내 개봉 당시 흥행에 성공했다.

이안 플레밍의 원작과는 많이 다른 각색으로 동남아와 홍콩, 중국을 배경으로 펼쳐지는 제임스 본드(로저 무어)와 악당 스카라망가(크리스토퍼 리)와의 태양전지 쟁탈전은 후반부로 갈수록 흥미진진하며, 특히 제임스 본드가 '호네트 햇치백' 카를 몰고 360도 회전하는 18미터 장거리 점프를 하는 장면은 이 영화 최고의 하이라이트이다.

스카라망가의 애인으로 등장하는 스웨덴 출신의 신인 모드 아담스는 9년 후인 1983년 《007 옥토퍼시》에서 다시 주연으로 등장했는가 하면 한국계 배우인 오순택도 제임스 본드를 도와주는 역으로 출연한다.

★ — 원제목 | Earthquake
★ — 개봉제목 | **대지진**
★ — 제작연도 | **1974년**
★ — 개봉연도 | **1974년**
★ — 제작국 | **미국**
★ — 컬러 | **컬러**
★ — 러닝타임 | **123분**
★ — 주연 | Charlton Heston, Ava Gardner, George Kennedy
★ — 감독 | Mark Robson
★ — 음악 | John Williams

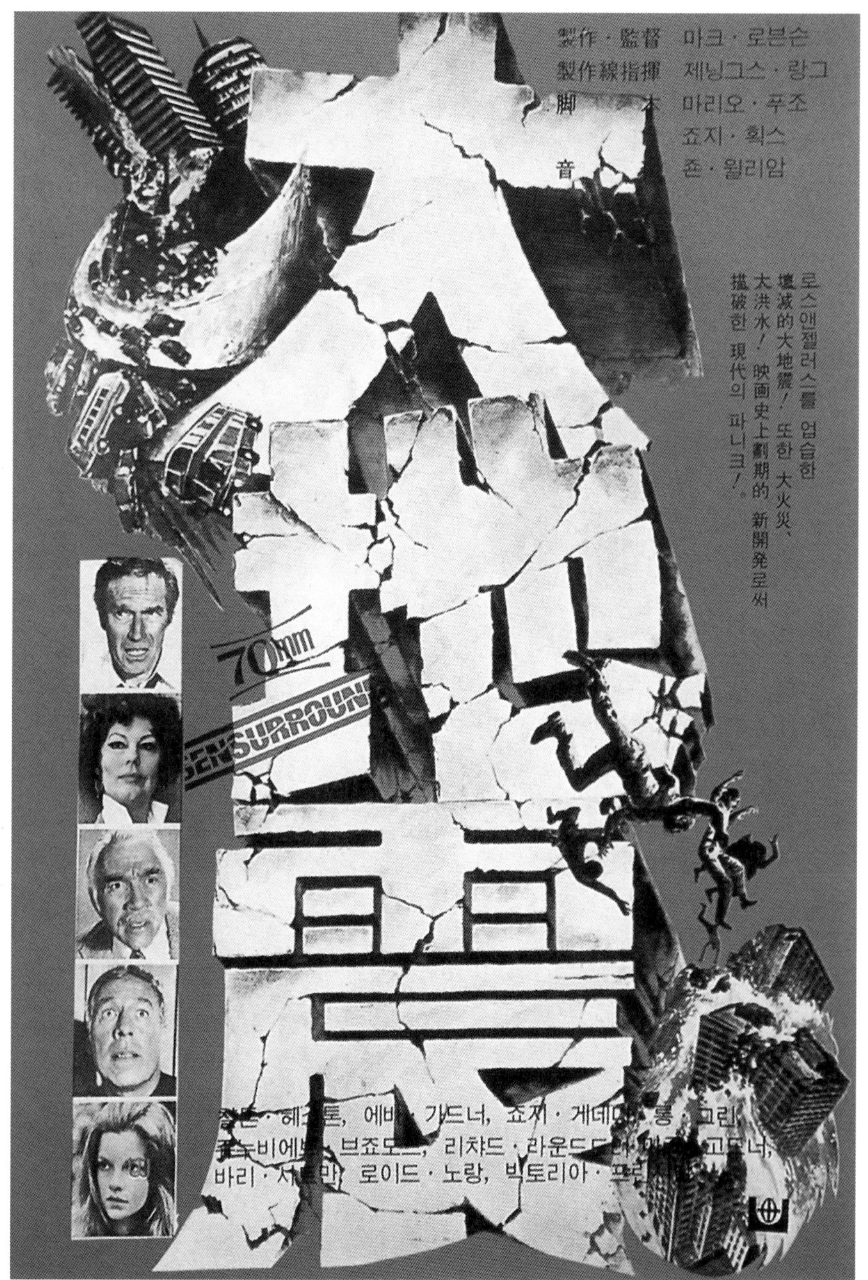

| 감상포인트 |

〈타워링〉과 〈포세이돈 어드벤처〉와 아울러서 1970년대 재난영화의 대표적인 작품으로 지진이 일어나는 특수효과가 매우 볼만하며 국내 개봉 당시 흥행에도 성공했다.

엄청난 강도를 지닌 대지진이 캘리포니아를 강타하면서 땅이 갈라져 LA의 대형건물들이 부서지고 댐이 무너져 내리면서 거대한 물살이 도시를 뒤덮는데, 이때 구조작업을 벌이는 주인공들이 찰턴 헤스턴이 연기하는 건축가 스튜어트 그랩과 터프한 경찰관 루 슬레이드(조지 케네디)이다.

여기서 에바 가드너는 이 혼란한 와중에도 회사 동료 데니스 마샬(즈브비에브 비졸드)과 바람난 남편 찰턴 헤스턴 사이를 방해하는 버릇없고 낭비벽이 심한 아내 역을 연기한다.

* — 원제목 | Benji
* — 개봉제목 | **벤지**
* — DVD 출시제목 | **벤지**
* — 제작연도 | **1974년**
* — 개봉연도 | **1977년**
* — 제작국 | **미국**
* — 컬러 | **컬러**
* — 러닝타임 | **86분**
* — 주연 | Patsy Garrett, Allen Fiuzat, Cynthia Smith
* — 감독 | Joe Camp
* — 음악 | Euel Box

| 감상포인트 |

1975년 골든글로브 영화제에서 〈주제가상〉을 수상한 이 사랑스러운 가족 드라마는 위험에 처한 아이들을 구하는 떠돌이 강아지 벤지의 모험을 그린 추억의 영화이다.

연출을 맡은 조 캠프 감독은 스토리 전체를 강아지 벤지의 시점으로 촬영하여 전개하는데 납치당한 매리와 폴, 신디를 찾아 거리를 헤매는 강아지 벤지 역을 맡은 당시 열네 살의 히긴즈 강아지의 감정 연기는 매우 뛰어나다.

찰리 리치가 부른 주제가 〈I FEEL LOVE〉는 이 영화가 히트하는 데 많은 영향을 끼쳤으며, 조 캠프 감독은 이후 강아지 히긴즈를 주연으로 내세워 속편을 제작하기도 했다.

★ — 원제목 | The Deep
★ — 개봉제목 | 더 디프
★ — DVD 출시제목 | 디프
★ — 제작연도 | 1977년
★ — 개봉연도 | 1978년 9월
★ — 제작국 | 미국
★ — 컬러 | 컬러
★ — 러닝타임 | 123분
★ — 주연 | Robert Shaw, Jacqueline Bisset, Nick Nolte
★ — 감독 | Peter Yates
★ — 음악 | John Barry

| 감상포인트 |

존 배리가 작곡하고 도나 섬머가 부르는 로맨틱한 동명의 주제가가 기억나는 이 영화는 러닝타임 1시간 이상이 깊은 바닷속을 배경으로 한다.

환상의 섬 버뮤다로 신혼여행을 간 게일(재클린 비세트)과 데이비드(닉 놀테) 부부가 스킨스쿠버를 즐기다가 심해에서 난파선을 발견하게 되는데, 피터 예츠 감독은 게일 부부가 보물 사냥꾼과의 대립하는 구도를 통하여 매우 감각적인 서스펜스를 연출한다.

특히 재클린 비세트의 아름다움과 더불어 〈007 시리즈〉로 잘 알려진 존 배리의 낭만적인 영화음악은 이 영화를 각인시키는 유일한 요소이기도 하다.

〈죠스〉의 원작자로 잘 알려진 피터 벤칠리의 베스트셀러 소설을 영화화했다.

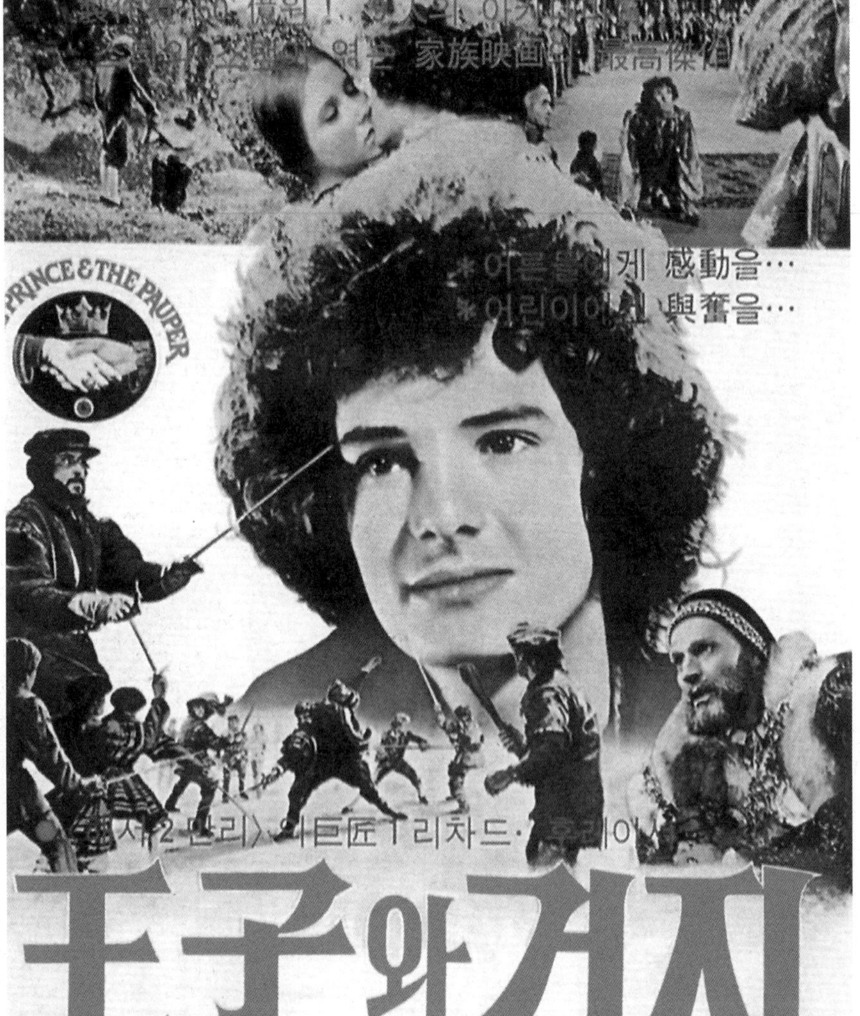

- ★ — 원제목 | Crossed Swords
- ★ — 개봉제목 | **왕자와 거지**
- ★ — DVD 출시제목 | **왕자와 거지**
- ★ — 제작연도 | **1977년**
- ★ — 개봉연도 | **1977년 12월**
- ★ — 제작국 | **영국, 미국**
- ★ — 컬러 | **컬러**
- ★ — 러닝타임 | **113분**
- ★ — 주연 | Oliver Reed, Raquel Welch, Mark Lester
- ★ — 감독 | Richard Fleischer
- ★ — 음악 | Maurice Jarre

| 감상포인트 |

미국 작가 마크 트웨인의 소설을 각색한 이 영화는 1937년 에롤 플린이 주연한 작품으로 유명한 윌리엄 케일리 감독의 고전을 새롭게 리메이크한 리처드 플레리셔 감독의 어드벤처 드라마이다.

아역배우 마크 레스터가 똑같이 닮은 거지 소년 톰 켄티와 에드워드 왕자 역을 맡아 1인 2역을 하고 거지가 된 왕자를 도우는 마일스 헨든 기사 역을 1971년에 소개된 웨스턴 〈헌팅 파티〉로 잘 알려진 올리버 리드가 맡아 좋은 연기를 선보인다.

서로의 운명이 뒤바뀌는 우스꽝스럽고 심각한 사건이 연속되는 이 작품을 통하여 탐욕스러운 권력자보다는 순박한 민중의 편에 서서 인간의 평등을 시사하는 마크 트웨인의 민주주의를 느끼게 한다.

* — 원제목 | Shao Lin san shi liu fang
* — 개봉제목 | **소림 36방**
* — DVD 출시제목 | **소림 36방**
* — 제작연도 | **1978년**
* — 개봉연도 | **1978년**
* — 제작국 | **홍콩**
* — 컬러 | **컬러**
* — 러닝타임 | **115분**
* — 주연 | **유가휘, 로레**(나열)
* — 감독 | **유가량**

| 감상포인트 |

유가량 감독이 동생 유가휘를 내세워 〈소림사 18동인〉처럼 중국 소림사를 배경으로 무술을 연마하는 과정을 그린 홍콩 쇼브라더즈가 제작한 무협 액션드라마이다.

타이틀롤인 유가희가 연기하는 산테가 다양한 장비와 세트를 이용하여 팔의 힘을 기르는 빨래방 장면이나 근력을 강화하기 위해 팔을 T자 형태로 물을 나르는 장면, 팔이 내려가면 팔에 부착된 칼이 옆구리를 찌르게 하는 매우 치밀한 단계별 수련 장면들이 볼만하다.

평소 이 영화에 열렬한 지지를 보낸 쿠엔틴 타란티노는 자신이 연출한 〈킬빌〉에서 루시 류의 행동대장인 자니 모 역을 유가휘에게 맡겼으며, 〈킬빌 2〉에서는 우마 서먼을 가르치는 백발의 쿵푸 마스터 파이 메이 역을 유가휘가 연기한다.

- ★ — 원제목 | Drunken Master | 醉拳
- ★ — 개봉제목 | **취권**
- ★ — DVD 출시제목 | **취권**
- ★ — 제작연도 | **1978년**
- ★ — 개봉연도 | **1979년**
- ★ — 제작국 | **홍콩**
- ★ — 컬러 | **컬러**
- ★ — 러닝타임 | **111분**
- ★ — 주연 | **성룡, 원소전, 황정리**
- ★ — 감독 | **원화평**

| 감상포인트 |

1979년 단관극장인 국도극장에서 개봉되어 89만 명의 관객 동원을 한 홍콩 무협영화로, 중국 무술의 달인 황비홍(성룡)의 젊은 시절을 매우 코믹한 터치로 그려낸 액션드라마이다.

황비홍의 아버지는 항상 말썽 피우는 아들을 악독하기로 소문난 늙은 무술고수인 소화자(원소전)에게 보내서 특별 지옥훈련을 받게 하는데, 여기서 황비홍은 여덟 명의 술꾼 고수들의 각각의 자세와 특기를 혼합하여 실전에 이용하는 아주 흥미로운 무술인 취권(취팔선)을 배운다. 특히 발차기의 달인 황정리와 벌이는 성룡의 액션 장면은 감탄을 자아내게 하는 압권을 이루며, 스승인 소화자를 연기한 원소전은 이 영화를 마지막으로 1979년에 세상을 떠났다.

★ — 원제목 | The Game Of Death

★ — 개봉제목 | **사망유희**

★ — DVD 출시제목 | **사망유희**

★ — 제작연도 | **1978년**

★ — 개봉연도 | **1978년 5월**

★ — 제작국 | **홍콩, 미국**

★ — 컬러 | **컬러**

★ — 러닝타임 | **85분**

★ — 주연 | Bruce Lee, Colleen Camp, Dean Jagger, Kareem Abdul-Jabbar

★ — 감독 | Robert Clouse

★ — 음악 | John Barry

| 감상포인트 |

이소룡이 죽은 지 5년 만에 개봉된 이 영화는 사실 그에 대한 기대치만큼이나 그리 뛰어난 작품은 아니지만 부담 없이 볼만한 팝콘무비라고 할 수 있다.

생전에 한국의 5층석탑을 모델로 하여 아이디어를 구상한 이 작품에는 실제 이소룡이 출연하는 장면은 10여분 정도이며, 빌 유엔이 보여주는 오토바이 액션 시퀀스만 빼면 거의 나머지 러닝타임은 한국의 김태정이 이소룡의 대역인 빌리 로 역을 맡아 연기한다.

특히 거대한 범죄조직의 보스 랜 박사(딘 재거)의 부하들과 벌이는 오토바이 액션과 좁은 라커룸에서 펼치는 김태정의 무술 액션은 가히 볼만하지만, 농구선수 카림 압둘 자바와 척 노리스, 한국 합기도의 달인 황인식과 벌이는 이소룡의 실제 연기가 이 영화의 하이라이트이다.

- ★ — 원제목 | Hurricane
- ★ — 개봉제목 | **하리케인**
- ★ — 제작연도 | **1979년**
- ★ — 개봉연도 | **1979년 국제극장**
- ★ — 제작국 | **미국**
- ★ — 컬러 | **컬러**
- ★ — 러닝타임 | **120분**
- ★ — 주연 | Timothy Bottoms, Mia Farrow, Piero Bushin
- ★ — 감독 | Jan Troell
- ★ — 음악 | Nino Rota

| 감상포인트 |

1979년 국제극장에서 개봉한 미아 패로우 주연의 이 해양 어드벤처 드라마는 도로시 라무르와 존 홀이 주연하고 존 포드가 연출한 1937년도 고전을 현대적으로 리메이크한 작품이다.

1920년대 태평양의 섬을 배경으로, 티모시 보톰즈가 연기하는 젊은 선원 잭 스탠포드는 매우 과격한 성격의 미해군 대령 찰스 브럭크너(제이슨 로바즈)의 딸인 샬로트와 사랑하는 사이이다. 섬 원주민과 식민주의자로 군림하는 브럭크너 대령과의 인종적인 긴장이 확산되는 가운데 거대한 하리케인이 몰려온다.

스웨덴 출신의 얀 트로엘 감독이 연출한 이 영화는 존 포드의 고전보다 그리 뛰어나진 않지만 니노 로타의 음악과 촬영감독 스벤 닉비스트의 화려한 영상만큼은 작품을 즐기는 데 충분하다.

★ — 원제목 | Mad Max
★ — 개봉제목 | **매드 맥스**
★ — DVD 출시제목 | **매드 맥스**
★ — 제작연도 | **1979년**
★ — 개봉연도 | **1980년**
★ — 제작국 | **호주**
★ — 컬러 | **컬러**
★ — 러닝타임 | **93분**
★ — 주연 | Mel Gibson, Joanne Samuel, Hugh Keays-Byrne
★ — 감독 | George Miller
★ — 음악 | Brian May

| 감상포인트 |

맥스 역을 맡은 멜 깁슨은 당시 스물세 살의 이름 없는 신인배우로 출연하여 강렬한 인상을 남겼는데, 검은 재킷을 입은 깁슨의 반 영웅의 이미지는 마카로니웨스턴에 등장하는 무법자만큼이나 무정부주의를 연상하게 한다.

자신의 가정을 파괴한 폭주족 갱들을 단호하게 응징하기 위해 맥스가 8기통 스포츠카로 무장하고 나타나, 그 황량한 사막의 길목에서 황폐하고 인간성이 메마른 원수들을 응징하는 장면은 매우 파괴적이다.

호주 출신의 조지 밀러 감독이 제작비 40만 달러를 들여 만든 이 저예산영화는 흥행에 성공하면서 1억 달러를 벌어들였고, 국내 개봉에서도 관객 동원에 성공했다.

음악은 록그룹 퀸의 기타리스트 브라이언 메이가 음악을 맡아 대단한 화제를 일으켰다.

| 6부 | 종교

- ★ — 원제목 | The King of Kings
- ★ — 개봉제목 | **예수 그리스도**
- ★ — DVD 출시제목 | **왕중왕**
- ★ — 제작연도 | **1927년**
- ★ — 개봉연도 | **1996년**(재개봉)
- ★ — 제작국 | **미국**
- ★ — 컬러 | **흑백, 컬러**
- ★ — 러닝타임 | **112분**
- ★ — 주연 | H. B. Warner, Dorothy Cumming, Ernest Torrence
- ★ — 감독 | Cecil B. Demille
- ★ — 음악 | Hugo Riesenfeld

| 감상포인트 |

1996년 3월에 국내 개봉된 이 무성영화는 예수 그리스도의 탄생과 죽음에 이르기까지 예수의 위대한 신앙생활과 가르침을 매우 감동적으로 그린 세실 B. 데밀 감독이 연출한 성서영화의 고전이다.

호사스러운 화녀 막달라 마리아에게서 일곱 가지 마귀를 몰아내고 구원하는 장면, 죽은 나자로를 무덤에서 살려내는 장면을 통하여 예수의 놀라운 기적과 기쁨, 무한한 사랑을 느끼게 한다.

연출은 물론 제작까지 맡은 세실 B. 데밀 감독은 다년간의 준비 끝에 이 작품을 완성했으며, 지금도 수많은 종교인들이 애호하는 불멸의 성서영화이다.

이 영화의 무대와 배경은 로마의 절대적 권력 아래 억압당하던 시대이며, 진정한 지도자가 없었던 유대인들의 기원에 부응한 예수 그리스도의 진리를 생생하게 그려낸다.

★ — 원제목 | Joan of Arc

★ — 개봉제목 | 쟌 다크

★ — DVD 출시제목 | 잔 다크

★ — 제작연도 | 1948년

★ — 개봉연도 | 1960년 9월 단성사

★ — 제작국 | 미국

★ — 컬러 | 컬러

★ — 러닝타임 | 145분

★ — 주연 | Ingrid Bergman, Francis L. Sullivan, J. Carrol Naish

★ — 감독 | Victor Young

★ — 음악 | Hugo Friedhofer

| 감상포인트 |

1948년 빅터 플레밍 감독이 연출한 이 영화는 엄연히 말해서 기독교를 전면으로 내세워 만든 종교영화의 고전이다. 성서를 기본으로 만든 작품은 아니지만 하나님의 계시를 듣고 나서 위기에 처한 조국 프랑스를 영국으로부터 구한 소녀 잔 다르크의 종교적인 신념을 그린 종교 드라마이다.

이 영화는 칼 드레이어 감독의 〈잔 다르크의 수난〉처럼 구교와 개신교 간의 종교적인 대립을 다루고 있지는 않지만, 종교를 갖은 자의 올바른 신념과 비전이 무엇인지를 잘 말해 주고 있으며, 어지러운 난세에 불쑥 등장한 소녀 잔 다르크가 종교적인 신념 하나로 군인과 국민을 움직이고 그 힘으로 조국을 구하는 그 에너지를 빅터 플레밍 감독의 수려한 영상에 힘입어 잘 그려내고 있다.

당시 서른세 살의 잉그리드 버그먼은 열아홉의 잔 다르크 역을 무난하게 소화하고 있으며, 국내 개봉 당시 〈쟌 다크〉라는 제목으로 상영되었다. 그 이듬해 아카데미 영화제 시상식에서 〈촬영상〉과 〈의상상〉을 수상했다.

- ★ – 원제목 | Samson and Delilah
- ★ – 개봉제목 | **삼손과 데리라**
- ★ – DVD 출시제목 | **삼손과 데릴라**
- ★ – 제작연도 | **1949년**
- ★ – 개봉연도 | **1953년**
- ★ – 제작국 | **미국**
- ★ – 컬러 | **컬러**
- ★ – 러닝타임 | **131분**
- ★ – 주연 | Hedy Lamarr, Victor Mature, George Sanders
- ★ – 감독 | Cecil B. Demille
- ★ – 음악 | Victor Young

| 감상포인트 |

구약성서 사서기 제13장~16장까지의 내용을 근거로 만들어진 세실 B. 데밀 감독의 이 대서사극은 신의 계명과 그 약속을 지킬 때 축복을 받는 것임을 깨닫게 하는 교훈적인 종교영화의 고전이다.

힘이 센 삼손 역을 연기한 빅터 마추어의 건장함과 그를 파멸에 빠뜨리게 하는 요부 데릴라 역의 헤디 라말의 관능미는 당시 대단한 화학작용을 일으켰고, 삼손이 이방인들의 팔레스타인 사원 기둥을 괴력으로 무너뜨리는 장면은 너무도 유명한 명장면이다.

세실 B. 데밀 감독은 처음엔 삼손 역으로 버트 랭커스터와 헨리 윌콕슨을 거론하였으나 연기력이 조금 부족하지만 나이와 육체미를 고려하여 빅터 마추어를 타이틀롤로 결정하였다.

- 원제목 | Quo Vadis
- 개봉제목 | **쿼봐디스**
- DVD 출시제목 | **쿼바디스**
- 제작연도 | **1951년**
- 개봉연도 | **1955년** | **1965년**(재개봉) **1973년**(재개봉)
- 제작국 | **미국**
- 컬러 | **컬러**
- 러닝타임 | **171분**
- 주연 | Robert Taylor, Deborah Kerr
- 감독 | Mervyn Leroy
- 음악 | Miklos Rozsa

| 감상포인트 |

1951년 머빈 르로이 감독이 연출한 이 웅장한 서사극은 폭군 네로가 집권하던 시대에 로마군 장교 마커스 비니키우스(로버트 테일러)와 노예로 끌려온 기독교 처녀 리지아(데보라 카)의 사랑을 그린 종교영화의 고전이다.

네로(피터 유스티노프)의 황녀가 비니키우스의 사랑을 질투한 나머지 네로에게 사주하여 기독교인들을 잡아 처형하게 하는데, 이때 동원된 사자가 무려 예순세 마리나 되었다.

'쿼 바디스'는 베드로의 유명한 대사 "주여, 어디로 가시나이까"가 원제목의 뜻으로 폴란드의 노벨상 수상 작가 헨리크 생키에비치가 쓴 베스트셀러가 원작이다.

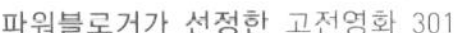

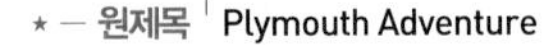

- ★ — 원제목 | Plymouth Adventure
- ★ — 개봉제목 | **사선을 넘어서**
- ★ — 제작연도 | **1952년**
- ★ — 개봉연도 | **미상**
- ★ — 제작국 | **미국**
- ★ — 컬러 | **컬러**
- ★ — 러닝타임 | **105분**
- ★ — 주연 | Spencer Tracy, Gene Tierney, Van Johnson
- ★ — 감독 | Clarence Brown
- ★ — 음악 | Miklos Rozsa

| 감상포인트 |

미국의 건국 내용을 담고 있는 클레어런스 브라운 감독의 이 영화는 종교의 자유를 그린 어드벤처 드라마의 고전이다.

1620년 헨리 8세가 세운 영국교회(성공회)의 박해를 받지 않고 자유를 찾아 떠나는 120명 청교도들의 모험을 다루고 있는데, 5월에 피는 꽃이라는 '메이플라워' 호를 타고 미국의 신대륙으로 가기 위해 대서양을 건너는 장면이 매우 감동적이다.

크리스토퍼 존스 선장을 맡은 스펜서 트레이시와 도로시 브래드포드 역을 맡은 진 티어니의 연기가 볼만하다. 영화 속 청교도들이 미국 땅에다 세운 '플리머드' 항구는 그들이 영국에 두고 온 고향 마을의 이름을 그대로 사용한 것이다.

★ ─ 원제목 | I Confess
★ ─ 개봉제목 | 나는 고백한다
★ ─ DVD 출시제목 | 나는 고백한다
★ ─ 제작연도 | 1953년
★ ─ 개봉연도 | 미상
★ ─ 제작국 | 미국
★ ─ 컬러 | 흑백
★ ─ 러닝타임 | 95분
★ ─ 주연 | Montgomery Clift, Anne Baxter, Karl Malden
★ ─ 감독 | Alfred Hitchcock
★ ─ 음악 | Dimitri Tiomkin

| 감상포인트 |

어느 살인자가 신부에게 범죄 사실을 고해성사했다면 그 신부의 행동양식은 어떨까?

1953년 앨프리드 히치콕 감독이 연출한 이 영화는 살인 혐의를 받은 로건 신부(몽고메리 클리프트)의 이야기를 다룬 종교드라마의 고전이다.

사제관에서 일하는 사람이 고해의 비밀을 지켜야 하는 성직자의 서약을 이용하여 모든 살인죄를 로건 신부에게 뒤집어씌우려고 하고, 로건 신부의 옛 애인 루스(앤 박스터)의 알리바이 증명에도 불구하고 로건 신부는 재판에 회부된다.

여기서 고해성사의 비밀을 지키려는 로건 신부 역의 몽고메리 클리프트와 그를 범인으로 단정하고 매몰차게 심문하는 형사 L역을 맡은 칼 말덴의 불꽃 튀는 연기는 이 영화의 백미이다.

- 원제목 | The Silver Chalice
- 개봉제목 | 은배
- DVD 출시제목 | 은술잔
- 제작연도 | 1954년
- 개봉연도 | 1955년
- 제작국 | 미국
- 컬러 | 컬러
- 러닝타임 | 142분
- 주연 | Virginia Mayo, Pier Angeli, Paul Newman
- 감독 | Victor Saville
- 음악 | Franz Waxman

| 감상포인트 |

1954년 폴 뉴먼의 연기 데뷔작인 이 영화는 예수가 죽은 뒤 몇십 년이 지난 로마를 배경으로 펼쳐지는 조각가 바실의 로맨스를 다룬 종교영화의 고전이다.

바실(폴 뉴먼)의 재능을 높이 산 예수의 제자 요셉이 예루살렘으로 그를 불러들여 예수와 12제자의 얼굴이 새겨진 거룩한 '은배'를 만들게 하는데, 요셉의 손녀인 데보라(피어 안젤리)가 바실을 사랑하게 되면서 바실의 연인 헬레나(버지니아 메이요)와 삼각관계에 빠진다.

빅터 바실 감독이 연출한 이 영화는 동시대에 제작된 〈벤허〉나 〈십계〉와 견줄 수 있는 걸작은 아니나 당시 뉴 페이스로 등장한 폴 뉴먼과 피어 안젤리의 모습을 보는 것만으로 의미가 있는 작품이다.

잭 팰런스가 마법사 사이몬으로 등장한다.

★ — 원제목 | Demetrius and the Gladiators

★ — 개봉제목 | 데미트리아스

★ — DVD 출시제목 | 검투사 데미트리어스

★ — 제작연도 | 1954년

★ — 개봉연도 | 1964년(재개봉)

★ — 제작국 | 미국

★ — 컬러 | 컬러

★ — 러닝타임 | 1201분

★ — 주연 | Victor Mature, Susan Hayward

★ — 감독 | Delmer Daves

★ — 음악 | Franz Waxman

| 감상포인트 |

제목에서 풍기는 것처럼 검투사 데미트리어스의 액션을 기대하기보다는 그가 예수의 처형장에서 주운 빨간 성의를 통해 진정한 믿음을 깨달아가는 과정을 감동적으로 그려내고 있다. 그래서 이 영화는 그리 화려하지 않으면서 로마의 폭정과 크리스천의 신앙심을 잘 대비해 준다.

1954년 델머 데이비스 감독이 연출한 이 영화는 신앙이 두터운 데미트리어스(빅터 마추어)가 어떻게 믿음을 깨고 방황하는지를, 또 믿음을 어떻게 되찾게 되는지를 예수의 제자 베드로(마이클 레니)를 통하여 잘 보여준다. 여러 마리의 호랑이와 싸우는 검투사 데미트리어스의 처절한 혈투, 새 황제가 될 클로디우스(배리 존스)의 아내 메살리나(수잔 헤이워드)와 나누는 방황의 시간, 죽은 줄만 알았던 루시아(데브라 파제트)가 성의를 안고 다시 살아나는 마지막 장면은 폭정으로 암살당하는 로마 황제 칼리귤라(제이 로빈슨)의 죽음만큼이나 이 영화를 기억하게 하는 명장면이다.

- ★ — 원제목 | Adan y Eva
- ★ — 개봉제목 | 아담과 이브
- ★ — 제작연도 | 1956년
- ★ — 개봉연도 | 1960년
- ★ — 제작국 | 멕시코
- ★ — 컬러 | 컬러
- ★ — 러닝타임 | 78분
- ★ — 주연 | Christiane Martel, Carlos Baena
- ★ — 감독 | Alberto Gout
- ★ — 음악 | Gustavo Cesar Carrion

| 감상포인트 |

1960년경 국내 수입업자에 의해 개봉된 알베르토 고우트 감독의 이 종교영화는 성서의 창세기에 등장하는 아담과 이브의 이야기를 다룬 멕시코 영화이다.

여기서 이브 역을 맡은 프랑스 출신의 여배우 크리스티앙 마르텔은 1954년 조셉 페브니 감독의 로맨스 어드벤처 〈양키 파샤〉에서 하렘걸로 데뷔했으며, 아담 역을 맡은 카를로스 바에나는 스페인 출신의 연기자이다.

국내 개봉 당시 호기심이 발동되어 아담과 이브의 누드를 보려고 극장을 찾은 관객들에게 많은 화제를 불러일으켰다.

★ – 원제목 | The Ten Commandments
★ – 개봉제목 | **십계**
★ – DVD 출시제목 | **십계**
★ – 제작연도 | **1957년**
★ – 개봉연도 | **1962년 | 1973년(재개봉)**
★ – 제작국 | **미국**
★ – 컬러 | **컬러**
★ – 러닝타임 | **220분**
★ – 주연 | Charlton Heston, Yul Brynner, Anne Baxter
★ – 감독 | Cecil B. Demille
★ – 음악 | Elmer Bernstein

| 감상포인트 |

세실 B. 데밀 감독이 연출한 이 영화는 구약성서에 나오는 모세의 출생과 성장 과정, 그리고 그가 이집트의 파라오왕으로부터 동족을 구하는 이야기를 그린 1950년대 종교영화의 고전이다.

아기 모세를 나일강에서 주워 키우는 파라오의 딸 비디아(니나 포치)의 장면, 람세스(율 브린너)의 추적을 따돌리기 위해 홍해를 가르며 기적을 일으키는 모세(찰턴 헤스턴)의 장면은 이 영화의 하이라이트이다. 또한 동족을 이끌고 시나이 산 기슭에 도착한 모세가 산으로 들어가 40주야를 기다려 여호아로부터 십계명을 받아 가지고 나오는 장면은 가슴 뭉클한 감동을 준다.

찰턴 헤스턴과 율 브린너의 연기 대결과 아울러 사악한 데이튼 역을 맡은 에드워드 G. 로빈슨의 연기 또한 작품의 무게를 더하고 있으며, 앤 박스터가 모세를 사랑하는 네프레티리 공주로 등장한다.

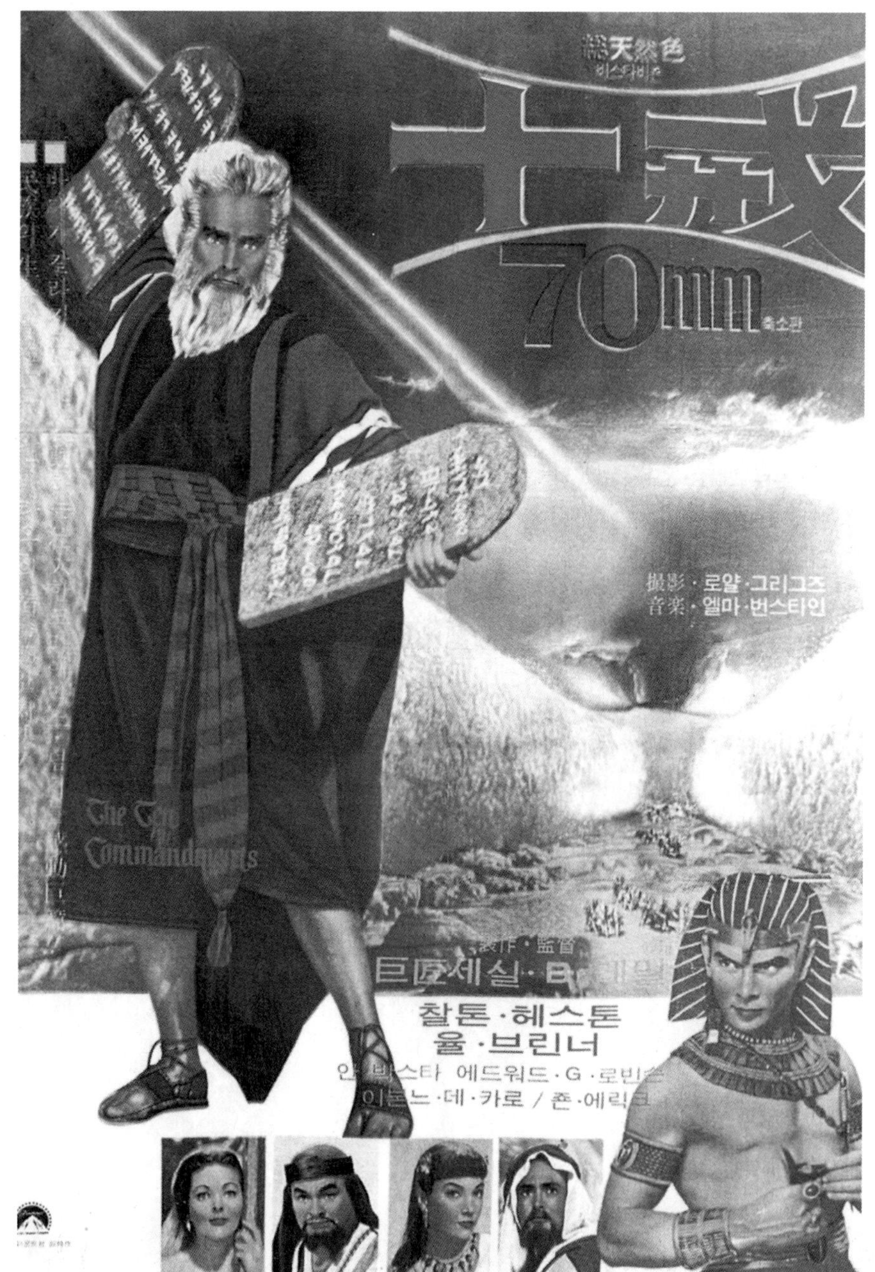

- 원제목 | Ben-Hur
- 개봉제목 | **벤허**
- DVD 출시제목 | **벤허**
- 제작연도 | **1959년**
- 개봉연도 | **1962년**
- 제작국 | **미국**
- 컬러 | **컬러**
- 러닝타임 | **212분**
- 주연 | Charlton Heston, Jack Hawkins, Stephen Boyd
- 감독 | William Wyler
- 음악 | Miklos Rozsa

| 감상포인트 |

1959년 윌리엄 와일러 감독의 뛰어난 연출로 제작된 이 대서사극은 1962년 국내 첫 개봉된 이후로 여러 차례에 걸쳐서 상영된 종교영화의 고전이다.

친구 메살라(스테픈 보이드)의 모함에 빠져 노예로 전락한 주인공 유다 벤허(찰턴 헤스턴)가 아리우스 제독(잭 호킨스)의 목숨을 구해 주고 노예선에서 나누는 우정이라든가, 자유시민이 된 벤허가 복수를 하기 위해 메살라와 전차경주를 벌이는 장면은 잊지 못할 숨막히는 명장면이다. 특히 벤허가 나환자촌에서 어머니와 누이를 만나는 장면과 골고다 언덕에서 예수의 실체를 알게 되는 기적 같은 장면들은 종교 드라마로서의 미덕을 갖게 한다.

미크로스 로자의 주제음악은 매우 수려하며, 명연기를 펼친 찰턴 헤스턴은 이 영화로 아카데미 남우주연상을 수상했다.

★ — 원제목 | Solomon and Sheba
★ — 개봉제목 | 소로몬과 시바의 여왕
★ — DVD 출시제목 | 솔로몬과 시바의 여왕
★ — 제작연도 | 1959년
★ — 개봉연도 | 1961년
★ — 제작국 | 미국
★ — 컬러 | 컬러
★ — 러닝타임 | 139분
★ — 주연 | Yul Brynner, Gina Lollobrigida, George Sanders
★ — 감독 | King Vidor
★ — 음악 | Mario Nascimbene

| 감상포인트 |

킹 비더 감독이 연출한 종교영화의 고전으로 지혜로운 솔로몬 왕과 그를 유혹하다가 진심으로 사랑하는 시바의 여왕에 대한 성서 이야기를 그린 영화다.

촬영이 절반 이상 진행되다가 갑자기 심장마비로 세상을 떠난 타이론 파워 대신에 기용된 율 브린너가 솔로몬 역을 맡아 숫자적으로 불리한 군대를 이끌고 햇빛을 반사하는 방패로 적군을 무찌르는 장면은 가히 장관을 이룬다. 또한 지나 롤로브리지다는 아름다운 관능미를 과시하며 솔로몬의 마음을 빼앗는 시바의 여왕 역을 연기하는데, 농염한 매력을 발산하는 라곤신의 축제 장면은 가히 일품이다.

킹 비더 감독은 〈백주의 결투〉와 〈전쟁과 평화〉로 유명한 명장으로, 당시 타이론 파워의 죽음 때문에 상당한 고초를 겪으면서 재촬영을 감수하기도 했다.

- ★ — 원제목 | The Miracle
- ★ — 개봉제목 | **기적**
- ★ — 제작연도 | **1959년**
- ★ — 개봉연도 | **1961년 | 1972년**(재개봉)
- ★ — 제작국 | **미국**
- ★ — 컬러 | **컬러**
- ★ — 러닝타임 | **121분**
- ★ — 주연 | Carroll Baker, Roger Moore
- ★ — 감독 | Irving Rapper
- ★ — 음악 | Elmer Bernstein

| 감상포인트 |

1959년 어빙 래퍼 감독이 연출한 이 영화는 나폴레옹이 유럽을 침공하던 시대에 스페인을 배경으로 그린 종교영화의 고전이다.

아름다운 수녀 테레사와 그녀를 사랑하는 영국군 장교 마이클 스튜어트와의 이 기적 같은 사랑은 당시 사춘기에 막 접어든 하이틴들에게 대단한 호응을 받았다.

특히 여주인공 캐롤 베이커의 눈앞에서 마이클 역의 로저 무어–제3대 제임스 본드 역을 연기한–가 기적처럼 살아나는 클라이맥스 장면은 헌신적인 사랑의 대반전의 명장면이다.

이 영화는 1967년, 1972년, 1975년, 1987년 네 번에 걸쳐 더 상영되었으며, 순애보적인 러브스토리를 뛰어넘는 추억의 종교영화이다.

★ — 원제목 | The Big Fisherman
★ — 개봉제목 | **성 베드루**
★ — 제작연도 | **1959년**
★ — 개봉연도 | **1963년**
★ — 제작국 | **미국**
★ — 컬러 | **컬러**
★ — 러닝타임 | **180분**
★ — 주연 | Howard Keel, Susan Kohner, John Saxon
★ — 감독 | Frank Borzage
★ — 음악 | Albert Hay Malotte

| 감상포인트 |

1950년대 말과 1960년대 초에 〈십계〉, 〈벤허〉와 아울러 국내 개봉된 종교영화 중 대표적 걸작인 이 영화는 예수 그리스도의 열두 제자들 가운데 한 명인 베드로의 일생을 다룬 대하드라마이다.

프랭크 보사지 감독은 베드로의 역을 두고 처음에 존 웨인을 원했으나 개인 사정으로 좌절되자 〈7인의 신부〉로 잘 알려진 하워드 킬이 그 역을 대신 맡으면서 일생일대의 명연기를 보여준다. 아울러 존 색슨이 볼디 황태자를, 수잔 코너가 파라 공주를 연기한다.

이 작품은 1963년 한국 최초의 파나비전 영화로 장장 세 시간에 걸쳐 대한극장 70밀리 대형화면으로 상영되었으며, 당시 제작사인 월트디즈니는 〈벤허〉를 촬영한 MGM사로부터 카메라를 빌려와 이 영화를 완성했다.

아름다운 색감으로 펼쳐지는 이 영화는 1942년 〈성의〉를 써서 유명해진 미국 작가 로이드 C. 더글러스의 베스트셀러 소설을 원작으로 하고 있다.

- 개봉제목 | **에밀레종**
- 제작연도 | **1961년**
- 개봉연도 | **1961년 국도극장**
- 제작국 | **한국**
- 컬러 | **컬러**
- 러닝타임 | **미상**
- 주연 | **김지미, 김진규, 최무룡**
- 감독 | **홍성기**
- 음악 | **김동진**

| 감상포인트 |

신라의 설화를 각색한 작가 최금동의 시나리오를 홍성기 감독이 연출한 불교적인 색채가 강한 시대극의 고전이다.

이 영화의 배경은 신라 성덕왕 때 주조된 봉덕사의 신종에 얽힌 애절한 전설을 바탕으로 하고 있다. 여기서 김진규는 봉덕사 성종 주조의 중책을 맡는 백제승으로, 김지미는 종장(김진규)을 사랑하는 신라 공주로 등장하며, 조미령은 고향을 떠나 종장인 남편을 찾아 먼 길을 떠나온 백제 여인을 연기한다.

- ★ — 원제목 | Sodom and Gomorrah
- ★ — 개봉제목 | **소돔과 고모라**
- ★ — DVD 출시제목 | **소돔과 고모라**
- ★ — 제작연도 | **1962년**
- ★ — 개봉연도 | **1964년** | **1973년**(재개봉)
- ★ — 제작국 | **미국, 이탈리아, 프랑스**
- ★ — 컬러 | **컬러**
- ★ — 러닝타임 | **154분**
- ★ — 주연 | Stewart Granger, Stanley Baker, Pier Angeli
- ★ — 감독 | Robert Aldrich
- ★ — 음악 | Miklos Rozsa

| 감상포인트 |

로버트 알드리치 감독이 연출한 이 영화는 소돔과 고모라의 도시 접경에 옛 히브리인들을 이끌고 비옥한 땅에 안내했던 롯에 관한 성서 드라마이다.

스트워트 그랜저가 연기하는 롯이 소돔성의 여왕 베라(아누크 애메)와 손잡고 사막 부족인 헬라 민족을 물리치는 장면이라든가, 히브리인들이 우상을 섬기는 소돔성 안에서 타락해 가는 장면, 특히 열 명의 의인이 없어서 소돔성을 불과 유황으로 심판하는 라스트신들은 현대인에게도 시사하는 바가 크다.

미크로스 로자의 수려한 영화음악은 압권이며, 실바노 이폴리티를 비롯한 네 명의 카메라맨으로 촬영된 대형 세트장의 규모가 화제가 되기도 했다. 한편 셀지오 레오네가 조감독으로 참여했다.

- ★ – 개봉제목 | **지옥문**
- ★ – 제작연도 | **1962년**
- ★ – 개봉연도 | **1962년 국도극장**
- ★ – 제작국 | **한국**
- ★ – 컬러 | **컬러**
- ★ – 러닝타임 | **미상**
- ★ – 주연 | **이민자, 이예춘, 이향, 김지미, 김운하, 김석훈**
- ★ – 감독 | **이용민**
- ★ – 음악 | **정윤주**

| 감상포인트 |

당시 촬영 세트장 제작비만 무려 2천만 원이나 들인 세종영화사의 대작으로 석가모니의 10대 제자 중 한 사람인 목련존자(김운하)의 일대기를 그린 작품이다.

목련존자의 효성에 크게 감동한 세존이 지아비를 배반한 죄로 지옥에 떨어진 청체 부인(이민자)을 극락으로 구원한다는 이야기가 영화의 골격을 이루는데 바라문교의 도색과 사기행각을 벌인 바라문 교주(이예춘)가 여러 형태의 고통을 받는 장면들은 매우 그로테스크하다.

당시 이용민 감독은 화려한 지옥을 재현하기 위해 대규모의 미니어처 촬영과 특수미술 촬영을 시도하였으며, 인도의 카바리아 왕사성의 분위기를 그려내기 위해 인도 고전무용 발레연구소의 임성남이 특별출연을 했다.

- ★ — 원제목 | Il Vangelo Secondo Matteo
- ★ — 개봉제목 | **마태복음**
- ★ — DVD 출시제목 | **마태복음**
- ★ — 제작연도 | **1964년**
- ★ — 개봉연도 | **2001년**
- ★ — 제작국 | **이탈리아, 프랑스**
- ★ — 컬러 | **흑백**
- ★ — 러닝타임 | **131분**
- ★ — 주연 | Enrique Irazoqui, Margherita Caruso, Susanna Pasolini
- ★ — 감독 | Pier Paolo Pasolini
- ★ — 음악 | Luis Enriquez Bacalov

| 감상포인트 |

예수가 태어난 때부터 죽음 그리고 부활까지를 그리고 있는 피에르 파올로 파졸리니 감독의 이 영화는 예수의 탄생과 세례 요한의 출현, 요한에 의한 수세, 광야에서의 사탄으로부터의 유혹, 산상수훈, 예수의 갈릴리에서의 선교활동, 유다의 배신과 예수의 죽음이 세밀하게 그려진다.

또한 예수에 관한 2천년 신화의 사실적 재현을 위해 네오리얼리즘 기법을 결합한 장면 구성과 바흐와 모차르트의 종교음악과 흑인영가를 삽입함으로써 신비롭고 경건한 분위기를 연출한다.

베니스 국제영화제에서 〈심사위원 특별상〉을 수상한 이 영화는 국내에 뒤늦게 소개되었으며, 지금까지 가장 감동적으로 종교적 영감을 표현한 예수 영화 중 하나로 평가받고 있다.

- 개봉제목 | **석가모니**
- 제작연도 | **1964년**
- 개봉연도 | **1964년**
- 제작국 | **한국**
- 컬러 | **컬러**
- 러닝타임 | **93분**
- 주연 | **신영균, 박노식, 김지미, 조미령**
- 감독 | **장일호**

| 감상포인트 |

불쌍한 중생들을 고통으로부터 구하기 위해 출가 수도하여 불타에 이른 석가모니의 고행을 그린 이 영화는 개봉 당시 수많은 불교 신자들로부터 화제가 된 정통 불교영화의 고전이다.

연출을 맡은 장일호 감독은 학문이 높고 지혜로운 싯다르타(신영균)와 잔인하고 탐욕스러운 타이바(박노식)를 대비시키면서 싯다르타가 부귀영화를 버리고 고통받는 중생들을 구원하기 위해 고행하는 험난한 여정을 잘 그려낸다. 김지미는 타이바와의 결투에서 이긴 싯다르타와 결혼하는 야수타라 공주 역을 연기한다.

* ― 개봉제목 | 순교자
* ― 제작연도 | 1965년
* ― 개봉연도 | 1965년
* ― 제작국 | 한국
* ― 컬러 | 흑백
* ― 러닝타임 | 131분
* ― 주연 | 김진규, 남궁원, 장동휘, 박암
* ― 감독 | 유현목
* ― 음악 | 한상기

| 감상포인트 |

리차드 E. 김(김은국)의 세계적인 베스트셀러를 각색한 유현목 감독의 작품으로, 미스터리 형식으로 신의 존재 여부를 탐문하는 매우 관념적인 종교 드라마이다.

한국전쟁 때 평양에서 벌어졌던 열두 명의 목사 처형 사건을 소재로 하고 있으며 유일하게 살아남은 신목사(김진규)를 두고 한국 정보부 이 대위(남궁원)는 그 사건의 실체를 냉소적인 측면으로 파헤친다.

영화의 배경이 거의 평양이란 점도 이채로우며, 장동휘와 황정순, 윤일봉 같은 조연들이 작품의 무게를 실어주며 인간에 대한 좌절과 종교적 구원의 문제가 함축적으로 제기된 유현목 감독의 실존주의 연출이 빼어나다.

- ★ — 원제목 | The Bible: In the Beginning…
- ★ — 개봉제목 | **천지창조**
- ★ — DVD 출시제목 | **천지창조**
- ★ — 제작연도 | **1966년**
- ★ — 개봉연도 | **1967년**
- ★ — 제작국 | **미국, 이탈리아**
- ★ — 컬러 | **컬러**
- ★ — 러닝타임 | **174분**
- ★ — 주연 | Michael Parks, Ulla Bergryd, Richard Harris, John Huston
- ★ — 감독 | John Huston
- ★ — 음악 | Toshiro Mayuzumi

| 감상포인트 |

노아로 직접 출연한 존 휴스턴 감독이 이 영화의 내레이션을 맡고 있는데, 구약성경 창세기를 재현한 대작으로 방대한 성서의 이야기를 담고 있다.

다섯 개의 장으로 구성된 이야기는 천지창조에서부터 에덴동산의 아담과 이브, 케인에게 살해되는 아벨, 노아의 방주와 대홍수, 바벨탑과 소돔의 멸망, 롯의 부인이 소금덩어리로 변하는 부분까지 모두 그려낸다.

당시 파격적인 1800만 달러의 제작비로 완성된 이 종교영화에는 아담 역의 마이클 팍스를 비롯하여 수많은 경쟁자를 제치고 이브 역을 맡은 신인 울라 베르그리드, 케인 역은 리처드 해리스, 아벨 역은 프랑코 네로, 아브라함 역은 조지 C. 스코트가 연기한다.

★ — 개봉제목 | **피해자**

★ — 제작연도 | **1968년**

★ — 제작국 | **한국**

★ — 컬러 | **컬러**

★ — 러닝타임 | **미상**

★ — 주연 | **김진규, 문정숙, 주증녀**

★ — 감독 | **김수용**

| 감상포인트 |

평소 다양한 주제의 종교영화를 연출하기도 했던 김수용 감독의 1968년 이 영화는 인간과 종교의 본질을 본격적으로 다룬 기독교영화의 고전이다.

주인공 요한(김진규)은 목사인 아버지(김동원)의 반대에 못 이겨 첫사랑(문정숙)과 헤어지고 다른 목사의 딸(주증녀)과 원하지 않는 결혼을 한다. 새벽 기도에 열중하는 광신도 아내, 이미 붕괴된 가정생활, 기독교의 위선 때문에 사랑을 잃었다고 생각하는 첫사랑의 여자.

이 영화는 종교적인 비판을 담고 있지만 당시 세인의 높은 평가는 받지 못했으나 타이틀롤인 김진규와 문정숙의 연기는 정말 볼만하다.

- 개봉제목 | **파계**
- 제작연도 | **1974년**
- 개봉연도 | **1974년 국도극장**
- 제작국 | **한국**
- 컬러 | **컬러**
- 러닝타임 | **111분**
- 주연 | **최불암, 박병호, 이화시, 임예진**
- 감독 | **김기영**

| 감상포인트 |

산사에서 펼쳐지는 인간의 욕망을 둘러싼 힘의 쟁탈전을 그려낸 이 영화는 김기영 감독이 생전에 가장 애장한 종교영화의 고전으로 고은의 원작을 바탕으로 했다.

천애 고아인 침애가 무불당 스님에게 구출되어 덕망 있는 젊은 승으로 성장하는 과정과 수행 중이면서도 속세의 욕망을 벗어나지 못하는 침애와 묘향을 통하여 인간의 부질없는 집착과 탐욕을 그려낸다.

제3회 테헤란 영화제에 출품된 이 영화는 선가(禪家)에 관한 가장 개성 있는 작품으로 평가받고 있으나 1974년 국도극장 단일관에서 개봉 당시 난해한 극 중 대사와 일정한 플롯 없이 에피소드 중심으로 전개되는 이야기 방식 때문에 흥행에는 참패했다.

7부 크라임(갱스터, 누아르, 범죄물)

- ★ – 원제목 | Singapore
- ★ – 개봉제목 | **연정**
- ★ – 제작연도 | **1947년**
- ★ – 개봉연도 | **미상**
- ★ – 제작국 | **미국**
- ★ – 컬러 | **흑백**
- ★ – 러닝타임 | **79분**
- ★ – 주연 | Fred MacMurray, Ava Gardner, Roland Culver
- ★ – 감독 | John Brahm
- ★ – 음악 | Daniele Amfitheatrof

| 감상포인트 |

1944년 빌리 와일더의 〈이중배상〉으로 잘 알려진 프레드 맥머레이가 주연을 한 이 영화는 마치 싱가포르를 배경으로 펼쳐지는 마이클 커티즈의 클래식 〈카사블랑카〉를 연상하게 하는 필름누아르의 고전이다.

당시 스물다섯 살의 에바 가드너는 과거를 잊고 살아가는 레이든 부인으로 등장한다. 그녀는 전쟁이 끝난 후 죽은 줄만 알았던 옛 연인 매트 고든(프레드 맥머레이)의 출현에 충격을 받게 되는데, 존 바담 감독은 일본이 침략하기 전 싱가포르에 있었던 매트와 린다 그래함(에바 가드너)과의 만남과 사랑, 이별을 엑조틱한 느낌으로 그려낸다.

프리츠 랑이나 로버트 시오드막의 필름누아르를 연상하게 하는 이 영화의 타이틀롤인 에바 가드너의 아름다움은 눈이 부실 정도로 빛난다.

- 원제목 | The Big Heat
- 개봉제목 | **격노**
- DVD 출시제목 | **빅 히트**
- 제작연도 | **1953년**
- 개봉연도 | **1958년**
- 제작국 | **미국**
- 컬러 | **흑백**
- 러닝타임 | **89분**
- 주연 | Glenn Ford, Gloria Grahame, Lee Marvin
- 감독 | Fritz Lang
- 음악 | Henry Vars

| 감상포인트 |

마피아 보스 마이크 래가나의 부하 빈스 스톤(리 마빈)은 말다툼 끝에 애인인 데비 마쉬(글로리아 그레이엄)의 얼굴에 뜨거운 커피를 끼얹는다. 흉측한 얼굴로 변한 데비는 데이브 배니언 형사를 도우며 빈스 일당에게 복수의 칼날을 갈고 배니언 형사는 그 점을 이용하여 아내에게 복수를 감행하도록 부추긴다.

1953년 프리츠 랑 감독의 이 섬뜩한 필름 누아르는 죽은 아내의 복수를 위해 집요하게 범죄조직의 핵심을 파헤치는 시니컬한 형사 데이브 배니언의 이야기를 그리고 있다.

- ★ — 원제목 | Forbidden
- ★ — 개봉제목 | **목숨을 걸고**
- ★ — 제작연도 | **1953년**
- ★ — 개봉연도 | **1956년**
- ★ — 제작국 | **미국**
- ★ — 컬러 | **흑백**
- ★ — 러닝타임 | **85분**
- ★ — 주연 | Tony Curtis, Joanne Dru
- ★ — 감독 | Rudolph Mate
- ★ — 음악 | Frank Skinner

| 감상포인트 |

촬영감독 출신인 로돌프 마테 감독이 1953년에 연출한 이 영화는 스물여덟 살의 토니 커티스를 내세워 만든 범죄드라마의 고전이다.

토니 커티스가 연기하는 에디 대로우는 필라델피아에 있는 갱스터 바니로부터 크리스틴 로렌스(조앤 드루)라는 여인을 찾아달라고 의뢰를 받아 고용된다. 이때부터 에디는 크리스틴을 찾아 마카오까지 추적을 하지만 크리스틴을 보는 순간 마음에 끌려 사랑에 빠지고 만다.

토니 커티스보다 세 살 연상의 조앤 드루는 매우 이지적인 매력을 발산한다.

* – 원제목 | Touchez Pas Au Grisbi
* – 개봉제목 | **현금에 손대지 마라**
* – DVD 출시제목 | **현금에 손대지 마라**
* – 제작연도 | **1954년**
* – 개봉연도 | **미상**
* – 제작국 | **프랑스, 이탈리아**
* – 컬러 | **흑백**
* – 러닝타임 | **94분**
* – 주연 | Jean Gabin, Rene Dary, Lino Ventura, Jeanne Moreur
* – 감독 | Jacques Becker
* – 음악 | Jean Wiener

| **감상포인트** |

이 영화에서 자크 베케르 감독은 현란한 총격 장면이나 템포 빠른 액션 대신 주인공 막스(장 가방)의 행동을 따라잡으며 그가 노후를 준비하는 과정이라든가 친구 리통(르네 다리)에 대한 우정 같은 평범하면서도 일상적인 면들을 부각시키며 딜레마에 빠진 늙고 쇠퇴해 가는 삼류 갱스터의 세계를 담담하게 연출한다.

장 가방의 연기는 카리스마가 있으며 르네 다리 또한 차분하고 친밀감 있는 연기를 보여주었다. 훗날 장 가방과 함께 프렌치 누아르를 이끌어 가는 젊은 날의 벤츄라가 이 영화로 데뷔하였다.

- ★ — 원제목 | Betrayed
- ★ — 개봉제목 | **반역자**
- ★ — 제작연도 | **1954년**
- ★ — 개봉연도 | **1956년** | **1965년**(재개봉)
- ★ — 제작국 | **미국**
- ★ — 컬러 | **컬러**
- ★ — 러닝타임 | **108분**
- ★ — 주연 | Clark Gable, Lana Turner, Victor Mature
- ★ — 감독 | Gottfried Reinhardt
- ★ — 음악 | Walter Goehr, Bronislau Kaper

| 감상포인트 |

제2차세계대전이 한창일 때 조국을 위해 몇 번이나 사선을 넘었던 피에터 데벤터(클라크 게이블)가 고향에 돌아오면서 시작되는 이 영화는 당시 많은 관객들에게 어디선가 꼭 일어난 것만 같은 착각을 갖게 한 전쟁 스릴러의 고전이다.

어머니가 머리에 이상한 수건을 쓰고 있고 잠시 후 그 흉한 수건을 어머니에게서 벗겨내면 어둠 속에서 드러나는 잘려버린 중머리, 바로 아들을 반역자로 몬 마을사람들의 소행이었다. 그 컴컴한 어둠 속에서 재회하는 모자간의 표정과 분위기 속에서 시대적인 비극을 잘 그려내고 있는 이 영화는 1954년 고트프리드 라인하르트 감독의 잊지 못할 범죄 드라마이다.

★ — 원제목 | Bad Day at Black Rock

★ — 개봉제목 | **무법지대**

★ — DVD 출시제목 | **배드 데이 블랙 록**

★ — 제작연도 | **1955년**

★ — 개봉연도 | **1956년**

★ — 제작국 | **미국**

★ — 컬러 | **컬러**

★ — 러닝타임 | **81분**

★ — 주연 | Spencer Tracy, Robert Ryan, Anne Francis, Ernest Borgnine

★ — 감독 | John Sturges

★ — 음악 | Andre Previn

| 감상포인트 |

작가 하워드 브레슬린의 원작을 각색한 이 작품은 '관용'에 대한 메시지를 담고 있다. 배우들의 수준 높은 연기와 아울러 절제된 존 스터지스의 연출력이 돋보이는 웨스턴 장르를 표방한 필름 누아르이다.

이야기를 풀어가는 캐릭터와 구성이 단연 돋보이는 스릴러물로 캘리포니아의 블랙 록이라는 사막지대의 한 마을이 배경이다.

영화는 존 맥크리디(스펜서 트레이시)라는 어느 낯선 남자가 블랙 록 마을을 찾아드는 것으로부터 시작된다. 특히 이 영화로 칸 영화제 남우주연상을 수상한 스펜서 트레이시의 카리스마와 악역 3인방으로 등장하는 로버트 라이언, 어네스트 보그나인, 리 마빈의 젊은 날의 모습이 인상적이다.

- ★ — 원제목 | The Desperate Hours
- ★ — 개봉제목 | **필사의 도망자**
- ★ — DVD 출시제목 | **필사의 도망자**
- ★ — 제작연도 | **1955년**
- ★ — 개봉연도 | **1957년 | 1966년**(재개봉)
- ★ — 제작국 | **미국**
- ★ — 컬러 | **흑백**
- ★ — 러닝타임 | **112분**
- ★ — 주연 | Humphrey Bogart, Fredric March, Arthur Kennedy
- ★ — 감독 | William Wyler
- ★ — 음악 | Gail Kubik

| 감상포인트 |

탈옥범 세 명이 백주의 대낮에 한 가정집에 침입하여 일가족을 인질로 잡고 하룻밤을 머물게 된다.

1955년 윌리엄 와일러 감독이 연출한 이 영화는 위험에 처한 가족을 지키려는 가장 댄 힐리아드(프레드릭 마치)와 그들을 이용하여 탈출하려는 흉악범 글렌 그리핀(험프리 보가트)의 처절한 대립을 그린 매우 긴장감 넘치는 범죄 스릴러의 고전이다.

원작자인 조셉 하예스가 직접 각색을 했으며 험프리 보가트와 프레드릭 마치의 투톱 연기가 카리스마가 넘친다.

* — 원제목 | The Savage Innocents

* — 개봉제목 | 바렌

* — DVD 출시제목 | 야생의 순수

* — 제작연도 | 1960년

* — 개봉연도 | 1964년

* — 제작국 | 프랑스, 이탈리아, 영국

* — 컬러 | 컬러

* — 러닝타임 | 110분

* — 주연 | Anthony Quinn, Yoko Tani, Peter O' Toole

* — 감독 | Nicholas Ray

| 감상포인트 |

앤서니 퀸이 이누이트족으로 등장하는 이 영화는 춥고 열악한 자연 환경을 극복하면서 생존을 위해 살아가는 에스키모인들의 고단한 이야기를 그린 범죄 드라마이다.

나이 들어 고기를 씹지 못하는 노인을 개썰매에 태워 눈 덮인 들판에 내다버리는 장면, 아내를 거절한 백인에게 성의를 무시했다며 살인을 저지르는 장면들이 너무도 생경스럽게 다가온다. 〈아라비아의 로렌스〉에서 함께 출연한 피터 오툴이 인간성이 좋은 문명인으로 등장하여 위험에 처한 앤서니 퀸을 구해 준다.

1960년 니콜라스 레이 감독이 연출한 이 영화는 4년 후 국내에 개봉되었다.

- 원제목 | Bonny and Clyde
- 개봉제목 | 우리에게 내일은 없다
- DVD 출시제목 | 우리에게 내일은 없다
- 제작연도 | 1967년
- 개봉연도 | 1967년
- 제작국 | 미국
- 컬러 | 컬러
- 러닝타임 | 111분
- 주연 | Warren Beatty, Faye Dunaway, Gene Hackman, Estelle Parsons
- 감독 | Arthur Penn
- 음악 | Charles Strouse

| 감상포인트 |

아서 펜 감독은 실화를 바탕으로 한 이 영화를 픽션이었던 〈건 크레이지〉보다 더 강도 높은 액션과 폭력의 에너지를 보강해서 연출했다.

1930년대 극심한 경제공황기에 출현하여 비참한 최후를 맞이하는 보니와 클라이드, 이 강도 커플은 영화 속에서 부활하여 개봉 당시 새로운 유행 아이콘으로 자리 잡았다. 특히 보니 역을 맡은 페이 더너웨이의 의상과 헤어스타일은 한동안 크게 인기를 끌었으며, 버크(진 해크먼)의 아내 블랜치 역을 맡은 에스텔 파슨즈는 감초 역할을 톡톡히 해내면서 아카데미 여우조연상을 받았다.

이 영화는 1960년대 미국 영화의 새로운 경향, 뉴 아메리칸 시네마의 대표적인 갱스터무비이다.

★ — 원제목 | Point Blank

★ — 개봉제목 | 포인트 브랭크

★ — 제작연도 | 1967년

★ — 개봉연도 | 1967년

★ — 제작국 | 미국

★ — 컬러 | 컬러

★ — 러닝타임 | 92분

★ — 주연 | Lee Marvin, Angie Dickinson, Keenan wynn

★ — 감독 | John Boorman

★ — 음악 | Johnny Mandel

| 감상포인트 |

어쩌면 진부할 수도 있는 스토리를 존 부어맨 감독은 아주 모호한 수수께끼 방식으로 편집하여 흡입력 있게 풀어나가며 관객의 홍미를 유발시킨다.

잿빛 정장을 입은 워커(리 마빈)가 무표정한 얼굴로 LA공항 청사 안을 활보하는 모습과 배신한 아내 린(샤론 애커)의 침대에 권총을 쏘아대는 장면이 교차되면서 워커의 발자국 소리의 반향이 스크린을 메우는 프롤로그 시퀀스는 시작부터가 예사롭지 않다.

꿈과 현실의 긴장과 충돌을 그려내고 있는 독창적인 이 영화는 시각적인 성향이 매우 두드러지고, 무뚝뚝한 리 마빈의 표정 연기와 그를 돕지만 끝내 버림받는 처형 크리스 역을 맡은 앤지 디킨슨이 잊히지 않는 범죄영화의 전형이다.

- ⋆ — 원제목 | In The Heat of The Night
- ⋆ — 개봉제목 | **밤의 열기 속에서**
- ⋆ — DVD 출시제목 | **밤의 열기 속에서**
- ⋆ — 제작연도 | **1967년**
- ⋆ — 개봉연도 | **1967년**
- ⋆ — 제작국 | **미국**
- ⋆ — 컬러 | **컬러**
- ⋆ — 러닝타임 | **109분**
- ⋆ — 주연 | Sidney Poitier, Rod Steiger, Warren Oates
- ⋆ — 감독 | Norman Jewison
- ⋆ — 음악 | Quincy Jones

| 감상포인트 |

레이 찰스가 부르는 동명의 주제가가 흐르는 가운데 시작하는 노먼 주이슨 감독의 이 영화는 1967년 당시 미국 사회에서 민감하던 지독한 인종차별 문제를 정면으로 다룬 클래식 누아르의 화제작이다.

미시시피 주에 있는 스파르타 시골마을의 경찰서장 빌 길레스피(로드 스타이거)가 살인 사건을 수사하러 온 흑인 형사 버질 팁스(시드니 포이티에)와 사사건건 부딪히면서 점점 이해하고 소통해 가는 과정이 볼만하다.

여기서 로드 스타이거는 인종차별에 대한 편견을 극복하는 탁월한 연기를 인정받아 1968년 오스카 〈남우주연상〉을 수상했다. 음악 작곡은 퀸시 존스가 맡았으며 1975년 영화 〈샴푸〉로 잘 알려진 할 애쉬비의 영상편집이 매우 뛰어나다.

- 원제목 | The Godfather
- 개봉제목 | 대부
- DVD 출시제목 | 대부
- 제작연도 | 1972년
- 개봉연도 | 1973년
- 제작국 | 미국
- 컬러 | 컬러
- 러닝타임 | 175분
- 주연 | Marlon Brando, Al Pacino, James Caan, Robert Duvall
- 감독 | Francis Ford Coppola
- 음악 | Nino Rota

| 감상포인트 |

프랜시스 코폴라 감독의 〈대부 시리즈〉 중에서 가장 대중적으로 성공한 작품으로, 1980년대 초에도 재개봉되어 많은 관객을 동원하였다.

뉴욕 마피아 보스인 비토 콜로오네(말론 브랜도)의 가족애와 폭력이라는 이율배반적인 두 모티브를 절묘하게 내걸어 연출된 이 갱스터 누아르는 기획 단계부터 완성까지 우여곡절을 일으키며 제작되었다. 말론 브랜도의 명연기, 원작자인 마리오 푸조의 탁월한 시나리오, 프랜시스 코폴라 감독의 짜임새 있는 연출, 고든 윌리스의 완벽한 촬영, 니노 로타의 수려한 음악이 한데 어우러져서 영화예술과 오락적인 재미를 결합시킨 크라임 무비의 걸작이다.

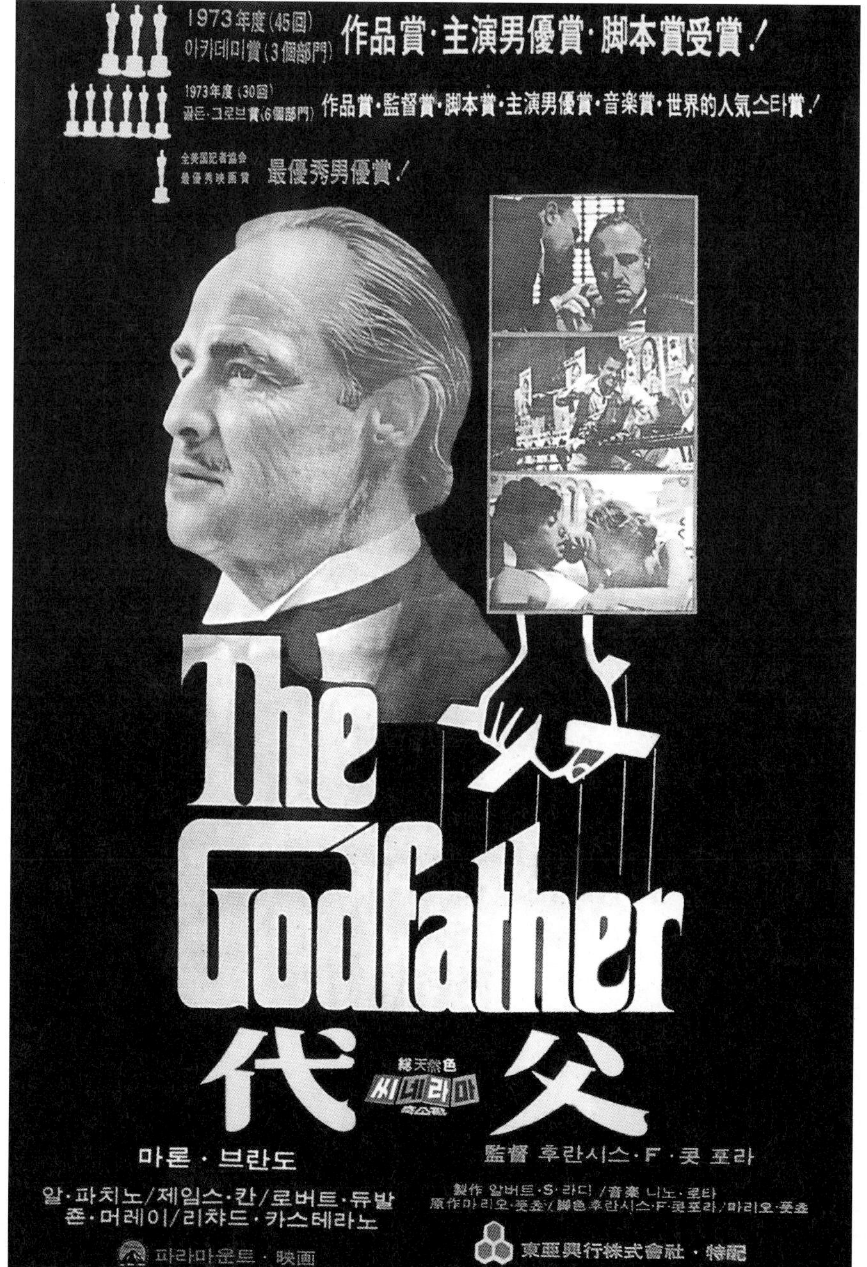

- ⋆ — 원제목 | The Godfather : Part 2
- ⋆ — 개봉제목 | **대부 2**
- ⋆ — DVD 출시제목 | **대부 2**
- ⋆ — 제작연도 | **1974년**
- ⋆ — 개봉연도 | **1975년**
- ⋆ — 제작국 | **미국**
- ⋆ — 컬러 | **컬러**
- ⋆ — 러닝타임 | **200분**
- ⋆ — 주연 | Al Pacino, Robert Duvall, Diane Keaton, Robert de Niro
- ⋆ — 감독 | Francis Ford Coppola
- ⋆ — 음악 | Nino Rota, Carmine Coppola

| 감상포인트 |

로버트 드 니로가 연기하는 아버지 비토의 젊은 시절은 고전적 세피아 톤으로 번뇌하는 마이클(알 파치노)의 현재 상황과 맞물리면서 필요불가결한 상관관계에 놓인다. 폭력을 부정하는 아내 케이트(다이앤 키튼)의 냉소적인 항의와 가문의 생존을 위협하는 둘째 형 프레디(존 카잘)의 잘못된 행동을 두고, 특히 가문을 위해 둘째 형을 죽이지 않으면 안 되는 마이클의 극단적인 패륜의 당위성이 이 영화의 주제를 빛내는 핵심이다.

프란시스 F. 코폴라 감독이 제작 연출한 이 탁월한 갱스터 누아르는 전편의 요란함을 뒤엎고 속편이 전편을 능가하는 영화 역사를 새로 쓴 클래식 누아르의 걸작이다.

★ — 원제목 | Death Wish

★ — 개봉제목 | 추방객

★ — DVD 출시제목 | 데드 위시

★ — 제작연도 | 1974년

★ — 개봉연도 | 1976년

★ — 제작국 | 미국

★ — 컬러 | 컬러

★ — 러닝타임 | 93분

★ — 주연 | Charles Bronson, Hope Lange, Vincent Gardenia

★ — 감독 | Michael Winner

★ — 음악 | Herbie Hancock

| 감상포인트 |

마이클 위너 감독은 찰스 브론슨이 연기하는 폴의 행동양식을 통하여 스스로 자경단이 되어 도시를 경계하고 수호하는 영웅으로 만들어내는데, 3년 전 클린트 이스트우드의 〈더티 해리〉에서 보여준 개척자 정신의 정의와 기독교적 윤리를 흡사한 유형으로 변주한다.

주인공인 폴 커지는 평범한 사업가다. 그가 권총을 지니고 다니면서 자신에게 위협하는 강도를 직접 쏴 죽이게 된 동기는 순전히 폭행을 당해 죽은 아내와 성폭행을 당한 딸 때문이며, 법을 자신의 임무 수행과 복수심에 따라 마음대로 적용하는 캐릭터로 등장한다. 재즈 뮤지션 허비 행콕의 사운드 트랙 음악은 영화의 긴장감을 더해 준다.

이 영화는 1976년 10월 피카디리 극장에서 개봉되었다.

뒷골목의 清掃夫냐? 외로운 英雄이냐?

正義의 十字軍이냐?

마이켈·윈너

CHARLES BRONSON "DEATH WISH"

追放客

추 방 객

- — 원제목 | Le Gitan
- — 개봉제목 | **루지탕**
- — DVD 출시제목 | **루지탕**
- — 제작연도 | **1975년**
- — 개봉연도 | **1979년 1월**
- — 제작국 | **프랑스, 이탈리아**
- — 컬러 | **컬러**
- — 러닝타임 | **102분**
- — 주연 | Alain Delon, Paul Meurisse, Annie Girardot
- — 감독 | Jose Giovanni
- — 음악 | Claude Bolling

| 감상포인트 |

제작된 지 4년만인 1979년 설날 프로로 피카디리 단관극장에서 개봉된 이 영화는 알랭 들롱이 집시 출신의 갱으로 등장한 크라임 장르의 흥행작이다. 1973년 〈암흑가의 두 사람〉의 시나리오를 썼던 호세 지오반니가 이 영화의 메가폰을 잡았다.

위고(알랭 들롱)는 살인 혐의로 종신형을 선도받았으나 탈옥하여 프랑스 사회에서 소외된 집시들을 돕게 되는데, 경찰의 추격을 받으면서 금고털이범 얀(폴 뫼리스)과 만나는 장면은 매우 인상적이다.

'Gitan'은 프랑스어로 '집시'라는 의미로 타이틀롤인 알랭 들롱과 그가 도우려는 집시 집단을 가리키고 있다.

* — 원제목 | Marathon Man
* — 개봉제목 | 마라톤맨
* — DVD 출시제목 | 마라톤맨
* — 제작연도 | 1976년
* — 개봉연도 | 1978년
* — 제작국 | 미국
* — 컬러 | 컬러
* — 러닝타임 | 125분
* — 주연 | Dustin Hoffman, Laurence Olivier, Roy Scheider
* — 감독 | John Schlesinger
* — 음악 | Michael Small

| 감상포인트 |

신경을 자극하며 공포를 느끼게 하는 로렌스 올리비에의 치아 고문 장면이 생각나는 작품이다. 우연히 나치 전범의 일에 말려든 어느 마라톤맨의 악몽 같은 사건을 다룬 스릴러 드라마이다.

더스틴 호프먼이 연기하는 유태계 대학원생 베이브는 뜻하지 않게 친형 닥(로이 샤이더)의 일에 말려들게 된다. 베이브가 잔인한 나치전범 스젤 일당으로부터 탈출하는 과정이 너무도 힘겹기만 한데, 평화주의자인 그가 폭력을 사용하여 다이아몬드를 놓고 스젤(로렌스 올리비에)과 결투하는 라스트신은 이 영화의 백미이다.

| 8부 | 음악(전기, 뮤지컬, 다큐멘터리)

- ★ – 원제목 | Seven Brides for Seven Brothers
- ★ – 개봉제목 | **7인의 신부**
- ★ – DVD 출시제목 | **7인의 신부**
- ★ – 제작연도 | **1954년**
- ★ – 개봉연도 | **1955년 | 1966년, 1972년**(재개봉)
- ★ – 제작국 | **미국**
- ★ – 컬러 | **컬러**
- ★ – 러닝타임 | **102분**
- ★ – 주연 | Howard Keel, Jeff Richards, Russ Tamblyn, Jane Powell
- ★ – 감독 | Stanley Donen
- ★ – 감독 | Gene de Paul

| 감상포인트 |

일곱 명의 남자 형제들을 위한 일곱 명의 사랑스러운 신부들. 1954년 스탠리 도넨 감독이 연출한 이 사랑스러운 음악영화는 남자 형제만 일곱인 폰티피 집안의 일곱 형제가 벌이는 좌충우돌 가족만들기를 그린 뮤지컬 영화의 고전이다.

장남 아담(하워드 킬)이 집안 살림을 해 줄 아내감을 찾다가 여관에서 일하는 밀리(제인 포웰)와 첫눈에 반해 그 자리서 결혼식을 올린다. 밀리가 교양 없는 시동생들을 멋쟁이로 만들려고 애쓰는 장면들이 오랫동안 기억에 남는데, 특히 아담이 동생들을 결혼시켜 주려고 로마인들처럼 여자들을 납치하는 후반부와 여섯 형제가 합동결혼식을 올리는 라스트신은 행복한 가족애를 유감없이 느끼게 한다.

음악은 진 드 폴과 자니 머서가 맡았으며 제인 포웰이 부르는 〈Wonderful, Wonderful Day〉는 지금도 애청되는 추억의 영화음악이다.

★ — 원제목 | Carmen Jones

★ — 개봉제목 | **칼멘 존스**

★ — DVD 출시제목 | **정열의 카르멘**

★ — 제작연도 | **1954년**

★ — 개봉연도 | **1957년**

★ — 제작국 | **미국**

★ — 컬러 | **컬러**

★ — 러닝타임 | **105분**

★ — 주연 | Dorothy Dandridge, Harry Belanfonte, Pearl Bailey

★ — 감독 | Otto Preminger

★ — 음악 | Herschel Burke Gilbert, Billy Rose

| 감상포인트 |

무기 공장에서 낙하산을 만드는 재봉사로 일하는 카르멘(도로시 댄드리지)은 약혼자가 있는 비행훈련병 조(해리 벨라폰테)를 유혹하여 그의 마음을 빼앗는다. 하지만 기차가 지날 때마다 탁자가 건들거리는 허름한 골방에서의 생활은 결국 두 사람의 사랑에 금이 가게 하고 급기야 카르멘은 돈 많은 복서 허스키 밀러의 품으로 달아난다.

비제의 그 주옥같은 오페라에 오스카 해머스타인 2세의 가사를 붙이는 등 현대적인 감각으로 재현된 이 작품은 도로시 댄드리지와 해리 벨라폰테의 아리아로 그 사랑에 대한 비극을 묘사한다.

오토 프레밍거 감독은 욕심으로 인해 한 남자를 파멸에 이르게 하는 한 여자의 욕망을 현대적으로 개사된 비제의 곡에 담아 연출하는데, 〈You Talk Jus' Like My Maw〉〈Dat' s Love〉〈Final Duet〉 등 댄드리지와 벨라폰테의 노래를 각각 마릴린 혼과 르번 허처슨의 음성으로 립싱크했다.

- 원제목 | Guys and Dolls
- 개봉제목 | **아가씨와 건달들**
- DVD 출시제목 | **아가씨와 건달들**
- 제작연도 | **1955년**
- 개봉연도 | **1960년**
- 제작국 | **미국**
- 컬러 | **컬러**
- 러닝타임 | **105분**
- 주연 | Marlon Brando, Jean Simmons, Frank Sinatra
- 감독 | Joseph Mankiewicz
- 음악 | Jay Blackton

| 감상포인트 |

지금도 브로드웨이 무대에 자주 오르는 이 뮤지컬의 고전은 1955년 조셉 맨키비츠 감독이 연출한 춤과 음악의 음악영화이다.

전혀 어울리지 않을 것 같은 말론 브란도가 뉴욕의 도박사 스카이 매스터슨으로 등장하고 그는 친구 네이선 데트로이트(프랭크 시나트라)와의 내기에서 이기기 위해 선교사 사라 브라운(진 시몬즈)을 꼬셔 하바나에서 밤을 보내려고 한다. 도박에 빠져 결혼엔 안중에도 없는 네이선과 14년이나 사귀고 있는 삼류 클럽가수 아델레이드 역은 비비앤 블레인이 연기하고 있으며, 영화 전편을 통해 프랭크 로에서가 작곡한 동명의 주제가와 〈If I Were a Bell〉 등 열아홉 곡의 주옥같은 노래들이 화려한 춤과 함께 스크린에 펼쳐진다.

진 시몬즈는 탁월한 연기력을 인정받아 1956년 골든글로브 〈여우주연상〉을 수상했으며 말년에 폐암으로 고생하던 그녀는 2010년 1월 23일 여든한 살의 나이로 세상을 떠났다.

★ — 원제목 | The King and I

★ — 개봉제목 | 왕과 나

★ — DVD 출시제목 | 왕과 나

★ — 제작연도 | 1956년

★ — 개봉연도 | 1957년 | 1966년(재개봉)

★ — 제작국 | 미국

★ — 컬러 | 컬러

★ — 러닝타임 | 133분

★ — 주연 | Yul Brynner, Deborah Kerr, Rita Moreno

★ — 감독 | Walter Lang

★ — 음악 | Alfred Newman

| 감상포인트 |

월터 랭 감독이 연출한 이 뮤지컬 어드벤처는 1946년 존 크롬웰이 렉스 해리슨과 아이린 듄을 기용하여 연출한 오리지널을 각색한 작품으로 리처드 로저스와 오스카 헤머스타인 2세 콤비가 음악을 맡았다.

샴 국의 왕과 영국에서 온 가정교사 안나(데보라 커)의 아름다운 사랑 이야기를 그리고 있으며, 여주인공 안나 레오노웬이 쓴 자서전을 뮤지컬로 각색했다.

월터 랭 감독이 무명배우였던 율 브린너를 캐스팅한 것이 이 영화의 성공 요인이 되었는데, 부리부리한 눈매에 머리를 모두 밀은 강렬한 인상의 율 브린너는 영국 여인 안나를 통해 서서히 개화되어가는 샴 국의 왕을 훌륭하게 연기해냈다. 특히 이 영화의 주제가인 〈Shall We Dance〉를 부르는 후반부에서는 데보라 카와 함께 우아하면서도 박진감 있는 춤을 선보인다.

四個部門 아카데미 賞受賞 名作!

■主演賞 ■音楽賞 ■美術賞 ■衣裳賞 受賞

데보라·카 율·부린너 리다·모레노

華麗한 異國王宮속에서 싹튼 情熱의 무드! 絢爛栄華의 王宮을 繡놓은 사랑의 讚歌!

70mm 総天然色 縮少版

王과 나

월타·랑 監督

The KING and I

20th CENTURY-FOX

- ★ — 원제목 | High Society
- ★ — 개봉제목 | **상류사회**
- ★ — DVD 출시제목 | **상류사회**
- ★ — 제작연도 | **1956년**
- ★ — 개봉연도 | **1957년** | **1966년**(재개봉)
- ★ — 제작국 | **미국**
- ★ — 컬러 | **컬러**
- ★ — 러닝타임 | **111분**
- ★ — 주연 | Bing Crosby, Grace Kelly, Frank Sinatra
- ★ — 감독 | Charles Walters
- ★ — 음악 | Cole Porter

| 감상포인트 |

빙 크로스비가 연기하는 재즈뮤지션 덱스터는 이혼한 아내 트레이시 로드(그레이스 켈리)가 다른 남자와 재혼을 할까 봐 두려워서 동분서주하는데, 이 사이를 끼어드는 삼류기자 마이크 코너 역을 맡은 프랭크 시나트라의 연기는 매우 유쾌하고 시니컬하다.

독립영화 제작자 솔 C. 시겔이 캐서린 헵번 주연의 코미디 〈필라델피아 스토리〉를 각색하여 MGM 스튜디오에서 만든 이 영화는 작곡가 콜 포터의 주옥같은 스탠더드 재즈로 스크린을 가득 채운다. 특히 타이틀롤인 그레이스 켈리는 스케줄이 바쁜 엘리자베스 테일러를 대신하여 맡은 트레이시 로드 역을 매우 훌륭하게 연기한 뒤 이 작품을 마지막으로 은막을 떠나 모나코 왕비가 된다. 빙 크로스비와 함께 그레이스 켈리가 듀엣으로 부르는 주제가 〈True Love〉는 오랫동안 사랑받는 영화음악의 고전이다.

이 영화는 1957년 명보극장 개관기념작으로 개봉되었다.

- 원제목 | Pal Joey
- 개봉제목 | **여심**
- DVD 출시제목 | **팔조이**
- 제작연도 | **1957년**
- 개봉연도 | **미상**
- 제작국 | **미국**
- 컬러 | **컬러**
- 러닝타임 | **111분**
- 주연 | Rita Hayworth, Frank Sinatra, Kim Novak
- 감독 | George Sidney
- 음악 | George Duning

| 감상포인트 |

삼류클럽을 떠돌면서 여러 여자들을 꼬시는 조이 에반스는 그야말로 타고난 바람둥이이다. 그가 일자리를 찾으러 간 어느 클럽에서 댄서이자 가수 지망생인 린다 잉글리시(킴 노박)에게 한 눈에 반하면서 조이의 인생은 새로운 국면을 맞이하게 된다.

조이 에반스 역을 연기하는 프랭크 시나트라는 감칠맛 나는 무대 매너를 자랑하며 로렌즈 하트 작사, 리처드 로저스 작곡의 〈There's A Small Hotel〉 〈I Could Write A Book〉 〈The Lady is a Tramp〉 등의 스탠더드 재즈곡을 관객들에게 선보이는데, 특히 직장을 잃을 위기에 몰린 조이 에반스에게 구세주처럼 찾아온 돈 많은 베라 심슨 부인을 조이가 그녀를 유혹하며 〈The Lady is a Tramp〉를 부르는 장면은 지금도 잊지 못할 낭만적인 명장면이다.

이 영화에 출연 당시 중후한 매력으로 아름다움을 뽐낸 베라 심슨 부인 역의 리타 헤이워즈는 서른아홉 살의 중년이었지만 전성기 때 보여준 그윽한 노래 솜씨와 육감적인 춤 솜씨를 유감없이 연기한다. 이렇게 노련한 선배 배우들인 리타 헤이워즈와 프랭크 시나트라의 틈바구니에서 사랑의 삼각관계를 이루는 킴 노박 역시 당시 스물네 살의 약관이었지만 전혀 주눅이 들지 않고 연기한다.

새로 오픈한 '세이 조이 클럽'의 개장 리허설에서 〈My Funny Valentine〉을 노래하는 킴 노박의 모습은 매우 고혹적이며, 이 노래는 트루디 웰윈이 목소리 더빙했다.

1957년 우리에게 〈삼총사〉와 〈혈투〉(스카라무슈)로 잘 알려진 조지 시드니 감독이 연출한 이 영화는 1950년대 낭만적인 시대에 만들어져 국내에 〈여심〉이란 제목으로 개봉되었던 노스탤지어를 자극하는 뮤지컬 로맨스 영화의 고전이다.

* — 원제목 | Vento di Primavera
* — 개봉제목 | **물망초**
* — 제작연도 | **1958년**
* — 개봉연도 | **1960년** | **1972년**(재개봉)
* — 제작국 | **이탈리아, 서독**
* — 컬러 | **컬러**
* — 러닝타임 | **103분**
* — 주연 | Ferruccio Tagliavini, Sabine Bethmann
* — 감독 | Giulio Del Torre, Arthur Maria Rabenalt
* — 음악 | Willy Mattes

| 감상포인트 |

1958년 쥴리오 델 토레, 아서 마리아 라베날트 감독이 공동으로 연출한 이 음악영화는 당시 이탈리아의 세계적인 테너 가수 타리아비니를 내세워 만든 순박하고 아름다운 가족영화이다.

어린 아들만 데리고 사는 테너 가수 알도 모라니(타리아비니)가 개인 비서인 독일 여자 엘리자베스(사비네 베트만)와 만나 사랑을 하고 결혼하지만 이 영화는 어린 소년과 친엄마 같은 엘리자베스와의 관계에 초점을 맞춘다. 특히 강이 내려다보이는 산언덕에서 알도 모라니가 아들과 엘리자베스를 앞에 두고 노래하는 라스트신은 잊지 못할 추억의 명장면이다.

극 중에서 타리아비니가 부르는 〈나를 잊지 마세요〉(Non ti scordar di me)와 〈돌아오라 소렌토로〉(Torna a surriento), 〈볼라레〉(Volare)는 영화팬들의 애청곡이 되었다.

★ — 원제목 | South Pacific

★ — 개봉제목 | **남태평양**

★ — DVD 출시제목 | **남태평양**

★ — 제작연도 | **1958년**

★ — 개봉연도 | **1961년 | 1972년**(재개봉)

★ — 제작국 | **미국**

★ — 컬러 | **컬러**

★ — 러닝타임 | **157분**

★ — 주연 | Rossano Brazzi, Mitzi Gaynor, John Kerr

★ — 감독 | Joshua Logan

★ — 음악 | Richard Rodgers

| 감상포인트 |

1958년 조슈아 로건 감독이 연출한 이 음악영화는 작가 제임스 A. 미치너가 마흔의 가까운 나이에 제2차세계대전 때 미 해군 복무 경험을 바탕으로 쓴 소설 〈남태평양 이야기〉(Tales of the South Pacific)를 각색한 뮤지컬영화의 고전이다.

미 해군 간호사 넬리(밋지 게이너)가 농장을 경영하는 프랑스인 독신자 에밀(로사노 브라지)과 나누는 사랑이 아름다운 남태평양의 외딴 섬을 배경으로 1950년대의 이국적인 낭만을 보여주는데, 아내와 사별한 에밀 때문에 갈등하는 그녀의 연기가 오랫동안 기억에 남는다. 특히 〈사운드 오브 뮤직〉과 〈왕과 나〉로 잘 알려진 작곡가 리처드 로저스와 작사가 오스카 해머슈타인 2세의 주제가 〈Bali Ha'i〉는 극 중에서 주아니타 홀이 부른다.

- ⋆ — 원제목 | For The First Time
- ⋆ — 개봉제목 | **첫날밤**
- ⋆ — 제작연도 | **1959년**
- ⋆ — 개봉연도 | **1959년 | 1961년**(재개봉)
- ⋆ — 제작국 | **미국, 서독, 이탈리아**
- ⋆ — 컬러 | **컬러**
- ⋆ — 러닝타임 | **92분**
- ⋆ — 주연 | Mario Lanza, Johanna von Koczan
- ⋆ — 감독 | Rudolph Mate
- ⋆ — 음악 | Karl Bette, Marguerite Monnot, George Stoll

| 감상포인트 |

1959년 루돌프 마테 감독이 연출한 이 영화는 할리우드의 MGM사에서 당시 세계적인 테너가수인 마리오 란자를 전면에 내세워 만든 뮤지컬 영화의 고전이다.

토니오 코스타 역을 연기하는 마리오 란자가 카프리를 배경으로 귀가 잘 안들리는 소녀 크리스타(요한나 폰 코잔)와 우연히 만나 사랑을 나누고, 극 중에서 마리오 란자가 직접 부르는 〈아이다〉와 〈오델로〉에 나오는 주옥같은 아리아 곡들은 당시 국내 영화팬들에게 많은 사랑을 받았다.

★ — 원제목 | West Side Story
★ — 개봉제목 | **웨스트 사이드 스토리**
★ — DVD 출시제목 | **웨스트 사이드 스토리**
★ — 제작연도 | **1961년**
★ — 개봉연도 | **1967년**
★ — 제작국 | **미국**
★ — 컬러 | **컬러**
★ — 러닝타임 | **152분**
★ — 주연 | Natalie Wood, Richard Beymer, George Chakiris, Rita Moreno
★ — 감독 | Gerome Robbins & Robert Wise
★ — 음악 | Leonard Bernstein

| 감상포인트 |

안무가 제롬 로빈스가 셰익스피어의 〈로미오와 줄리엣〉을 각색하여 무대극으로 만든 이 비극적인 스토리의 뮤지컬 영화는 로버트 와이즈 감독이 환상적인 장면을 대폭 줄이고 박진감 넘치는 장면으로 대치하면서 자신의 취향에 맞게 다시 각색을 한 음악영화이다.

원작 속의 몬테규와 캐플릿 가문은 뉴욕 맨하탄 뒷골목의 제트와 샤크 소년 그룹으로 설정했으며, 토니(리처드 베이머)와 마리아(나탈리 우드)의 동반 자살 장면 또한 토니 혼자만 죽게 하는 등 좀 더 비극적인 결말을 마련한 당시의 춤과 음악을 결합시킨 최고의 음악영화이다.

음악을 맡은 레너드 번스타인은 'Overture'를 비롯하여 총 열아홉 곡을 선보이는데, 특히 리처드 베이머와 나탈리 우드가 발코니에서 함께 부르는 〈Tonight〉과 두 그룹이 결투장으로 향하는 장면에 흐르는 5중창 〈Quintet〉은 이 영화의 하이라이트이다.

★ — 원제목 | Ha Liegado Un Angel
★ — 개봉제목 | 마리솔의 리틀 엔젤
★ — 제작연도 | 1961년
★ — 개봉연도 | 1971년
★ — 제작국 | 스페인, 멕시코
★ — 컬러 | 컬러
★ — 러닝타임 | 100분
★ — 주연 | Marisol, Iasbel Garces
★ — 감독 | Luis Lucia
★ — 음악 | Augusto Alguero

| 감상포인트 |

〈길은 멀어도 마음만은〉으로 잘 알려진 스페인 출신의 아역배우 마리솔의 1961년 뮤지컬 영화인 이 작품은 특별한 줄거리보다는 마리솔의 밝고 사랑스러운 노래를 선사하는 추억의 음악영화이다.

조용한 아침 상큼한 목소리로 노래하며 꼬마와 배달 가는 장면, 밀집된 작은 아파트 계단에서 경쾌한 리듬으로 이웃들에게 노래하는 장면, 클럽 안에서 녹색 정장차림으로 춤을 추는 장면, 특히 장님으로 위장한 할아버지의 기타 연주에 맞춰 거리에서 즉흥공연을 하는 장면은 마리솔을 기억하게 하는 깜찍하고 귀여운 명장면이다.

〈Ola Ola Ola〉와 〈Jotas〉는 극 중의 마리솔의 노래로 인기를 얻었으나 1973년 마리솔이 성인이 되어 출연한 〈파리의 야화〉는 국내에 개봉되었지만 큰 호응을 얻지 못했다.

마리솔(MARISOL)이란 바다(MAR)와 태양(SOL)의 합성어로 정열적인 뉘앙스를 가진 이름이다.

★ — 원제목 | My Fair Lady
★ — 개봉제목 | 마이 페어 레디
★ — DVD 출시제목 | 마이 페어 레디
★ — 제작연도 | 1964년
★ — 개봉연도 | 1968년
★ — 제작국 | 미국
★ — 컬러 | 컬러
★ — 러닝타임 | 170분
★ — 주연 | Audrey Hepburn, Rex Harrison
★ — 감독 | George Cukor
★ — 음악 | Andrè Previn

| 감상포인트 |

조지 쿠커 감독이 1964년에 연출한 이 작품은 조지 버나드 쇼의 유명한 희곡 〈피그말리온〉(Pigmalion)을 각색한 뮤지컬 영화의 고전이다.

언어학자 헨리 히긴스 교수가 그의 친한 친구인 피커링 대령과 묘한 내기를 하면서 영화는 시작된다. 슬럼가에서 꽃을 팔던 부랑녀 엘리자 둘리틀을 교육시켜 상류사회의 여자로 바꿔놓은 히긴스 교수는 이상적인 여인으로 변신한 엘리자를 진심으로 사랑하게 된다. 히긴스 교수가 엘리자의 투박한 런던 말씨와 촌스러운 악센트를 교정시키는 장면은 매우 위트가 넘쳐난다.

처음엔 히긴스 교수 역에 캐리 그랜트와 록 허드슨이 거론되었으나 그들은 이미지가 맞지 않다고 거절을 했고 의지가 꺾인 제작자 잭 L. 워너는 렉스 해리슨의 기용을 허락했다.

주제가인 〈The Rain in Spain〉은 지금도 사랑받는 영화음악의 애청곡이다.

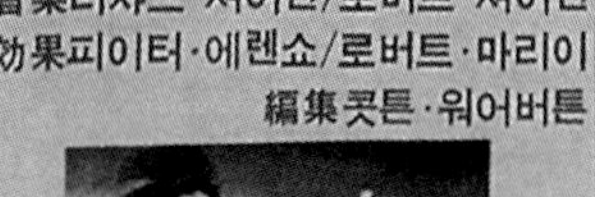

- ★ — 원제목 | Mary Poppins
- ★ — 개봉제목 | **메리 포핀스**
- ★ — DVD 출시제목 | **메리 포핀스**
- ★ — 제작연도 | **1964년**
- ★ — 개봉연도 | **1975년 12월**
- ★ — 제작국 | **미국**
- ★ — 컬러 | **컬러**
- ★ — 러닝타임 | **139분**
- ★ — 주연 | Julie Andrews, Dick van Dyke, David Tomlinson
- ★ — 감독 | Robert Stevenson
- ★ — 음악 | Robert B. Sherman

| 감상포인트 |

빗자루를 타고 하늘을 날면서 그림 속의 나라로 여행을 가는 메리 포핀스(줄리 앤드류스)의 이야기. 당시 월트 디즈니사가 영화 기술을 총동원하여 특수 애니메이션 기법과 배우들의 연기를 합성시켜 연출한 로버트 스티븐슨 감독의 오스카 5개 부문 수상작이다.

1910년 런던, 엄격한 조지 뱅크스 집안의 보모가 된 메리 포핀스가 그 집 아이들 마이클과 제인과 함께 꿈같은 시간을 보낸다는 설정이 매우 환상적이다. 이 영화에는 타이틀롤인 줄리 앤드류스가 부르는 그 유명한 〈Chim-Chim-Cheree〉를 비롯하여 로버트 B. 셔먼 작곡의 아름다운 곡들이 열네 곡이나 수록되어 흐른다.

이 작품으로 데뷔한 줄리 앤드류스는 후보에 오른 〈마이 페어 레이디〉의 오드리 헵번을 누르고 오스카 여우주연상을 수상했다.

★ — 원제목 | The Sound of Music

★ — 개봉제목 | **사운드 오브 뮤직**

★ — DVD 출시제목 | **사운드 오브 뮤직**

★ — 제작연도 | **1965년**

★ — 개봉연도 | **1969년**

★ — 제작국 | **미국**

★ — 컬러 | **컬러**

★ — 러닝타임 | **114분**

★ — 주연 | Julie Andrews, Christopher Plummer, Eleanor Parker

★ — 감독 | Robert Wise

★ — 음악 | Irwin Kostal

| 감상포인트 |

줄리 앤드류스와 일곱 아이들의 아름다운 음악으로 우리에게 매우 친숙한 이 영화는 음악과 자연 그리고 사랑과 가족, 조국을 잃은 애국심과 반전사상까지 담은 뮤지컬 영화의 걸작이다.

로버트 와이즈 감독이 제작 연출한 이 작품은 이미 〈오클라호마〉와 〈왕과 나〉에서 콤비를 이뤄 훌륭한 뮤지컬 음악을 선보인 작곡가 리처드 로저스와 작사가 오스카 해머스타인 주니어가 사운드 트랙 음악을 맡고 있다.

영화가 시작되면서 마리아 수녀 역을 맡은 줄리 앤드류스가 알프스 산의 아름다운 초원을 달리는 장면에서 오프닝 송 〈The Sound Of Music〉이 흘러나오고, 마리아가 일곱 아이들에게 커튼을 뜯어 옷을 만들어 입히고 기타 치며 노래하는 장면에 흐르는 〈Do Re Mi Song〉과 합창대회에 참가한 트랩 대령 가족이 도주하기 직전에 부르는 합창곡 〈Edelweiss〉와 〈So Long, Farewell〉은 아직까지 귓가에 머무는 진한 감동을 준다.

- 원제목 | Chaykovskiy
- 개봉제목 | **차이코프스키**
- DVD 출시제목 | **차이코프스키**
- 제작연도 | **1969년**
- 개봉연도 | **1988년**
- 제작국 | **소련**
- 컬러 | **컬러**
- 러닝타임 | **157분**
- 주연 | Innokenti Smoktunovsky, Antonina Shuranova
- 감독 | Igor Talankin
- 음악 | Dimitri Tiomkin

| 감상포인트 |

1969년 할리우드의 영화음악가 디미트리 티옴킨이 제작을 하고 영화음악까지 연출한 이 영화는 러시아 출신의 작곡가 차이코프스키의 일대기를 그린 전기 음악영화이다.

타이틀롤을 맡은 이노켄티 스모크투노프스키는 차이코프스키의 예술혼과 음악적인 인생에 관한 성찰을 매우 진지하게 연기한다. 한동안 공산권 영화라는 이유로 수입 허가를 받지 못하다가 영화 수입이 자율화된 1988년 겨울에서야 호암 아트홀에서 뒤늦게 개봉되었다.

하지만 러닝타임 2시간 37분의 오리지널을 상영시간을 맞추기 위해서 37분이 잘려나간 채 2시간에 상영되어 수많은 클래식음악 애호가들에게 비난을 사기도 했다.

★ — 원제목 | Jonathan Livingston Seagull

★ — 개봉제목 | **죠나산**

★ — DVD 출시제목 | **갈매기의 꿈**

★ — 제작연도 | **1973년**

★ — 개봉연도 | **1980년**

★ — 제작국 | **미국**

★ — 컬러 | **컬러**

★ — 러닝타임 | **120분**

★ — 주연 | Philip Ahn, Richard Crenna, James Franciscus

★ — 감독 | Hall Bartlett

★ — 음악 | Neil Diamond, Lee Holdridge

| 감상포인트 |

리처드 바크의 철학적인 소설을 각색한 이 감동적인 드라마는 조나단이란 작은 갈매기를 통하여 가족에 대한 사랑과 미래, 그리고 희망을 풍자한 1970년대 음악영화의 걸작이다.

넓고 깊고 푸른 바다, 다 삼켜버릴 것 같은 거센 파도, 그 수평선 하늘 높이 나는 홀연한 갈매기 떼들이 화면 가득 채워지면서 제작까지 겸한 홀 바틀레트 감독은 어린 갈매기 조나단이 스승 같은 늙은 갈매기 창과 아버지 갈매기와 나누는 이야기들을 닐 다이아몬드의 수려한 음악으로 두 시간 동안 수를 놓는다.

리 홀드리지가 편곡한 닐 다이아몬드의 주제가 〈Be〉와 〈Dear Father〉는 당시 빌보드차트에 랭크되면서 수많은 영화팬들을 사로잡았다.

이 영화는 제작된 지 7년만인 1980년에 국내에 개봉되었다.

- ★ — 원제목 | A Star is Born
- ★ — 개봉제목 | **스타탄생**
- ★ — DVD 출시제목 | **스타탄생**
- ★ — 제작연도 | **1976년**
- ★ — 개봉연도 | **1977년 12월**
- ★ — 제작국 | **미국**
- ★ — 컬러 | **컬러**
- ★ — 러닝타임 | **139분**
- ★ — 주연 | Barbra Streisand, Kris Kistofferson
- ★ — 감독 | Frank Pierson
- ★ — 음악 | Roger Kellaway

| 감상포인트 |

바브라 스트레이샌드가 제작과 주연, 주제가 작곡까지 맡아 만들어진 이 영화는 1970년대에 등장한 가장 대중적인 인기를 얻은 음악영화의 화제작이다. 이미 자네트 게이너와 프레데릭 마치 주연, 윌리엄 A. 웰먼이 연출한 1937년작에 이어서 주디 갤런드와 제임스 메이슨 주연, 조지 쿠커가 연출한 1954년도 두 번째 리메이크작과 다르게 고전적인 배경보다는 1970년대에 성행하던 록큰롤 음악을 대거 삽입하면서 영화의 첫 장면부터 크리스 크리스토퍼슨이 열연하는 존 노먼 하워드의 록 콘서트가 관객의 눈과 귀를 즐겁게 한다.

클럽 여가수 출신인 아내 에스터 호프먼(바브라 스트레이샌드)을 스타덤에 올리고 자신은 슬럼프에 빠져 방탕하다가 자동차 사고로 세상을 떠나는 존 노먼 하워드 역에 처음엔 닐 다이아몬드와 엘비스 프레슬리가 거론되었지만, 둘 다 개인사정 때문에 거절하는 바람에 대신 크리스 크리스토퍼슨이 타이틀롤을 맡았다.

바브라 스트레이샌드는 오스카 주제가상을 받은 주제가 〈EVERGREEN〉을 직접 작곡했으며 그녀가 〈With One More Look at You〉를 부르며 7분 동안 펼치는 남편을 위한 추모 콘서트의 라스트신은 하이라이트를 이룬다.

★ – 원제목 | Saturday Night Fever

★ – 개봉제목 | **토요일밤의 열기**

★ – DVD 출시제목 | **토요일밤의 열기**

★ – 제작연도 | **1977년**

★ – 개봉연도 | **1978년**

★ – 제작국 | **미국**

★ – 컬러 | **컬러**

★ – 러닝타임 | **118분**

★ – 주연 | John Travolta, Karen Lynn Gomey

★ – 감독 | John Badham

★ – 음악 | Barry Gibb, Maurice Gibb, Robin Gibb

| 감상포인트 |

1970년대 후반 전 세계 영화팬들에게 디스코의 열풍을 일으킨 이 작품은 OST 앨범 발매 당시 3,500만 장의 판매고를 올린 음악영화의 화제작이다.

브룩클린에 사는 어느 평범한 청년 토니 마네로(존 트라볼타)는 낮에는 페인트 가게에서 점원 일을 하지만, 밤에는 디스코테크에서 디스코 춤을 배워 그의 소원대로 댄스 경연대회에서 챔피언이 된다.

타이틀롤을 맡은 존 트라볼타가 극 중에서 선보인 육감적이고 유려한 춤 솜씨는 그룹 비지스의 주제음악인 〈HOW DEEP IS YOUR LOVE〉와 〈STAYIN' ALIVE〉와 절묘한 조화를 이루면서 영화 팬들로부터 폭발적인 인기를 얻었다.

| 9부 | 미스터리 & 스릴러

(서스펜스, 공포, 컬트)

- ★ — 원제목 | Leave Her To Heaven
- ★ — 개봉제목 | **애수의 호수**
- ★ — DVD 출시제목 | **애수의 호수**
- ★ — 제작연도 | **1945년**
- ★ — 개봉연도 | **1955년**
- ★ — 제작국 | **미국**
- ★ — 컬러 | **컬러**
- ★ — 러닝타임 | **110분**
- ★ — 주연 | Gene Tierney, Cornel Wilde, Jeanne Crain, Vincent Price
- ★ — 감독 | John M. Stahl
- ★ — 음악 | Alfred Newman

| 감상포인트 |

시간이 지날수록 한 남자에게 극도로 집착하는 엘렌(진 티어니)의 집요한 행동을 평범한 드라마가 아닌 스릴러 형식으로 연출한 이 작품은 시종일관 관객을 긴장 속으로 몰아넣는다.

진 티어니의 악녀 연기가 인상적인 이 서스펜스 드라마는 한 여자가 한 남자에게 집착하다가 파멸하는 이야기를 회상 형식으로 담고 있으며, 진 티어니의 뛰어난 팜므 파탈 연기로 각종 영화제의 여우주연상 후보에 노미네이트되었다.

이 영화로 촬영감독 레온 샴로이는 아카데미 촬영상을 수상했고, 그의 뛰어난 촬영 기술은 모리스 랜스포드의 미술과 알프레드 뉴먼의 비장한 음악과 함께 존 M. 스탈 감독의 연출력을 더욱 빛내준다.

- 원제목 House of Wax
- 개봉제목 납인형의 비밀
- DVD 출시제목 밀랍인형의 집
- 제작연도 1953년
- 개봉연도 미상
- 제작국 미국
- 컬러 컬러
- 러닝타임 90분
- 주연 Vincent Price, Frank Lovejoy
- 감독 André de Toth
- 음악 David Buttolph

감상포인트

빈센트 프라이스의 출세작인 이 영화는 20세기 초 뉴욕이 배경이며 한 예술가와 그가 만든 밀랍인형을 소재로 그린 호러 드라마의 고전이다.

기괴하게 생긴 '밤의 괴인'이 등장하고 인간과 너무나 닮은 밀랍인형을 등장시켜서 특유의 고딕적인 공포 분위기를 연출하는데, 헨리 제로드 교수 역을 연기하는 빈센트 프라이스의 상대역인 슈 앨렌 역을 맡은 필리스 커크는 정말 매력적이다. 특히 말 못하는 농아 이골 역을 맡은 젊은 날 찰스 브론슨은 제로드 교수의 조수로 등장하여 대사 한마디 없는 어수룩한 연기를 선보인다.

이 영화는 메이저 제작사가 만든 세계 최초의 입체 영화라는 기록과 빈센트 프라이스가 주연한 첫 번째 호러 영화라는 점에서도 흥미롭다.

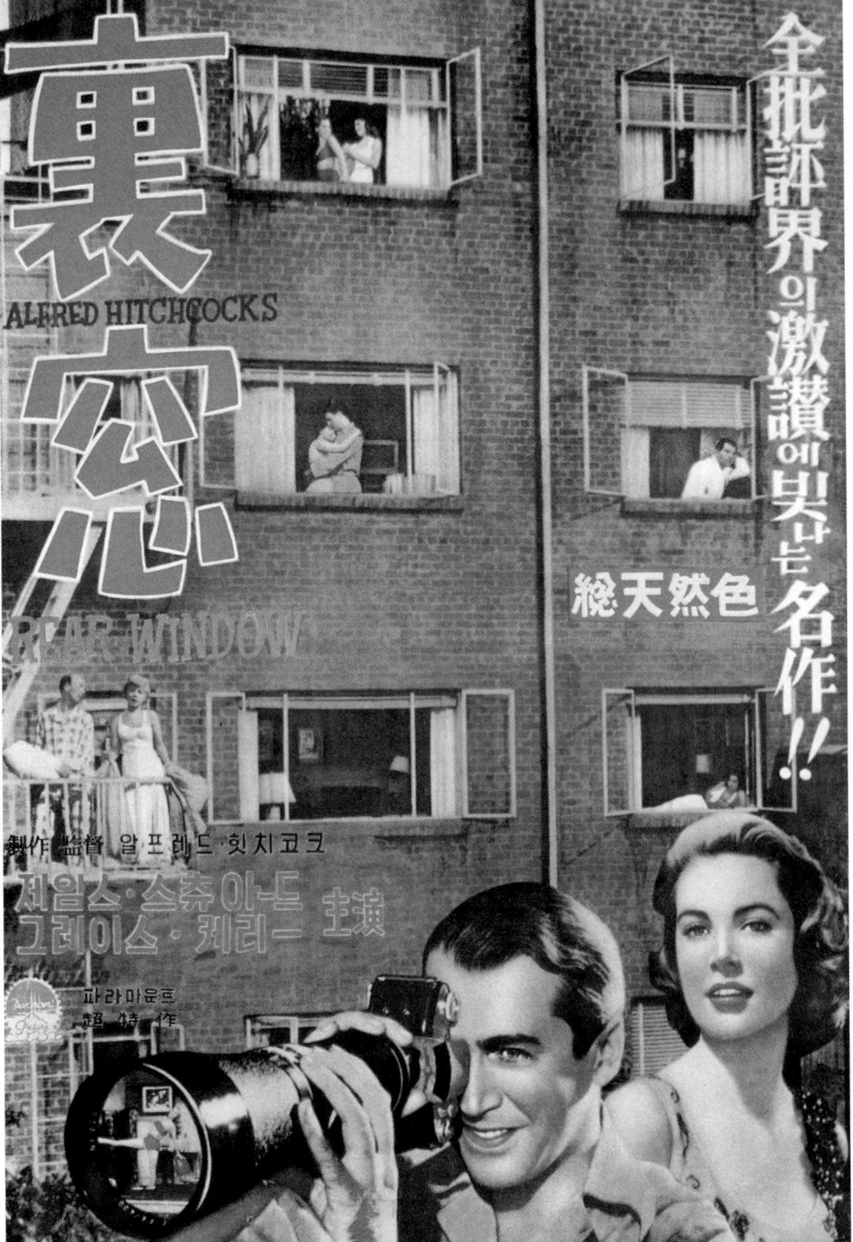

- 원제목 | Rear Window
- 개봉제목 | **이창**
- DVD 출시제목 | **이창**
- 제작연도 | **1954년**
- 개봉연도 | **1957년**
- 제작국 | **미국**
- 컬러 | **컬러**
- 러닝타임 | **112분**
- 주연 | James Stewart, Grace Kelly
- 감독 | Alfred Hitchcock
- 음악 | Franz Waxman

| 감상포인트 |

알프레드 히치콕 감독은 주인공인 제프리(제임스 스튜어트)가 훔쳐보는 시선으로 관객들에게 묘한 카타르시스를 제공하는데, 인간의 마음에는 누구나 다 이중적인 엿보기 심리가 있다고 역설한다.

1954년 추리 소설의 대가 코넬 울리치의 원작을 각색한 이 영화는 다리를 다친 어느 신문기자가 무심코 건너편 아파트를 훔쳐보다가 살인 현장을 목격하고 곤경을 당한다는 줄거리를 가진 서스펜스 스릴러의 고전이다.

방 안에서 창문을 통해 바깥세상을 훔쳐본다는 설정을 다룬 작품은 이 영화가 처음이었으며, 제프리의 애인 리사로 등장한 그레이스 켈리는 알프레드 히치콕 감독의 〈다이알 M을 돌려라〉에 이어서 두 번째로 출연한 스릴러물이다.

스티븐 스필버그 감독은 이 영화의 아이디어를 무단으로 사용하여 제작한 〈디스터비아〉(2007) 때문에 법정 소송에 휘말리기도 했다.

* — 원제목 | The Man Who Knew Too Much
* — 개봉제목 | **나는 비밀을 안다**
* — DVD 출시제목 | **나는 비밀을 알고 있다**
* — 제작연도 | **1956년**
* — 개봉연도 | **1957년**
* — 제작국 | **미국**
* — 컬러 | **컬러**
* — 러닝타임 | **120분**
* — 주연 | James Stewart, Doris Day
* — 감독 | Alfred Hitchcock
* — 음악 | Bernard Herrmann

| 감상포인트 |

알프레드 히치콕 감독이 자신이 연출한 영화 쉰세 편 중 자신의 작품을 유일하게 리메이크한 작품이다.

모로코에서 휴가를 즐기던 미국인 의사 벤 맥케나와 조 부부의 아들 행크가 누군가에 의해 납치를 당하면서 일어나는 매우 긴장감 넘치는 미스터리 스릴러의 고전이다.

아들을 구하러 나선 멕케나 부부가 국제 스파이 조직이 런던의 앨버트 홀에서 외교관을 암살할 계획임을 알아내는 라스트신은 손에 땀을 쥐게 하는데, 제임스 스튜어트와 도리스 데이가 멕케나 부부로 등장한다.

앨버트 홀 시퀀스에서 관객에게 먼저 정보를 흘린 뒤 조의 시선과 심벌즈 플레이어의 연주를 번갈아 보여주면서 알프레드 히치콕 감독은 무언의 서스펜스를 연출한다.

조 역을 연기한 도리스 데이가 부른 주제가 〈Whatever Will Be, Will Be (Que Sera, Sera)〉는 1956년 오스카 〈주제가상〉을 수상했다.

- ★ — 원제목 | Until They Sail
- ★ — 개봉제목 | **배가 떠날 때까지**
- ★ — 제작연도 | **1957년**
- ★ — 개봉연도 | **미상**
- ★ — 제작국 | **미국**
- ★ — 컬러 | **흑백**
- ★ — 러닝타임 | **94분**
- ★ — 주연 | Jean Simmons, Joan Fontaine, Paul Newman, Piper Laurie
- ★ — 감독 | Robert Wise
- ★ — 음악 | David Raksin

| 감상포인트 |

〈남태평양〉의 제임스 미치너의 소설로 만든 이 영화는 제2차세계대전 당시 뉴질랜드에 주둔한 미군과 현지 여인들이 주인공으로 등장하여 바람기가 많은 파이퍼 로리의 살인 사건이 법정으로 번지는 내용을 다룬다.

1951년작 〈도적 왕자〉(The Prince Who Was a Thief) 같은 여러 의상극에서 청결한 미모를 과시하다가 〈허슬러〉(1951)에서 절름발이 아가씨로 그늘진 연기까지 보여 준 파이퍼 로리를 위시하여, 얼마 후 은막에서 사라지면서 술로 몸을 망치기는 했지만 트로이 도나휴와 더불어 당대 최고의 청춘스타로 명성을 날렸던 샌드라 디, 관록을 자랑하는 조앤 폰테인과 진 시몬즈가 네 자매로 출연하여 주연 남자배우 폴 뉴먼의 이름을 무색하게 만들었던 이 영화는 관객의 기대엔 못 미치는 수준이었다.

당시 광고 내용 중에는 이 영화의 배경을 이룬 뉴질랜드가 '세계에서 가장 아름다운 나라' 라는 선전문도 나왔지만, 흑백 시네마스코프 화면에서는 그곳 풍광의 가치를 제대로 확인할 길이 없었다. 하지만 미국의 로키산맥을 연상시키는 산 중에 추락한 비행기에 실린 50만 달러를 둘러싼 모험극 〈양키 제퍼를 찾아서〉를 훨씬 나중에 보고서야 이 영화의 선전문이 전혀 과장이 아니었음을 알 수가 있었다.

★ — 원제목 | North by Northwest

★ — 개봉제목 | 북북서로 진로를 돌려라

★ — DVD 출시제목 | 북북서로 진로를 돌려라

★ — 제작연도 | 1959년

★ — 개봉연도 | 1960년 10월 | 1965년(재개봉)

★ — 제작국 | 미국

★ — 컬러 | 컬러

★ — 러닝타임 | 131분

★ — 주연 | Cary Grant, Eva Marie Saint, James Mason

★ — 감독 | Alfred Hitchcock

★ — 음악 | Bernard Herrmann

| 감상포인트 |

1959년 알프레드 히치콕 감독이 연출한 이 영화는 누명 쓴 남자의 모티브를 사용하여 광고회사 중역 로저 손힐(캐리 그랜트)의 끝없는 도망과 문제 해결을 그리고 있다. 국가 기밀을 팔아넘기려는 스파이들과 정부요원들에게도 쫓기는 손힐의 고군분투하는 역경에서 캐리 그랜트의 코미디 연기가 대단한 빛을 발한다.

정신없이 도망치는 가운데 손힐의 사건 속으로 금발의 미녀 이브 켄덜(에바 마리 세인트)이 끼어들면서 이 영화는 매우 낭만적인 첩보 스릴러의 틀을 잡는다. 특히 캐리 그랜트가 드넓은 평야에서 농약살포용 경비행기로부터 공격을 당하는 '옥수수밭 시퀀스'와 후반부 추격당하는 '러시모어 기념상 시퀀스'는 매우 긴장감 넘치는 명장면들이다.

알프레드 히치콕 감독의 작품 중에서도 상업적으로 성공한 이 코믹스릴러는 1960년 10월 1일 단성사에서 추석 특선프로로 개봉되었다.

- ─ 개봉제목 | **하녀**
- ─ 제작연도 | **1960년**
- ─ 개봉연도 | **1960년 11월 명보극장 | 2010년**(재개봉)
- ─ 제작국 | **한국**
- ─ 컬러 | **흑백**
- ─ 러닝타임 | **108분**
- ─ 주연 | **김진규, 주증녀, 이은심, 엄앵란, 안성기**
- ─ 감독 | **김기영**
- ─ 음악 | **한상기**

| 감상포인트 |

2010년 6월 3일 디지털 복원하여 재개봉한 김기영 감독의 이 서스펜스 드라마는 한 중산층 가정에 들어온 하녀(이은심)를 통해 가족의 붕괴와 그로 인한 공포를 담고 있는 작품이다.

이 영화의 스토리라인은 신문기사를 읽는 주인공 동식(김진규)의 상상 속의 이야기이며, 영화의 에필로그에서 스포일러로 언급하듯이, 김기영 감독은 그 당시 실제 금천에서 있었던 실화를 토대로 각색했다.

1960년 11월 3일 명보극장에서 개봉하여 당시 10만 명 이상의 관객 동원을 한 이 작품은 그로테스크한 김덕진의 촬영과 손인호, 이상만의 음향에 힘입어 극도의 서스펜스를 선사한다.

김기영 감독은 개봉 당시 어수선한 사회적인 기류에 편승하여 대단한 파장을 가져오기도 했는데, 그 후 자신의 이 작품을 오마주하면서 1971년 윤여정 주연의 〈화녀〉와 1972년 〈충녀〉를 발표한다. 특히 하녀를 연기한 이은심은 김기영 감독의 연출에 의해 여성의 일그러진 성적 욕망을 사실적으로 묘사하고 있으며, 김진규의 아들로 등장한 아역배우 안성기의 모습은 이채롭기만 하다.

제8회 아시아 태평양 영화제 출품작이기도 한 이 영화는 2010년 5월 임상수 감독에 의하여 새롭게 리메이크되었다.

- 원제목 | Moment to Moment
- 개봉제목 | 애정의 순간
- 제작연도 | 1965년
- 개봉연도 | 1967년
- 제작국 | 미국
- 컬러 | 컬러
- 러닝타임 | 108분
- 주연 | Jean Seberg, Honor Blackman
- 감독 | Mervyn LeRoy
- 음악 | Henry Mancini

| 감상포인트 |

우리에게 〈애수〉로 잘 알려진 노장 머빈 르로이 감독이 1960년대의 청춘 스타 진 세버그를 기용하여 연출한 매우 이채로운 러브 스토리를 그린 낭만적인 스릴러이다.

이 영화는 그리 잘 만든 드라마는 아니지만 낯선 사람과의 우연한 만남 속에서 일어나는 서스펜스를 진 세버그의 연기와 함께 즐길 수 있는 1965년 작품으로 다시 한번 찾아보고 싶은 추억의 영화이다.

1967년 봄 파라마운트 극장에서 개봉되었다.

- ★ – 원제목 | Arabesque
- ★ – 개봉제목 | **아라베스크**
- ★ – 제작연도 | **1966년**
- ★ – 개봉연도 | **1968년**
- ★ – 제작국 | **미국**
- ★ – 컬러 | **컬러**
- ★ – 러닝타임 | **105분**
- ★ – 주연 | Gregory Peck, Sophia Loren
- ★ – 감독 | Stanley Donen
- ★ – 음악 | Henry Mancini

| 감상포인트 |

1963년 캐리 그랜트, 오드리 햅번이 주연한 〈샤레이드〉의 속편 격인 이 작품은 소피아 로렌과 그레고리 펙이 매력적인 커플로 등장하는 스탠리 도넨 감독의 어드벤처 스릴러의 고전이다.

프랑스 파리와 영국 런던을 배경으로 쫓고 쫓기는 모험이 이어지는데, 이집트 상형문자를 연구하는 데이비드 폴락 교수(그레고리 펙)가 사랑하는 야스민 아지르(소피아 로렌)와 함께 광적인 베쉬라비(앨런 바델)의 추적에서 벗어나는 장면에서 헨리 맨시니의 음악이 아슬아슬한 서스펜스를 제공한다.

이 영화에서 의상 디자인을 맡은 크리스찬 디오르의 패션을 보는 것만으로도 매우 즐겁다.

★ — 원제목 | Wait Until Dark
★ — 개봉제목 | 어두워질 때까지
★ — DVD 출시제목 | 어두워질 때까지
★ — 제작연도 | 1967년
★ — 개봉연도 | 1967년
★ — 제작국 | 미국
★ — 컬러 | 컬러
★ — 러닝타임 | 108분
★ — 주연 | Audrey Hepburn, Alan Arkin, Richard Crenna
★ — 감독 | Terence Young
★ — 음악 | Henry Mancini

| 감상포인트 |

오드리 헵번이 연기하는 시각장애자 수지는 남편이 가져온 인형 속에 밀수된 마약이 들어있는 줄도 모르고 해리 로트(앨런 아킨) 일당으로부터 계속적인 살해 위협을 받는다.

1967년 테렌스 영 감독이 연출한 이 작품은 헵번이 사실상 유일하게 주연한 범죄스릴러로 러닝타임 108분 동안 오드리 헵번과 앨런 아킨의 연기 대결로 압축되며, 그 긴장감은 죽은 줄만 알았던 로트가 수지를 덮치는 라스트신까지 손에 땀을 쥐게 한다.

헨리 맨시니의 우울한 음악과 협소한 공간에서 구도가 뛰어난 찰스 랭의 촬영은 이 영화를 빛내주고 있다. 오드리 헵번의 남편인 멜 페러가 기획 제작을 했다.

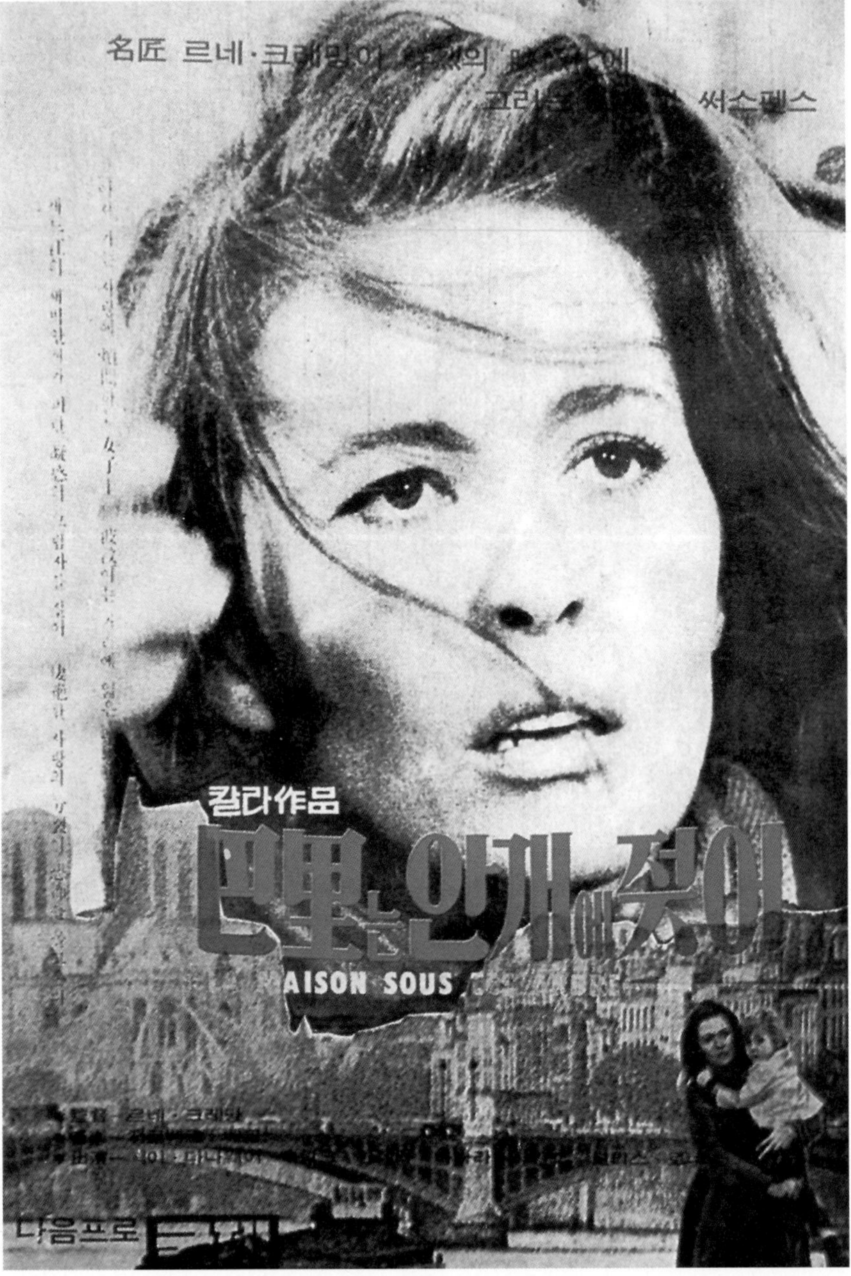

- ★ ─ 원제목 | La Maison Sous Les Arbres
- ★ ─ 개봉제목 | **파리는 안개에 젖어**
- ★ ─ 제작연도 | **1971년**
- ★ ─ 개봉연도 | **1971년**
- ★ ─ 제작국 | **프랑스, 이탈리아**
- ★ ─ 컬러 | **컬러**
- ★ ─ 러닝타임 | **96분**
- ★ ─ 주연 | Faye Dunaway, Frank Langella, Barbara Parkins
- ★ ─ 감독 | Rene Clement
- ★ ─ 음악 | Gilbert Becaud

| 감상포인트 |

질베르 베꼬의 샹송 〈나무 아래의 집〉(La Maison Sous Les Arbres)이 은은하게 들리면서 시작되는 르네 클레망 감독의 이 스릴러는 평화로운 도시 풍경과는 다르게 보이지 않는 악의 손길을 암시한다.

파리에 사는 미국인 수학자 필립(프랭크 란젤라)의 아내 질(페이 더나웨이)은 아이들과 서커스를 보러 갔다가 아이들을 잃어버리자, 경찰로부터 기억력을 의심받는다.

가족의 생명을 위협하는 산업스파이 조직의 보이지 않는 무서움 앞에서 모성애를 발휘하는 페이 더나웨이의 연기가 일품이며 그녀의 얼굴을 빅 클로즈업으로 촬영한 르네 클레망 감독의 뒷얘기는 두고두고 회자가 되었다.

이 영화는 스토리라인보다는 파리의 풍물과 센 강변의 안개에 젖은 풍경을 배경으로 펼쳐지는 스포일러가 있는 1971년도 프랑스의 대표적인 미스터리 스릴러이다.

★ — 원제목 | Night Watch

★ — 개봉제목 | **나이트 워치**

★ — 제작연도 | **1973년**

★ — 개봉연도 | **1975년 1월**

★ — 제작국 | **영국**

★ — 컬러 | **컬러**

★ — 러닝타임 | **99분**

★ — 주연 | Elizabeth Taylor, Laurence Harvey

★ — 감독 | Brian G. Hutton

★ — 음악 | John Cameron

| 감상포인트 |

엘리자베스 테일러의 필모그래피 중에서 유일한 정통 호러물인 이 영화는 범죄 현장을 목격한 한 여인 엘렌의 이야기를 그린 미스터리 스릴러이다.

엘렌 역을 맡은 엘리자베스 테일러는 1960년 〈버터필드 8〉에서 손발을 맞춘 영국 배우 로렌스 하베이와 함께 윌러 부부로 13년 만에 호흡을 맞추는데, 연출자 브라이언 G. 허튼 감독은 살인에 관한 신비주의를 엘렌을 통하여 끄집어낸다.

1975년 1월 1일 신정 프로로 대한극장에서 개봉된 이 영화는 당시 호러 장르를 좋아하는 팬들로부터 많은 관심을 끌었다.

1974年度아카데미賞
☆ 最優秀脚色賞 ☆ 最優秀録音賞 受賞
1974年度 골든 · 그로부賞
☆ 作品賞 ☆ 監督賞 ☆ 脚色賞 ☆ 助演女優賞受賞

엑소시스트
(一名"巫堂")

WILLIAM PETER BLATTY'S
THE EXORCIST
Directed by WILLIAM FRIEDKIN

- ★ — 원제목 | The Exorcist
- ★ — 개봉제목 | **엑소시스트**
- ★ — DVD 출시제목 | **엑소시스트**
- ★ — 제작연도 | **1973년**
- ★ — 개봉연도 | **1974년**
- ★ — 제작국 | **미국**
- ★ — 컬러 | **컬러**
- ★ — 러닝타임 | **122분**
- ★ — 주연 | Ellen Burstyn, Max Von Sydow, Lee J. Cobb, Linda Blair
- ★ — 감독 | William Friedkin
- ★ — 음악 | Steve Boeddeker

| 감상포인트 |

윌리엄 피터 블래티의 베스트셀러를 원작으로 한 이 호러의 고전은 악마를 의인화하여 악마의 본성에 철학과 신학적인 주제를 더해 가톨릭 사제와의 무서운 사투를 다룬 스릴러물이다.

당시 이 영화를 본 관객들이 악령에 사로잡힌 소녀 리건 맥닐(린다 블레어)의 역겨움에 구토와 기절, 정신착란 증세까지 일으키는 사태가 벌어졌었다. 퇴마 의식을 강행하는 두 신부–메린과 카라스–와 악마가 벌이는 후반부 심리전은 압권이다.

연출자 윌리엄 프리드킨 감독은 그동안 금기시되어온 '엑소시즘'–악마를 추방하는 가톨릭 의식–의 문제에 대해 명백한 흑백 논리로 선과 악의 영원한 대결을 보여준다.

★ — 원제목 | Jaws

★ — 개봉제목 | **죠스**

★ — DVD 출시제목 | **죠스**

★ — 제작연도 | **1975년**

★ — 개봉연도 | **1977년**

★ — 제작국 | **미국**

★ — 컬러 | **컬러**

★ — 러닝타임 | **124분**

★ — 주연 | Roy Scheider

★ — 감독 | Steven Spielberg

★ — 음악 | John Williams

| 감상포인트 |

뉴 잉글랜드의 작은 해변마을 애미티를 배경으로 펼쳐지는 이 거대한 식인상어의 공포를 다룬 이 영화는 피터 벤칠리의 베스트셀러를 각색한 스티븐 스필버그 감독의 호러 스릴러이다.

피서객들의 목숨을 위협하는 거대한 백상어와 대결하는 마틴 브로디 경찰서장(로이 샤이더)과 상어사냥꾼 샘 퀸트 선장(로버트 쇼) 그리고 상어전문가 매트 후퍼 박사(로버트 드레이퓨스)의 무용담이 정말 볼만하다. 시종일관 상어의 공격을 예고하는 존 윌리엄즈가 작곡한 불협화음의 영화음악은 관객들에게 서스펜스를 갖게 한 극적인 역할을 했다. 특히 샘 퀸트 선장이 상어와 목숨 걸고 싸우다가 식인상어에게 물려서 죽는 장면과 식인상어가 산소 탱크 폭발로 산산조각이 나는 라스트신은 정말 손에 땀을 쥐게 한다.

- ★ — 원제목 | The Omen
- ★ — 개봉제목 | **오멘**
- ★ — DVD 출시제목 | **오멘**
- ★ — 제작연도 | **1976년**
- ★ — 개봉연도 | **1977년**
- ★ — 제작국 | **영국, 미국**
- ★ — 컬러 | **컬러**
- ★ — 러닝타임 | **111분**
- ★ — 주연 | Gregory Peck, Lee Remick, David Warner
- ★ — 감독 | Richard Donner
- ★ — 음악 | Jerry Goldsmith

| 감상포인트 |

1970년대 오컬트무비의 붐을 일으켰던 〈오멘 시리즈〉의 첫 번째 작품으로, 악마의 자식을 가지게 된 외교관 로버트 손 부부의 무서운 이야기를 그린 리처드 도너 감독의 호러 미스터리 스릴러 걸작이다.

악마의 자식 데미안의 출생 비밀과 그 비밀을 알고 있는 신부, 데미안을 추종하는 가정부와 손 부부의 죽음들이 매우 어두운 묵시록처럼 다가온다.

어린 데미안 역을 맡은 아역배우 하베이 스테픈즈의 섬뜩한 연기는 관객의 등골을 오싹하게 하며, 아울러서 베테랑 작곡가 제리 골드스미스는 관객의 오금을 저리게 하는 영화음악으로 제49회 오스카 시상식에서 〈음악상〉을 수상했다.

여기서 데미안의 머리에 새겨진 '666' 이란 수는 성서의 〈요한 계시록 13장 18절〉에 나온다.

★ — 원제목 | Suspiria
★ — 개봉제목 | 써스페리아
★ — DVD 출시제목 | 써스페리아
★ — 제작연도 | 1977년
★ — 개봉연도 | 1977년
★ — 제작국 | 이탈리아
★ — 컬러 | 컬러
★ — 러닝타임 | 98분
★ — 주연 | Jessica Harper, Stegania Casini, Udo Kier
★ — 감독 | Dario Argento
★ — 음악 | Goblin

| 감상포인트 |

록그룹 고블린의 음악 〈Markos〉가 흐르는 가운데 화려한 원색의 세트와 소품을 이용하여 선혈이 낭자한 공포를 선사한 다리오 아르젠토 감독의 이 호러무비는 1977년 추석 프로로 개봉되어 흥행에 성공한 작품이다.

미국인 소녀 수지 베이온(제시카 하퍼)이 이탈리아에 있는 발레학교에서 겪는 무서운 일들이 이 영화의 골격을 이루는데, 공포의 실체를 가공할 만한 악마로 설정한 것이 그 당시로서는 오컬트무비의 영향을 많이 받았다.

- ★ — 원제목 | The Swarm
- ★ — 개봉제목 | **스웜**
- ★ — 제작연도 | **1978년**
- ★ — 개봉연도 | **1979년**
- ★ — 제작국 | **미국**
- ★ — 컬러 | **컬러**
- ★ — 러닝타임 | **116분**
- ★ — 주연 | Michael Caine, Katharine Ross, Richard Widmark
- ★ — 감독 | Irwin Allen
- ★ — 음악 | Jerry Goldsmith

| 감상포인트 |

1970년대에 주류를 이루었던 재난 영화 중의 한 편인 이 영화는 인간을 공격하는 아프리카 살인 벌떼를 다룬 SF 호러 스릴러이다.

어느 통신센터에 근무하는 직원들이 의문의 몰살을 당하자 곤충학자 브래드 크레인 박사(마이클 케인)는 의사인 헬레나 대위(캐서린 로스)와 함께 원인을 규명하기 위해서 사태 수습에 나선다.

아서 허조그의 원작 소설을 어윈 앨런 감독이 제작, 연출한 작품으로 이 영화에 등장하는 수많은 벌떼들은 인간에겐 꿀을 제공하고 식물의 수분을 돕는 꿀벌과는 전혀 다르다는 메시지를 전하고 있다. 당시 일흔세 살의 헨리 폰다는 해독제 제작에 몰두하는 면역학자 월터 크림 박사를 연기한다.